加德满都杜巴广场

尼泊尔“三峡工程”上塔马克西电站投产运行

中国电建投资上马相迪A水电站项目　蒋福强｜摄

中国援建杜巴中学项目

中国驻尼泊尔使馆发放春节包　冯　勇｜摄

◆ 那苏瓦卡里项目紧急行动参与泥石流灾害抢险

布特科西项目疏通中尼国际陆路通道

七彩云南中尼友谊文艺演出　冯　勇｜摄

"一带一路"合规经营
系列丛书

工程建设企业境外合规经营指南
尼泊尔

中国施工企业管理协会
中国水利水电第七工程局有限公司 | 编著

中国市场出版社
China Market Press
·北京·

图书在版编目（CIP）数据

工程建设企业境外合规经营指南. 尼泊尔 / 中国施工企业管理协会，中国水利水电第七工程局有限公司编著. 北京：中国市场出版社有限公司，2024. 10. -- （“一带一路”合规经营系列丛书）. -- ISBN 978-7-5092-2579-0

Ⅰ. F416. 9-62；F435. 569-62

中国国家版本馆 CIP 数据核字第 202435DZ95 号

工程建设企业境外合规经营指南：尼泊尔

GONGCHENG JIANSHE QIYE JINGWAI HEGUI JINGYING ZHINAN：NIBO'ER

编　　著： 中国施工企业管理协会 中国水利水电第七工程局有限公司
责任编辑： 王雪飞　刘佳禾

出版发行： 中国市场出版社
社　　址： 北京市西城区月坛北小街 2 号院 3 号楼（100837）
电　　话：（010）68034118/68021338
网　　址： http：//www. scpress. cn

印　　刷： 河北鑫兆源印刷有限公司
规　　格： 145mm×210mm　　32 开本
印　　张： 9. 75　　**字　　数：** 255 千字
版　　次： 2024 年 10 月第 1 版　　**印　　次：** 2024 年 10 月第 1 次印刷
书　　号： ISBN 978-7-5092-2579-0
定　　价： 68. 00 元

《工程建设企业境外合规经营指南：尼泊尔》

编 委 会

何　胜　对外经贸大学教授

章旭彦　中国施工企业管理协会合规顾问

彭世红　中建国际建设有限公司副总经理

岐温华　中国电建集团海外投资有限公司总法律顾问
兼首席合规官

张　磊　中国土木工程集团有限公司中土研究院副院长

宋玉祥　上海市建纬（北京）律师事务所高级合伙人

张明明　中国石油天然气第一建设有限公司
企管法规部经理

张玉金　江西中煤建设集团有限公司企业管理部部长、
合规办公室主任

PREFACE

序言

“一带一路”倡议是顺应全球治理体系变革，彰显同舟共济、命运与共意识的国际公共产品。作为完善全球治理体系、推动构建人类命运共同体的中国方案，共建“一带一路”已经成为171个国家（地区）和国际组织开展国际合作的新模式，正在向高质量共建的阶段迈进。

共建“一带一路”在完成总体布局的基础上，聚焦重点、深耕细作，扎实推进项目实施，累计开展了3000多个项目，可圈可点的成果、实实在在的好处，让“一带一路”朋友圈不断扩大。中国企业参与“一带一路”建设的程度也越来越深入，面临的市场环境越来越复杂，合规经营在企业可持续发展中也显得越来越重要。

为更好地帮助企业提高合规经营管理水平，有效防范及化解经营风险，早在2017年5月，习近平总书记就中国企业合规经营问题，在中央全面深化改革领导小组会议上，明确指出加强企业海外经营行为合规制度建设的必要性。2018年7月1日，国家标准《合规管理体系指南》（GB/T 35770—2017）正式实施；2018年11月2日，国务院国资委《中央企业合规管理指引（试行）》发布实施；2018年12月26

日，国家发展改革委正式发布《企业境外经营合规管理指引》，为中国企业更好地开展境外经营业务、建立合规管理体系和制度，提供了官方的指导意见。

中国施工企业管理协会基于工程建设行业的实践经验和研究成果，联合12家会员单位，在国家发展改革委区域开放司的指导下，出版《工程建设企业境外合规经营指南》（以下简称《指南》），结合企业自身情况，以丰富翔实的案例，系统地从市场环境、通用规则、国别（地区）规则以及示范项目等角度展示了中国企业在境外稳扎稳打、开拓进取的合规发展历程，具有针对性、实务性和系统性的特点，是一套指导性非常强的工具书。

《指南》的出版有利于帮助广大施工企业适应国际工程承包自由化、便利化的市场环境，引导企业以实现行业高质量发展为目标，期望通过树立境外合规经营优秀典型，分享境外合规运营经验，帮助企业完善合规运营体系，形成合规文化，提升企业在国际市场中的竞争力。同时，在更广泛的范围倡议共建“一带一路”的企业，增强机遇意识和风险意识，夯实基础，固牢底线，趋利避害，在发展中不断前进，在合作中茁壮成长。

曹玉书

2021年12月

PREFACE
前言

随着全球经济的紧密交织和国际合作的深入推进，尼泊尔作为一个多元文化、多民族的国家，逐渐成为国际投资者和企业家关注的焦点。本书以深入分析国家概况、工程项目投资、建设和运营相关法规和政策、工程项目投建营全生命周期合规要求、遇到困难时的求助途径、市场国投资风险与机会等为抓手，为投资者和企业提供有力的支持和指导，帮助其在尼泊尔这片潜力无限的土地上取得成功。

尼泊尔是南亚内陆山国，首都是加德满都，世界最高峰——珠穆朗玛峰位于中尼边界上，其矿产资源、森林资源、水资源较为丰富，但尼泊尔山区易发生泥石流、山体滑坡等自然灾害。尼泊尔为农业国，经济落后，是联合国确定的47个最不发达国家之一。目前，中国是尼泊尔最大游客来源国和第二大贸易伙伴国，中国企业还是尼泊尔工程承包市场的主力。中国对尼泊尔的总投资在制造业占41.3%，电力、天然气占58.4%，其他行业占0.3%。中尼双方已签订《避免双重征税协议》。

自20世纪60年代开始，中资企业依托援助工程进入尼泊尔市场，20世纪80年代开始涉足承包工程市场，至今已经成为尼泊尔承包工程市场的主要参与者，完成的项目涵盖水电、公路、机场、灌溉、输变电线路、通信等多个行业，为尼泊尔经济建设作出了重大贡献。近几年，中资企业开始对尼泊尔进行直接投资，涉及水电、建材、航空、食品加工等领域。

尼泊尔鼓励外资投资，出台了鼓励外资投资的24项措施，根据经济发展规划，针对不同行业、不同地区和经济特区，在土地使用、税收征管等方面出台了一系列优惠政策。但与此同时也要关注在尼泊尔投资的风险：标准普尔、惠誉及穆迪等国际机构未对尼泊尔进行主权债务评级，存在信用风险；大多数购电协议都以尼泊尔卢比计价，这对国际银行和投资者构成了重大挑战，涉及货币风险较大；缺乏明确一致的货币风险管理政策增加了尼泊尔基础设施投资者的不确定性和风险。

尼泊尔社会治安总体平稳，外国游客在尼泊尔所遇问题多为财物被盗事件，新冠疫情发生以来，未发生因新冠疫情针对中资企业或华人的游行、示威、人身攻击等行为。

尼泊尔卫生环境较差，水质不佳，水里多种有害物质大量超标；一些传染性疾病，如肝炎、脑膜炎时有发生，甚至麻风病及霍乱等疾病也没有绝迹，结核病是尼泊尔的主要公共卫生威胁。在尼泊尔投资和旅游应特别注意个人卫生，不饮生水，尽量选择卫生条件较好的饭店和餐馆用餐。尼泊尔医疗卫生事业欠发达，医疗卫生机构设施服务有待改善，因此，在尼泊尔要注意防护，一旦染病要及时赴正规医疗机构治疗。

目前，尼泊尔的公路、铁路和航空基础设施、工业园区和其他城市基础设施正在根据国民实际需要快速拓展，在尼泊尔水电能源、交通基础设施、农业及农产品深加工、旅游业、矿产资源、制造业、劳务输出等领域将会有更多投资机会。

此外，本书还通过中资企业在尼泊尔不同领域经历的真实案例，呈现在尼泊尔投资环境的实际运作和成果，为读者提供全方面的参考。

CONTENTS
目录

第一章 境外工程建设合规管理的重要性 1

一、合规的起源 / 3

（一）企业合规思想的起源 / 3

（二）企业合规体系的诞生 / 3

（三）企业专项合规体系的建设 / 3

二、合规体系的成形与完善 / 4

（一）企业合规体系的成形 / 4

（二）企业合规体系的规范 / 5

（三）企业合规体系的发展和完善 / 5

三、合规管理的基本概念 / 8

四、合规管理的意义 / 9

（一）中国当前合规管理的现状 / 9

（二）国家对企业境外经营合规管理的重视 / 11

（三）中国企业境外经营合规管理的重要意义 / 14

（四）工程建设企业境外经营合规管理的重要性 / 17

五、融合 ESG 评价体系的合规管理 / 17

（一）ESG 评价体系 / 17

（二）ESG 在中国的发展　/ 18
（三）融合 ESG 的合规管理体系　/ 22
（四）企业在 ESG 体系下的合规管理　/ 22
六、合规管理与风险管理和企业内部控制的关系　/ 24
（一）三者的含义　/ 24
（二）三者的侧重点　/ 26
（三）三者的关系　/ 28

第二章　尼泊尔概况　29

一、地理位置和人口分布　/ 31
（一）地理位置　/ 31
（二）人口分布　/ 31
二、自然环境和自然资源　/ 32
（一）自然环境　/ 32
（二）自然资源　/ 33
三、经济状况和发展规划　/ 34
（一）经济状况　/ 34
（二）重点/特色产业发展情况　/ 36
（三）发展规划　/ 39
四、国家象征和政治制度　/ 43
（一）国家象征　/ 43
（二）政治制度　/ 44
（三）主要党派　/ 47

五、政府机构和行政区划　/ 48
（一）政府机构　/ 48
（二）行政区划　/ 50
六、社会组织和公共交通　/ 51
（一）社会组织　/ 51
（二）公共交通　/ 52
七、外交关系　/ 55
八、民族和宗教　/ 61
（一）民族　/ 61
（二）宗教　/ 62
九、语言和习俗　/ 62
（一）语言　/ 62
（二）习俗　/ 62
（三）节假日　/ 63
十、货币与物价　/ 63
（一）货币兑换　/ 63
（二）消费水平　/ 64
十一、金融服务　/ 64
（一）外汇管理　/ 64
（二）银行与保险　/ 65
（三）信用卡　/ 68
（四）融资　/ 69
（五）证券市场　/ 72
十二、通信与电力　/ 72
（一）邮政　/ 72

（二）电话 / 72
（三）网络 / 73
（四）媒体 / 74
（五）电力 / 75
十三、医疗与安全 / 76
（一）医疗 / 76
（二）安全 / 78

第三章 前往尼泊尔手续办理及相关须知 81

一、尼泊尔签证 / 83
（一）签证种类 / 83
（二）居留证 / 84
二、入境须知 / 85
（一）严格管制物品 / 85
（二）出入境需申报物品 / 86
（三）出入境可携带物品 / 86
三、注意事项 / 86
四、尼泊尔紧急求助联系方式 / 87

第四章 尼泊尔有关法律规定 89

一、尼泊尔法律体系概述 / 91
二、在尼泊尔投资注册企业需要办理的手续 / 92
（一）主管部门及相关法律 / 92
（二）设立企业的形式 / 92

（三）注册企业主要程序 / 93
（四）“一站式”服务中心 / 93
三、尼泊尔对外国投资的市场准入 / 94
（一）投资主管部门及相关法规 / 94
（二）投资行业的规定 / 95
（三）投资方式的规定 / 97
四、尼泊尔对外国投资的优惠 / 98
（一）优惠政策框架 / 98
（二）经济特区鼓励政策 / 101
五、尼泊尔贸易的法律规定 / 104
（一）贸易主管部门 / 104
（二）贸易法规体系 / 104
（三）贸易管理的相关规定 / 105
（四）尼泊尔进出口程序 / 105
六、尼泊尔关于劳动就业的法律规定 / 107
（一）劳动就业主管部门及相关法律体系 / 107
（二）《劳动法》的核心内容 / 107
（三）外国人在当地工作的规定 / 110
七、尼泊尔关于税收的法律规定 / 111
（一）税收管理机构及税收法律体系 / 111
（二）主要税赋和税率 / 111
（三）税收征收管理 / 115
八、尼泊尔关于用地的法律规定 / 115
（一）土地资源管理部门及相关法律法规 / 116
（二）外资企业获得土地的规定 / 116

九、尼泊尔关于环境保护的法律规定　/ 117
（一）环保管理部门及相关法律法规　/ 117
（二）环保法律法规基本要点　/ 118
（三）环保评估的相关规定　/ 119
十、尼泊尔反对商业贿赂、反不正当竞争及反洗钱等方面的法律规定　/ 120
（一）反对商业贿赂　/ 120
（二）反不正当竞争　/ 120
（三）反洗钱　/ 121
十一、尼泊尔对保护知识产权的规定　/ 122
（一）尼泊尔知识产权保护机构　/ 122
（二）知识产权相关法律法规及主要内容　/ 122
（三）专利和商标注册规定　/ 122
十二、尼泊尔对外国公司承包当地工程的规定　/ 123
（一）许可制度　/ 123
（二）禁止领域　/ 123
（三）招标方式　/ 123
十三、尼泊尔对中国企业投资合作的保护政策　/ 125
（一）中国与尼泊尔签署投资与经济合作框架协议　/ 125
（二）中国与尼泊尔签署避免双重征税协定　/ 126
（三）其他协定及发布的声明　/ 126
十四、在尼泊尔解决纠纷的主要途径及适用法律　/ 128
（一）和解与调解　/ 128
（二）仲裁　/ 128
（三）诉讼　/ 128

十五、在尼泊尔投资注意事项 / 129
（一）境外投资 / 129
（二）对外承包工程 / 130
（三）对外劳务合作 / 131
（四）防范投资合作风险 / 131

第五章 工程项目投建营全生命周期中的合规要求 133

一、第一阶段：项目前期论证 / 135
（一）中国境内合规要求 / 136
（二）尼泊尔工程建设行业相关法律法规 / 144
（三）前期论证各子阶段 / 145
二、第二阶段：建设准备 / 153
（一）工程合同 / 153
（二）对外承包工程资质及工程许可 / 160
（三）工程规范和设计标准 / 162
（四）工程项目设计与项目计划 / 162
（五）项目用地 / 165
（六）工程项目招投标 / 166
（七）建设设备及材料的采购及运输 / 167
（八）尼泊尔工程成本 / 172
三、第三阶段：建设实施 / 175
（一）劳动用工 / 175
（二）工程质量 / 177
（三）工程变更 / 178

（四）境外职业安全和健康管理规范 / 180
四、第四阶段：竣工验收 / 185
（一）竣工验收条件 / 185
（二）竣工验收准备 / 186
（三）竣工验收的程序 / 187
五、第五阶段：投产运营 / 187
（一）项目运营 / 187
（二）保修 / 188
（三）项目后评价 / 189
六、在尼泊尔开展工程的其他注意事项 / 190
（一）处理与政府和议会的关系 / 190
（二）妥善处理与工会的关系 / 190
（三）密切与当地居民的关系 / 191
（四）尊重当地风俗习惯 / 192
（五）承担必要的社会责任 / 193
（六）依法保护生态环境 / 194
（七）懂得与媒体打交道 / 194
（八）与执法人员打交道 / 195
（九）传播中国传统文化 / 195
（十）其他 / 196

第六章 尼泊尔投资风险和机会分析 197

一、尼泊尔整体营商环境 / 199
（一）外商投资情况 / 199

（二）尼泊尔营商环境分析　/ 201
（三）外国援助　/ 203
（四）中尼经贸关系　/ 204
二、尼泊尔投资风险分析　/ 206
（一）政治风险　/ 207
（二）经济风险　/ 213
（三）法律风险　/ 218
（四）社会风险　/ 222
三、尼泊尔未来发展预测与投资机会分析　/ 231
（一）政治前景　/ 231
（二）经济预测　/ 233
（三）投资机会　/ 234

第七章　工程建设企业合规管理体系建立指南　239

一、合规管理的内部环境　/ 241
（一）合规管理的目标　/ 241
（二）合规管理的基本原则　/ 241
二、合规管理机构的设置及职责　/ 242
（一）合规管理机构的设置　/ 242
（二）合规管理部门的设置方式　/ 244
三、企业内部的合规管理体系　/ 246
（一）董事会的合规责任　/ 246
（二）监事会的合规责任　/ 247
（三）管理层的合规责任　/ 248

（四）合规管理部门的合规责任　/ 248
（五）合规管理的主要内容　/ 249
四、合规管理中的风险控制方法　/ 256
（一）风险规划　/ 257
（二）风险识别　/ 259
（三）风险评估　/ 275
（四）风险应对　/ 277
（五）风险监控　/ 281

结　语　283

附　录　285

附录 1　尼泊尔部分政府部门和相关机构一览表　/ 285
附录 2　尼泊尔主要中资企业和商协会联系方式　/ 290

Chapter 1

第一章

境外工程建设合规管理的重要性

“合规”一词源自英文 compliance，是指企业行为符合法律法规及其内部规章制度和商业道德的要求。企业合规管理本质上是对企业内部的自我管理提出了要求，不仅要求其合法合规，还要求其遵守企业自己制定的规章和社会承认的商业道德。近年来，随着中国“走出去”战略、“一带一路”倡议的推动，越来越多的企业走出国门，开始广泛参与跨国经营，而与此同时，越来越多的中国企业遭受海外合规处罚，引发了国内企业对于合规问题的关注和思考。

一、合规的起源

（一）企业合规思想的起源

合规思想最早可追溯到成立于1906年的美国食品和药物管理局（FDA）当时对食品和药物安全的监管，这促使部分企业开始将合规视为企业运营的一部分。20世纪50年代，英国为发展外向型经济，向外扩张本土企业。尽管当时的英国法律以及各个行业的规章制度相对比较完善，但对外投资要做到“入乡随俗”，英国本土的法规、企业规章和文化理念等已不适用于投资所在国。在此背景之下，从国家、行业和人员三个层面考虑，英国率先推出合规。

（二）企业合规体系的诞生

20世纪60年代，因电气设备行业龙头企业的垄断行为，美国开始反垄断大潮，政府在该领域重拳出击，合规管理随着美国《反托拉斯法》（反垄断法）的实施而得到了普及，在当时促使很多企业开始建立反垄断合规体系。

（三）企业专项合规体系的建设

20世纪70年代，为应对这一时期出现的系列财务丑闻，美国证券交易委员会在1977年颁布了《反海外腐败法》，要求上市公司在贿赂、回扣、记账和其他方面执行合规政策。《反海外腐败法》在合规的世界发展史上具有标志性意义。一方面是因为该法在反腐败领域具有广泛的域外管辖效力，至今仍然是悬在各跨国企业头上的“达摩克利斯之剑”；另一方面是因为该法要求企业对资金往来进行准确的会计记录，从而直接介入了企业财务内控体系的建设。

1986 年，美国发布了《环境审计政策声明》，将企业环保作为合规工作要点，鼓励公司对设备使用是否符合环保要求进行系统、定期和客观的检查，以确保公司合规体系的有效性，发现潜在的环保违规问题。同一年，美国军火企业联合起草了《国防工业的商业伦理与企业活动精神》，将自觉履行合规管理制度作为企业自律的要求。1988 年，美国又通过了《内幕交易与证券欺诈取缔法》，进一步防止证券内幕交易。这一系列专项法案的制定推动了企业在问题领域专项合规体系的建设。

二、合规体系的成形与完善

（一）企业合规体系的成形

20 世纪 90 年代以前的合规管理多集中在某些具体领域，从 20 世纪 90 年代开始，企业全面合规体系建设逐渐成形。标志性的事件是 1991 年美国量刑委员会发布《针对机构实体联邦量刑指南》（简称《量刑指南》）。

《量刑指南》主张将机构实体是否具备完善的合规体系作为减轻刑事责任的重要考量。该指南的出台标志着现代合规理念与合规标准的成形。企业按照《量刑指南》的合规标准审查现有合规体系或建立新合规体系。

1992 年，关于通过控制危险废物跨越国境的转移和处置来防止危险废物对环境和人体健康造成危害的全球性国际公约——《巴塞尔公约》开始生效，目前已经有 187 个国家签署。

1995 年，联合国首次提出“全球契约”的构想，号召企业以承诺遵守国际行为准则的方式，使经济活动兼顾社会公益，承担相关社会责任。2004 年，“全球契约”扩充形成人权、劳工标准、环境、反贪污四个方面的十项基本原则。

1997 年，经济合作与发展组织（OECD，简称经合组织）成员国达成《反对国际商业活动中向海外政府官员行贿行为公约》。

（二）企业合规体系的规范

2001—2002 年，安然有限公司和世界通信公司等企业发生财务造假丑闻，暴露出美国上市公司治理和财务审计方面存在的严重问题。为加强公司监管、重振投资者信心，美国国会于 2002 年通过《萨班斯-奥克斯利法案》（简称《萨班斯法案》），对美国上市公司财务监管中存在的问题作出了针对性规定。

《萨班斯法案》适用于所有在美国上市和准备赴美上市的公司，包括外国公司，如中国的阿里巴巴、网易等，因而对世界范围内的企业经营和合规管理产生了深远影响。

2004 年，巴塞尔银行监管委员会颁布《巴塞尔协议》，鼓励银行不仅要识别当前的风险，而且要识别将来的风险，并且改进现有的风险管理体系来管理这些风险。2005 年，巴塞尔银行监管委员会又发布了《合规与银行内部合规部门》高级文件。

这一时期对合规发展产生重要影响的，还包括 2004 年修订后的《针对机构实体联邦量刑指南》。修订后的《量刑指南》为评估合规体系的有效性规定了更为细致和严格的要求，包括但不限于：培养诚信合规的组织文化、强调管理层对合规体系的监督、加强员工合规培训和宣介、建立内外部风险评估机制等内容。

（三）企业合规体系的发展和完善

肇端于 2007 年的次贷危机席卷全美。为遏制金融违规、挽回公众信任，美国国会于 2010 年通过了《多德-弗兰克华尔街改革和消费者保护法案》。该法案的规则覆盖了几乎整个金融业和国民经济，旨在改善金融业责任制和透明度，避免再次发生经济危机，是美国金融业自大萧条以来最为深远的一次改革。

反腐败合规在这一阶段再次成为热点。以美国对德国西门子公司的反腐败执法案为代表，美国司法部和证券交易委员会在这一时期对大量跨国公司进行了反腐败调查和执法。受《反海外腐败法》巨额罚款的警示（西门子被罚约 16 亿美元）和会计条款的要求，众多企业开始不断加强自身的反腐败合规体系建设。

2010 年，《量刑指南》再次修订，此次修订强调了合规官的独立性，对企业合规体系建设产生了不小的影响。

2010 年，经合组织颁布《内控、道德与合规最佳行为指南》，要求企业制定明确的政策来禁止海外贿赂，制定针对所有员工的合规执行体系、相关交流和培训机制、完善的举报制度等。

2014 年，国际标准化组织发布实施了《合规管理体系 指南》（ISO 19600），将合规管理分为建立和改进两部分，包括确定合规范围、建立合规方针、评估合规风险、制订应对计划、实施和控制、评估和报告、持续改进等阶段，为所有规模和类型的企业建立有效的合规管理体系提出了指导性建议。

2014 年，亚太经合组织通过了《北京反腐败宣言》《亚太经合组织预防贿赂和反贿赂法律执行准则》《亚太经合组织高效率公司合规项目基本要素》。

2016 年，国际标准化组织颁布了《反贿赂管理体系——要求和使用指南》（ISO 37001：2016），对于企业运营当中可能存在的不正当的利益往来行为，阐述了预防、发现和应对措施。

2017年，美国司法部发布的《合规管理体系评估》罗列了问题样本清单，企业可以对照这份清单，对自身合规管理体系的充分性和效能进行评估。

2019年，《量刑指南》更新版明确提出了12项评估合规体系有效性的指标，并在《商业组织联邦起诉原则》中明确提出了3个评价标准：合规体系是否设计良好？是否有效实施？是否实际发挥作用？

2021年，国际标准化组织的《合规管理体系 要求及使用指南》（ISO 37301：2021）正式发布实施。ISO 37301规定了组织建立、运行、维护和改进合规管理体系的要求，并提供了使用指南，适用于全球任何类型、规模、性质和行业的组织。

到目前为止，经营合规的概念已经深入商业领域的各个方面，各个国际组织都为构建全世界范围内公平、公正的合法合规经营环境不断努力着。而反过来对企业而言，经营风险不可能完全杜绝，但却可以利用已尽合规义务的规则来保护自身，并且利用合规管理规则来加强企业建设。可以说，合规潮流不可逆，主动拥抱使用才是正确的做法。

点评：

从合规的起源到完善成形这近一个世纪的发展历程之中，我们可以看到企业的合规从最初经济法的各领域，如反垄断法、证券和金融监管以及跨国商业行为，到现在已经扩展到经济和社会规制的各个领域。它从不同的企业和部门兴起，从最开始的分流和不同目标，到20世纪90年代，最终汇总成干流，初步形成相对完整的体系，而目前已经成为各国家、地区乃至全球商业组织和法律部门的共享制度。每一次合规的演变都是各个历史大事件迭代的结果，各个国家和组织都努力地从失败事件中总结经验，逐步完善并形成达成共识的合规规范。

站在企业的立场上，合规更多和“风险管理”“内控体系”联系在一起。对于风险事件而言，每一个风险事件有危又有机，危与机是共存的孪生兄弟。每一个风险事件，不只是事故，同时也是改进的契机，是推动前进的最深刻动力。因此，每个企业经营者都应充分意识到以下几点：

第一，合规要求不是对企业的约束，它最终的目标是引导全球商业环境朝健康有序、公平公正的方向发展。

第二，只有融入全球商业规则中，成为其中合格的一分子，才能接入全球的供应链环境，获取更多的业务机会，同时也能规避更多的风险。可以说，企业成为“合规组织”是参与全球竞争的最基本条件。

第三，注重企业发展过程中或者同行业中的每一次大事件，这是完善企业运行机制，规避运营风险的最好时机。

“走出去”与“全球性协作”是不可逆转的趋势，因时势而勃发的中国合规管理成为我国各个企业在国际化进程中的实践热点。但是源于美国并扩展到世界范围内的这一制度，在国内推行的时候的确有许多值得检讨的地方。中国式的公司治理、法治水平和大陆法系的制度局限性，限制了合规作用的发挥。然而，相对于开拓者，我们是幸运的，可以站在前人的肩膀上去处理合规问题。我们还需要不断地完善合规管理和制度，这正是我们向前迈进最正确的方向。

三、合规管理的基本概念

合规是指企业及其员工的经营管理行为符合有关法律法规、国际条约、监管规定、行业准则、商业惯例、道德规范和企业依法制定的章程及规章制度等要求，是企业通过制定合规政策，按照内部规范的要求统一制定并持续修改合规规范，监督内部规范的执行，以增强内部合规控制；对违规行为进行持续识别、监测、预警，防范、控制、化解合规风险的一整套管理活动和机制。

合规管理包括组织内部的自我审查和来自外部组织的监管，其主要内容包括（但不限于）：合规管理制度建设、合规文化建设、合规信息系统建设、合规咨询、合规培训、合规审核、合规审计、合规检查、合规考核、合规评价、合规报告、法律法规追踪、投诉举报处理、监管配合和合规问责等。

四、合规管理的意义

（一）中国当前合规管理的现状

合规管理理念和实践于 20 世纪 70 年代末由三资企业引入中国。就合规监管而言，我国也经历了由金融机构逐步向其他行业扩散的过程。目前，我国政府对于企业合规管理体系的建设十分重视，要求各行业都应加强企业合规管理，完善企业合规建设。

2006 年 10 月，中国银监会颁布了《商业银行合规风险管理指引》，为商业银行合规风险的管理提出了指引。

2016 年 4 月，国务院国有资产监督管理委员会印发了《关于在部分中央企业开展合规管理体系建设试点工作的通知》，指出企业合规管理在中国移动、中国石油、东方电气集团、招商局集团、中国中铁等 5 家中央企业开始试点。

然而，和跨国企业相比，中国企业在合规问题的处理上相对落后，很多中小企业乃至部分大企业甚至都不知道合规管理的概念，而相对重视合规管理的企业，如华为、中兴通讯和中国铁建等，其合规管理体系的构建也还处于起步阶段。我国对企业经营合规方面的相关法律法规也正在逐步完善过程中。

2008年以来，中国企业大规模“走出去”，因为对国际上通行规则与非通行规则的认识不足或者理解不到位而产生了大量不合规的商业行为，导致企业受到经营所在地政府或者国际组织的制裁。这不仅给企业造成经济与声誉损失，还给中国企业国际形象带来负面影响。

在2018年，中兴通讯被美国政府处罚14.9亿美元的同时，被列入美国禁售制裁名单，几乎濒临倒闭。同样是中国通信行业领头羊的华为也一直受到美国相关监管机构的调查。

近年来，随着中国企业国际化程度逐步加深，我国“一带一路”倡议持续推进，更多的中国企业，尤其是工程建设、工程服务类企业，参与到世界银行以及其他国际多边开发机构贷款项目的投标、建设及服务中。然而，自2019年新冠疫情暴发以来，贸易保护主义日渐盛行、民粹主义不断抬头，部分地区地缘政治紧张局势难见缓解，大国政治博弈进一步加剧。受台海问题、新疆问题、印巴问题、南海问题以及2022年愈演愈烈的俄乌局势影响，欧美部分国家或组织为打击我国经济社会的发展，对我国在海外上市、经营的企业或项目开展过度的审核与监管，这使中国企业面临的境外经营合规风险越来越大。

截至2022年3月11日，世界银行官网公布数据，尚在制裁名单上的中国企业和个人共计196个（不含港澳台），中国是受世界银行制裁企业数量最多的国家。这为“走出去”的中国企业在合规管理方面敲响了警钟。

（二）国家对企业境外经营合规管理的重视

国家对企业境外经营合规管理越来越重视。近年来，陆续出台了规范企业境外经营行为、提升企业合规管理水平的方针政策，详见表1-1。

表 1-1　中国政府近年来发布的合规要求

时间	机　构	事　项
2010 年 8 月	商务部、外交部、国家发展改革委、公安部、国务院国资委、安全监管总局、全国工商联	·印发《境外中资企业机构和人员安全管理规定》 进一步加强新形势下境外中资企业机构和人员安全保护工作，保障“走出去”战略的顺利实施。
2011 年 7 月	国务院国资委	·发布《中央企业境外国有资产监督管理暂行办法》 目的是规范境外企业经营行为，维护境外国有资产权益，防止国有资产流失。
2013 年 2 月	商务部、环境保护部	·印发《对外投资合作环境保护指南》 引导企业积极履行环境保护社会责任，推动对外投资合作可持续发展。
2013 年 3 月	商务部	·印发《规范对外投资合作领域竞争行为的规定》 促进对外投资合作业务健康和可持续发展，规范企业海外经营行为，鼓励和保护公平竞争，杜绝不正当竞争行为，提升对外投资合作企业管理水平和竞争能力。

续 表

时间	机 构	事 项
2014 年 1 月	商务部、财政部	·审议通过《对外劳务合作风险处置备用金管理办法（试行）》 目的是规范对外劳务合作企业的经营行为，保障外派劳务人员合法权益。
2014 年 8 月	商务部	·审议通过《境外投资管理办法》 促进和规范境外投资，提高境外投资便利化水平。
2017 年 5 月	中央全面深化改革领导小组	·审议通过《关于规范企业海外经营行为的若干意见》 提出要“加强企业海外经营行为合规制度建设”。
2017 年 12 月	国家发展改革委、商务部、人民银行、外交部、全国工商联	·发布《民营企业境外投资经营行为规范》 从完善经营管理体系、依法合规诚信经营、切实履行社会责任、注重资源环境保护和加强境外风险防控等五方面对民营企业境外投资经营活动进行引导和规范。
2017 年 12 月	国家发展改革委	·审议通过《企业境外投资管理办法》 加强境外投资宏观指导，优化境外投资综合服务，完善境外投资全程监管，促进境外投资持续健康发展。
2017 年 12 月	国家质量监督检验检疫总局和国家标准化管理委员会	·发布《合规管理体系 指南》（GB/T 35770—2017/ISO 19600：2014） 为企业全面系统地建设合规管理体系提供了具体的指南。

续 表

时间	机 构	事 项
2018 年 8 月	推进“一带一路”建设工作 5 周年座谈会	强调企业应规范投资经营行为，合法合规经营，注意保护环境，履行社会责任，成为共建“一带一路”的形象大使。
2018 年 11 月	国务院国资委	·印发《中央企业合规管理指引（试行）》 对中央企业的合规管理体系建设提出了要求和建议。
2018 年 12 月	国家发展改革委等七部委	·发布《企业境外经营管理指引》 对于推动企业持续提升合规管理水平提供了更加具体的行动指引。
2021 年 8 月	国家市场监督管理总局和国家标准化管理委员会	·发布《合规管理体系 要求及使用指南》征求意见稿 该稿基于 ISO 37301：2021 进行修订并代替 GB/T 35770—2017。

在 2018 年 11 月举行的民营企业座谈会上，习近平总书记指出，要在合法合规中提高企业竞争能力，形成更多具有全球竞争力的世界一流企业。在第二届“一带一路”国际合作高峰论坛上，习近平主席进一步明确，共建“一带一路”要引入各方普遍支持的规则标准，推动企业在项目建设、运营、采购、招投标等环节按照普遍接受的国际规则标准进行，同时要尊重各国法律法规。李克强总理也曾在批示中强调，强化合规经营意识是企业“走出去”的前提。他还要求国家发展改革委、商务部、国务院国资委、外交部四部委调查中国企业“走出去”遇到的问题，指导企业特别是国有大中型企业在经营中遵规守

法，切实防范风险。

2021 年 12 月，国务院国资委发布《关于进一步深化法治央企建设的意见》，提出认真落实全面依法治国战略部署，持续深化法治央企建设，着力构建世界一流企业的合规制度体系，不断提升依法治企能力，助推企业高质量发展。2021 年 12 月 3 日，国务院国资委再次召开中央企业“合规管理强化年”工作部署会，强调中央企业必须把强化合规放到贯彻习近平法治思想的高度来认识，放到落实全面依法治国战略的全局来部署，放到保障企业高质量发展的层面来推动，力争通过一年时间推动企业合规管理工作，建立健全企业合规管理体系，真正发挥规范管理、防控风险、支撑保障的重要作用。

同时，中国政府也更加积极地参与全球反腐败与合规管理的国际合作。2014 年亚太经合组织（APEC）北京会议通过了《北京反腐败宣言》（简称《宣言》），中国是《宣言》的发起者和参与者。此外，中国还参与发起并通过了《亚太经合组织预防贿赂和反贿赂法律执行准则》《亚太经合组织高效率公司合规项目基本要素》等重要文件。同时，中国也积极加入各类世界级别的公约，如《联合国反腐败公约》《国际商务交易中打击勒索和贿赂行为准则》等。作为中国的企业，必然要顺应全球合规治理加强的大趋势，履行公约所规定的义务，积极预防和应对商业贿赂，树立和维护国家形象。

（三）中国企业境外经营合规管理的重要意义

合规管理是企业稳健经营运行的内在要求，也是防范违规风险的基本前提，是每一个企业都必须重视且进行管理的一部分，也是保障自身利益的有力武器。

合规管理可以防止决策失误。领导者的权限较大，再小的决策失误都有可能引发公司的多米诺效应。合规化管理能够通过约束高层领导人员的相关行为，最大限度地减少因决策失误而带来的经营风险。

合规化管理是规范员工行为的有效手段，通过建构科学的企业合规文化以及合规体系，有利于让员工养成合规化的习惯，避免违规风险。同时在制度层面向广大员工普及合规管理的相关条例，有利于让员工自觉自律地避免违规化操作。

对于境外经营的中国企业来说，合规管理还有着更多更高层次的意义。

1. 树立和维护国家形象的需要

跨国企业虽然具有国际性，并且遵循基本的商业逻辑行事，但在以国家为主体的当代世界中，让人产生的第一印象还是其国家形象。如果中国企业在“走出去”的时候能够塑造一个遵规、亲和、友善、负责的中国形象，就会减少许多冲突和困境。因此，建立合规体系并使其有效运行，是使企业所有商业活动始终保持合法合规的基本保障，是中国企业在境外经营时，树立和维护国家整体形象、提升企业国际声誉的最基本条件。

2. 文化融入的需要

在国际市场上，我国企业在工程建设领域技术方面的差距并不大，但在管理和文化层面还有很大差距。因此，建设与国际经营接轨的先进企业文化，转变思想观念、改变思维方式，成为我们参与国际竞争的关键因素。

在合规经营、反对腐败成为主流价值观的大背景下，我们首先要创新的就是合规文化。要把文化理念转变为行为，需要通过建立系统的制度，将合规要求融入具体的工作流程及岗位中，持之以恒地严格执行。将表面的合规管理逐渐变成习惯，形成一种严谨的行为方式。通过合规制度的建立与执行、合规文化的培育，将管理文化由任意型、粗放型向信誉型、集约型转变。

中国文化比较强调变通、灵活，有时候这是优点，有时候就容易出问题。企业要想真正融入国际大家庭，实现做强做优，就必须对我们的行为方式和道德文化进行认真反思和总结，学会遵守国际游戏规则，才有可能自立于世界大企业之林。

3. 市场竞争的需要

随着中国企业的发展壮大，一部分中国企业已处于发展变革的重要阶段。在这个阶段中，一是面临更多、更复杂的合规风险。二是在合规要求更严格的环境下参与市场竞争是未来的发展趋势，这就决定我们只有走合规经营之路，才能防范合规风险，才能在世界范围内和发达国家跨国公司竞争。而合规经营又能反过来提升企业的信誉，从而增强国际竞争能力。通过行为的合规来进一步保障执行结果正确，这也是提升企业经营质量的必选之路。

4. 防范政治风险的需要

当前，世界正在经历大变局，人类社会进入大发展、大变革的新时代。世界多极化、经济全球化、社会信息化、文化多样化持续发展，全球治理体系和国际秩序变革持续推进，各国相互联系和依存大大加深，国际力量分布趋于重构，国际社会对于可持续发展的呼声更加强烈。与此同时，国际及地区安全形势日趋复杂，全球性威胁挑战日益上升。国际上少数势力继续顽固奉行单边主义，诉诸强权政治，干涉他国内政，损害他国正当权益，制造矛盾、分歧和对抗，阻碍人类社会发展进步。

在这样恶劣的国际形势背景下，作为后起之秀的中国企业，在国际市场上的一举一动都备受关注，一旦出现失误就会被无限放大、抹黑。如何保持合规经营，不被某些国家用经济规则的借口制约发展，对于应对极高的地缘政治风险具有积极意义。

（四）工程建设企业境外经营合规管理的重要性

自 2013 年我们提出共建“一带一路”倡议以来，越来越多国家响应，共建“一带一路”正在成为我国参与全球开放合作、改善全球经济治理体系、促进全球共同发展繁荣、推动构建人类命运共同体的中国方案。其中，作为共建“一带一路”的“排头兵”，对外工程承包企业与“一带一路”沿线国家一起，以基础设施互联互通建设为起点和重点，共同建设了许多重大项目，对切实改善相关国家的基础设施状况发挥了重要作用。互联互通的基础设施发展目标更为对外工程承包业务注入了活力和动力。

随着共建“一带一路”向高质量发展方向不断推进，对外承包工程业务面临发展方式创新、合规合法经营等重大挑战。近年来的政府工作报告均指出，高质量共建“一带一路”，坚持共商共建共享。其中特别强调要“遵循市场原则和国际通行规则”，这必然要求“走出去”的中国企业把境外合规经营放在首位，不搞内幕交易，不钻漏洞空子，树立起境外合规经营优秀典范的形象，让国际社会看到，惠及世界人民的“一带一路”是有规矩、守规矩的“一带一路”。同时，企业也能通过完善合规运营体系，形成合规文化，进一步提升在国际市场中的声誉和竞争力，朝着良性、健康的方向行稳致远。

五、融合 ESG 评价体系的合规管理

（一）ESG 评价体系

ESG 是英文 environmental（环境）、social（社会）和 governance

（治理）的缩写，其概念由联合国于2004年率先提出，是一种旨在引导社会关注企业环境、社会、治理能力而非只偏重财务绩效的价值理念和评价标准，是对企业在促进经济可持续发展、履行社会责任等方面所作出的贡献进行评估。ESG标准下的“E”（环境）将重点放在企业环保政策、员工环保意识及企业对于温室气体排放、空气质量、能源管理、燃料管理、水及污水管理、生物多样性等多方面所作出的贡献，“S”（社会）则侧重于企业在人权、客户权益、社区关系、数据安全及客户隐私、劳工关系、职业健康与安全、多样化与共融等方面的成绩，“G”（治理）指企业在系统化风险管理、意外及安全管理、报告和审计政策、监管覆盖等多方面的举措。

政府监管机构和投资者可以通过对企业ESG绩效的观察，评价投资对象在促进环境保护、促进经济可持续发展和履行社会责任等方面的表现，进而在政策引导和投资决策方面采取相应的行动。ESG评价体系已逐步发展成为衡量企业发展潜力和前景的新型标准和投资人遵循的投资准则，其理念在全球政府和市场主体中得到广泛实践和推广，并成为发达国家、新兴市场国家的主流投资理念和实践策略之一。

（二）ESG在中国的发展

目前我国尚未全面要求上市公司强制性进行ESG相关信息的披露。近年来，在全球节能减排的环保大背景及我国可持续发展战略的带动下，我国政府亦提出在2030年前实现碳达峰、2060年前实现碳中和（“双碳”）目标，ESG体系中所倡导的节能环保、可持续的企业经营理念与国家所倡导的可持续发展战略及绿色发展理念高度契合。

基于上述背景，我国政府及证监会对于规模型企业、上市公司及特殊行业进行ESG相关信息披露、开展ESG评级的意愿越来越强烈。

例如，在 2020 年 3 月，由中共中央办公厅、国务院办公厅印发《关于构建现代环境治理体系的指导意见》，指出要建立完善上市公司和发债企业强制性环境治理信息披露制度。2021 年 5 月，生态环境部发布《企业环境信息依法披露管理办法》，要求符合条件的重点排污单位、上市公司、清洁生产审核企业、发债企业强制披露环境信息。2021 年 7 月，中国人民银行印发行业标准《金融机构环境信息披露指南》，有效促进更多金融机构编制环境信息披露报告。2022 年 3 月，国务院国资委成立社会责任局，其主要责任之一为“抓好中央企业社会责任体系构建工作，指导推动企业积极践行 ESG 理念，主动适应、引领国际规则标准制定，更好推动可持续发展”。2022 年 4 月，中国证监会发布《上市公司投资者关系管理工作指引》，明确了上市公司投资者关系管理工作的主要职责，在沟通内容中增加上市公司的 ESG 信息。2022 年 5 月，国务院国资委发布《提高央企控股上市公司质量工作方案》，提出力争 2023 年实现央企 ESG 报告的全覆盖，并且要推动央企建立 ESG 的评级体系。2023 年 4 月，生态环境部、自然资源部等 11 部门发布《碳达峰碳中和标准体系建设指南》，提出加快构建结构合理、层次分明、适应经济社会高质量发展的碳达峰碳中和标准体系。2024 年 4 月，上海、深圳和北京证券交易所共同发布了《上市公司可持续发展报告指引》，要求上证 180、科创 50、深证 100、创业板指数样本公司及境内外同时上市的近 460 家公司强制披露 ESG 报告，且需在 2026 年 4 月 30 日前与 2025 年报同期披露。

上述文件的发布及相关指导机构的成立，无不在向社会释放一种信号：国家持续关注 ESG 体系，ESG 报告在企业年度报告中的占比将逐渐增大，未来 ESG 评价体系将对上市公司及拟上市公司产生更大的影响。

2023年9月，《中央企业上市公司ESG蓝皮书（2023）》对441家央企上市公司的ESG治理水平进行了综合性评价。蓝皮书显示，2023年逾60%的央企上市公司明确了ESG战略规划相关要求，近80%的央企上市公司明确了ESG主管部门或处室。截至2023年8月底，近87%的央企上市公司发布了独立的社会责任报告及ESG报告，54家中央企业实现控股上市公司报告发布“全覆盖”。

国际ESG的发展主要得益于国际组织及投资者的市场推动，而在我国ESG政策的发展过程中，监管部门起到了非常重要的引导作用。例如：

（1）国务院国资委对中央企业和国有企业披露社会责任报告或ESG报告提出了明确要求。

（2）生态环境部门对环境信息披露作出了具体要求，信息披露的主体和内容较以往都更加完善。

（3）中国人民银行主要对金融机构披露环境信息提出要求，并发布了相关指南。

（4）中国证监会和证券交易所主要对上市公司披露社会责任报告、ESG报告提出了相关要求，包括港股上市公司、A股纳入MSCI指数（明晟指数）的上市公司、科创板公司以及其他符合条件的沪市及深市上市公司。其中，港交所发布了具体的ESG披露指引。

然而，目前国内尚未建成较为完善的ESG信息披露体系，以此来衡量企业信息披露的可比性、可靠性和可信度。

我国不少企业表示，国际主流评级体系的ESG价值观存在一定程度的差异，在中国使用时难以结合中国国情，导致对中国企业的评价不够客观。部分企业参照了国际主流ESG披露标准，例如全球报告倡议组织（GRI）发布的标准。一些在ESG方面做了很多实事的中国企业，所获评价低于实际情况，投资机构难以依据评估结果对 ESG 风险和价值作出全面分析判断。

不过，我国 ESG 相关团体标准在近年快速涌现。如 2022 年 6 月 1 日起正式实施的国内首个企业 ESG 披露团体标准《企业 ESG 披露指南》（T/CERDS 2—2022）。

进一步引导和规范国内 ESG 信息披露标准，立足我国国情和发展阶段，加快构建中国特色 ESG 评价体系已成为业内共识。

点评：

国内外 ESG 评价体系

1. 国际 ESG 评价体系

据不完全统计，全球 ESG 评级机构有 600 多家，其中影响力较大的有彭博、明晟、汤森路透、富时罗素、路孚特、晨星等。不过，不同 ESG 评级机构在机构使命、机构特性、评级目标、评级框架、评级方法、打分机制、评级结果，乃至产品与服务方面存在巨大差异。

例如，英国富时指数涉及 12 个领域 300 个指标，汤森路透 ESG 评级涉及 10 个领域 178 个指标，道琼斯指数涉及环境和社会的六大领域，MSCI 指数涉及 10 个主题 35 个关键问题，晨星 ESG 则涉及 6 个领域共 18 个关键问题。当然，各评级机构也会逐步更新其评级标准。

2. 国内 ESG 评价体系

与国际相比，国内 ESG 评价体系起步较晚，但近几年发展却很迅速。目前，国内主流 ESG 评级体系有华证 ESG 评级、中证 ESG 评级、商道融绿 ESG 评级、嘉实 ESG 评级、社会价值投资联盟 ESG 评级、万得 ESG 评级等。

在评级对象方面，华证、中证、商道融绿与嘉实基金等机构的 ESG 评级体系均为 A 股公司，其他机构以中证 800、沪深 300 成分股为主。指标体系方面，多数评级的一级指标体系从 E、S、G 三个维度展开。

在数据搜集方面，多数机构通过公司公开披露与多方监控等多渠道获取。

（三）融合 ESG 的合规管理体系

ESG 合规已成为业界共识。ESG 作为衡量企业发展可持续性表现的重要维度之一，是建立企业合规管理体系不可或缺的重要组成部分。但相较于其他的合规事项，目前阶段的 ESG 合规还需要参考更多的国际合规标准和风险管理方法，同时也有必要了解其他国家的合规要求，以适应“企业出海”的需要。因此，在 ESG 领域，我国企业所要合的“规”体现出了国际化程度高、合规边界广的特征。总体上，ESG 的公司治理维度要求企业进行合规风险识别和管理，这就需要企业根据部门职责、岗位职责和不同类型的组织活动，识别合规风险源，并定义每个合规风险源对应的合规风险状态，以制定合规风险源清单和合规风险状态清单。《合规管理体系 要求及使用指南》（ISO 37301）与一些风险管理的标准和评估技术，如《风险管理标准》（ISO 31000）和《风险管理-风险评估技术》（IEC 31010），可作为 ESG 评价体系中系统性风险的识别提供方法论依据。

融入 ESG 的合规体系应建立在对 ESG 理念和实践、大合规因素的深刻理解之上，塑造真正良好的 ESG 评价体系，进而有效防范或降低系统性风险。

（四）企业在 ESG 体系下的合规管理

企业内部 ESG 合规体系的建立是势在必行的，需将 ESG 纳入公司运营的方方面面，在公司日常风险管控中增强环境保护、社会责任以及公司治理成效等方面的意识，在制定公司合规目标时，除传统的财务效益外，还应兼顾环境效益及社会效益。

具体而言，在环境因素上，企业可借助外部专业律师团队的力量为企业披露ESG体系下企业可能存在的风险，例如在某一具体项目立项前委托专业律师团队进行环境、环保尽职调查，对潜在的环境风险及社会影响进行评估与管理；在项目具体实施过程中时刻防范环境因素风险，防范其因项目实施造成环境污染而遭受行政处罚等。同时，结合目前的“双碳”趋势，企业也可根据自身发展需要及需求参与到绿色金融、碳排放交易之中。目前在碳排放交易方面，国家政策属于重大利好时期，碳排放交易可有效促进企业自身节能降耗，增强企业可持续发展能力，同时也与企业承担污染防治、环境保护等社会责任的理念以及国家“减碳降碳”的决心相契合。

从社会因素而言，企业在开展具体项目时，应注意因地制宜，最大限度地减少项目对当地生态、人文等造成的影响，同时也可开展项目为当地提供更多的就业岗位与经济支持。在项目开展的过程中深度参与当地社区建设，主动承担社会责任。同时企业也应注意此类社会公益福利项目的积累，可在企业内部形成一个ESG信息数据库，当企业需要进行ESG相关信息披露时，信息数据库将会迅速直观地为企业提供正面素材。

从治理因素上看，企业董事会成员及高管应当将ESG体系下的风险防控视为其日常职务的重要组成部分，将ESG风险应对纳入日常管理决策。在企业治理方面，企业可委托专业律师团队为其制定ESG相关政策指引，并形成一套健全的企业ESG管理体系，从而让企业员工都能够有效地参与到企业的ESG战略中。企业同时也应注意年度ESG

报告、半年度或月度环境保护报告的撰写与披露，从 ESG 报告中向投资者及潜在的投资者传递企业可持续发展的理念、战略规划等。

未来近 40 年为我国的“双碳”时代，也是我国以中国式现代化全面推进中华民族伟大复兴、建成社会主义现代化强国的历史时期。实现高质量发展，促进人与自然和谐共生，是中国式现代化的本质要求。实现高质量发展的关键环节就是要推动绿色化、低碳化发展。新时代新征程，随着我国各级政府、监管部门相继出台碳达峰碳中和实施意见、方案，我国企业尤其是重点工业企业应牢固树立 ESG 理念，做好企业合规治理，走上绿色低碳的高质量发展道路。

六、合规管理与风险管理和企业内部控制的关系

（一）三者的含义

1. 合规管理

合规管理的定义如前文所述。

2. 内部控制

内部控制是指企业和各个组织在经济活动中建立的一种相互制约的业务组织形式和职责分工制度，是为了实现其经营目标，保障资产的安全、完整，保证会计信息资料的准确可靠，确保企业经营方针的贯彻执行，以及经营活动的经济性、效率性、效果性，而在企业内部采取的自我调整、约束、规划、评价和控制的一系列方法、程序与措施的总称。

1980 年后，美国 COSO 委员会（全美反舞弊性财务报告委员会发起组织）将“内部控制”定义为“一个组织设计并实施的程序，以便为达到该组织的经营目标提供合理保障”。

在 COSO 委员会制定的内部控制框架中，把内部控制活动分成五大组成部分，即控制环境、风险评估、控制活动、信息与交流、监督评审。

2002 年，美国成立的上市公司会计监管委员会明确采用了《COSO 内部控制整合框架》作为内控评价的标准体系。许多国家和地区的资本市场也采用了《COSO 内部控制整合框架》，有些国家和地区在参照该框架的基础上建立了自己的内控体系。

我国在 2005 年先后出台了《上交所上市公司内部控制指引》和《深交所上市公司内部控制指引》两个文件。这两个文件参照了美国《萨班斯法案》的要求，在理论体系上和《COSO 内部控制整合框架》一脉相承。

3. 风险管理

风险管理是指通过对风险的识别、评估，选择最有效的应对方式，在事前主动地、有目的地、有计划地处理风险，以最小成本争取获得最大安全保证的管理方法。

企业风险管理理论的发展大致分为三个阶段。

第一阶段是以“安全和保险”为特征的风险管理。100 多年前，航运企业风险管理的主要措施就是通过保险把风险转移给保险公司。

第二阶段是以“内部控制和控制纯粹风险”为特征的风险管理。随着工业革命的发展，公司对业务管理和流程方面的内部控制提出了要求。美国 1977 年的《反海外腐败法》要求公司管理层加强内部会计控制，1992 年的《COSO 内部控制整合框架》提出以财务管理为主线的内部控制系统。

第三阶段是以“风险管理战略与企业总体发展战略紧密结合”为特征的全面风险管理。风险管理实践表明，仅靠内部控制难以实现企业的最终目标。为此，COSO 委员会于 2004 年 9 月出台了《COSO 企业风险管理整合框架》，提出了由三个维度构成的风险管理整合框架。

我国国务院国资委于2006年发布《中央企业全面风险管理指引》，标志着我国中央企业建立全面风险管理体系工作的启动。

（二）三者的侧重点

合规管理是内部控制的一个重要方面，也是风险管理的一个关键环节。内控制度的完善离不开合规化的管理及操作。

这三者各有侧重点，详见表1-2。

表1-2　合规管理、内部控制与风险管理的侧重点

合规管理	内部控制	风险管理
1. 反商业贿赂、反欺诈、反舞弊； 2. 反垄断、反不正当竞争、反洗钱； 3. 贸易管制、海关估值、转移定价； 4. 数据安全、信息保护、隐私保护； 5. 高管刑事责任； 6. 税务合规； 7. 安全健康环保； 8. 知识产权保护。	1. 组织架构的设计与运行； 2. 发展战略的制定与实施； 3. 人力资源的引进与开发、使用与退出； 4. 安全生产、产品质量、环境保护与资源节约、促进就业与员工权益保护； 5. 企业文化的建设与评估； 6. 资金活动：筹资、投资和资金营运； 7. 采购业务：购买、付款； 8. 资产管理：存货、固定资产、无形资产； 9. 销售业务：销售、收款； 10. 研究与开发：立项与研究、开发与保护； 11. 工程项目：立项、招标、造价、工程建设、工程验收； 12. 担保业务：调查评估与审批、执行与监控；	1. 战略风险； 2. 财务风险； 3. 市场风险； 4. 运营风险； 5. 法律风险； 6. 环境风险； 7. 政策风险； 8. 技术风险。

续 表

合规管理	内部控制	风险管理
	13. 业务外包：承包方选择、外包实施； 14. 财务报告：编制、对外提供、分析利用； 15. 全面预算：编制、执行、考核； 16. 合同管理：合同订立、履行； 17. 内部信息传递：内部报告的形成、内部报告的使用； 18. 信息系统：开发、运行与维护。	

合规管理的核心是若企业不合规，“企业及相关利益主体将遭遇声誉损害、高额赔偿，乃至刑事处罚”。将企业和个人行为纳入合规管理体系中，保障主体不因不合规而遭受以上损失。这是合规管理的驱动力，也是合规管理的内在核心。完善的合规体系可成为减轻责任的抗辩理由，这是合规可创造的价值，也是锦上添花的事。

内部控制的核心是“通过内部控制五要素，对管理层及员工的行为进行约束，以尽可能实现企业的运营有效、报告可靠、合规这三大目标”。内部控制可以帮助企业实现业绩和盈利目标，同时又保证企业出具的财务报告可靠和企业行为符合法律法规。

风险管理的核心是“以可接受的成本保护和创造价值”。可接受的成本是指企业对风险的偏好程度，保护价值是指企业进行风险管理的基本目的，创造价值是指企业运用风险带来的机会，它是企业进行风险管理的高级目的。随着社会波动性、复杂性和模糊性日益增加，以及利益相关者的参与度越来越高，企业更加需要完善的风险管理机制来应对。将风险管理贯穿于整个企业会产生许多好处，包括增加新的机遇、识别和管理企业的风险、增加竞争优势、减少负面损失、降低绩效偏离度、改善资源部署、提升企业韧性等。近年来，基于风险导向的管理理念逐渐兴起，企业管理中常见的公司治理、企业文化、战略管理、绩效管理、危机管理等方面都可以使用风险管理框架，以促使其更好地标准化、科学化。

（三）三者的关系

合规管理、内部控制、风险管理都是企业治理与管理必不可少的一部分。在经济与社会不确定性不断增加的情形下，以及政策作为经济与社会治理的重要手段不断加强的时代中，在历经一些惨痛教训之后，三者都越发显得重要。

与战略管理、营销管理、人力资源管理等职能与职责相比，合规管理、内部控制与风险管理在企业中偏向于基本保障、风险预防。如果将企业比喻为一辆向前行驶的车辆，那么合规管理、内部控制与风险管理应该类似于刹车、前后护栏、ABS（防抱死制动系统）等组合在一起的功能。

合规管理、内部控制、风险管理侧重的视角不同。合规管理强调对规则（法律、规章制度、商业伦理、当地宗教和文化）的遵守，内部控制强调对行为（企业各层级、业务各环节）的限制，风险管理强调对未来不确定性事件的控制。

合规是内部控制要达到的目标之一，而内部控制则被涵盖在企业风险管理之内，是风险管理的一个基础和组成部分。因此，从三者的内涵来看，合规管理小于内部控制，内部控制小于风险管理。但从价值上来看，三者目前并不是可以相互取代的。

Chapter 2

第二章

尼泊尔概况

一、地理位置和人口分布

（一）地理位置

尼泊尔北邻中国，西、南、东三面与印度接壤。国土面积147516平方千米。国境线全长2400千米。尼泊尔境内重峦叠嶂，世界最高峰——珠穆朗玛峰（尼泊尔称萨加玛塔峰）位于中尼边界上。尼泊尔地势北高南低，相对高度差之大为世界所罕见。大部分属丘陵地带，海拔1千米以上的国土占全国总面积的一半。东、西、北三面群山环绕，因此尼泊尔自古有“山国”之称。该国河流多而湍急，大都发源于中国西藏，向南注入印度恒河。尼泊尔南部是土壤肥沃的冲积平原，分布着茂密的森林和广阔的草原，也是尼泊尔重要的农业经济区；中部是河谷区，多小山，首都加德满都就坐落在加德满都河谷里。

尼泊尔属于东六时区，当地时间比格林尼治时间早5小时45分，比北京时间晚2小时15分。尼泊尔不使用夏令时。

（二）人口分布

尼泊尔国家统计局2022年1月26日公布的数据显示，尼泊尔的人口已达到29192480人，其中女性人口为14901169人，男性人口为14291311人，年均人口增长率为0.93%，是80年来该国最低水平，低于全球人口的平均增长率。根据世界银行2022年数据，全球人口年均增长率为1.01%。尼泊尔国家统计局称人口增长缓慢的主要原因是尼泊尔人因工作和学习向海外大量移民，有2169478名尼泊尔人居住在国外，其中加德满都地区海外移民达 2017532 人，81.28%的移民为男性。

在尼泊尔，约 63%的人口生活在城镇。首都加德满都地区人口约 500 万，是全国人口最多的地区。南部特莱平原地区人口密集，北部山区人口数量稀少。

二、自然环境和自然资源

（一）自然环境

1. 气候条件

尼泊尔的气候基本上只有两季，每年的 10 月至次年的 3 月是旱季（冬季），雨量极少，早晚温差较大，晨间 10℃ 左右，中午会升至 25℃。每年的 4 — 9 月是雨季（夏季），其中 4、5 月气候尤其闷热，最高气温常达到 36℃。从 6 月起降雨增多，雨季逐渐开始，一直持续到 9 月底，雨量丰沛，河流常泛滥成灾。2017 年 8 月，尼泊尔南部特莱平原地区因降雨发生特大洪灾，造成人员、物资和经济损失，对农业生产带来不利影响。

尼泊尔南北地理变化巨大，地区气候差异明显。全国分北部高山、中部温带和南部亚热带三个气候区。北部为高寒山区，终年积雪，最低气温可达-41℃。中部河谷地区气候温和，四季如春。南部平原常年炎热，夏季最高气温达 45℃。当南部平原上酷热异常的时候，首都加德满都、博克拉等城市则是百花吐艳、春意盎然，而北部山区却是雪花飞舞的寒冬。

2. 地形地貌

尼泊尔地势北高南低，拥有多样化的地理环境。东、西、北三面多高山，海拔4877~8848米，世界上共14座海拔超过8000米的山峰，其中就有8座坐落在中尼边界的喜马拉雅山区。中部是河谷区，多小山，占尼泊尔国土面积的68%。南部是冲积平原——特莱平原，占尼泊尔领土面积的17%，这里分布着森林和草原。

3. **水系**

尼泊尔境内大大小小的河流有100多条，其中关系国计民生的共计40条。根据这些河流分布情况，尼泊尔政府将其归纳为三大水系，分别是东部的萨普塔柯西河水系、中部的甘达基河水系和西部的卡尔纳利河水系。萨普塔柯西河水系是尼泊尔最大的一个水系，由干流柯西河与支流阿龙河、塔木尔河、桑柯西河、因德拉瓦蒂河、波特柯西河、塔玛柯西河、杜德柯希河组成。甘达基河水系是尼泊尔的第二大水系，位于尼泊尔中部地区峡谷，其上游由来自东西两个方向的两条支流组成：东为崔树里河，西为特里苏利卡利河。卡尔纳利河水系是尼泊尔的第三大水系，它位于尼泊尔西部，发源于中国西藏的西南地区普兰县，自西北流向东南，有三条主要支流：西有塞提河，中有卡尔纳利干流，东有贝里河。

（二）自然资源

1. **矿产资源**

尼泊尔已发现的金属矿藏有铁、铜、锌、铅、镍、钴、金、钨、钛和银等，非金属矿藏有菱镁矿、大理石、石灰石、云母、石墨、石英、陶土、磷矿、宝石等，能源矿产有石油、天然气、铀、地热和煤。目前为止，均只是少量开采。

2. **水力资源**

尼泊尔水力资源丰富，水电蕴藏量为8300万千瓦，约占世界水电蕴藏量的2.3%。其中经济和技术上开发可行的装机容量约为4200万千瓦。

3. 森林资源

尼泊尔林地面积约661万公顷，其中森林面积596万公顷，其他林地面积65万公顷，分别占国土总面积的40.36%和4.38%，森林和其他林地面积总计占国土面积的44.74%。尼泊尔森林主要由娑罗双、栎树、榄仁树、喜马拉雅长叶松、喜马拉雅冷杉、杜鹃花属、尼泊尔桤木、西南木荷、云南铁杉等树种构成。

三、经济状况和发展规划

（一）经济状况

1. 总体经济

尼泊尔为农业国，经济落后，是联合国确定的47个最不发达国家之一。尼泊尔经济比较依赖外援，预算支出约1/5来自国外捐赠和贷款，此外还有一些外国援助未纳入尼泊尔政府预算中。

2. 经济增长率

尼泊尔中央统计局发布的年度国民账户初次数据显示，2022—2023财年[1]，尼泊尔经济增长乏力，扣除价格因素后，实际国内生产总值（GDP）比上年增长1.86%。近年尼泊尔宏观经济数据见表2-1。

[1] 尼泊尔财年为上年7月16日至次年7月15日。

表 2-1　近年尼泊尔宏观经济数据

财　年	名义 GDP（十亿尼泊尔卢比）	实际 GDP 增长率（%）	名义人均 GDP（美元）（按当年价格计算）
2015—2016 年	2608184	0.43	888
2016—2017 年	3077145	8.98	1039
2017—2018 年	3455949	7.62	1177
2018—2019 年	3858930	6.66	1204
2019—2020 年	3888704	-2.37	1167
2020—2021 年	4352550	4.84	1277
2021—2022 年	4933697	5.61	1399
2022—2023 年（初测）	5381335	1.86	1399

资料来源：尼泊尔统计局。

3. GDP 构成

根据尼泊尔统计局公布的初步核算数据，2022—2023 财年，尼泊尔现价三次产业结构为 24.12∶13.45∶62.43，其中制造业占全部增加值比重为 5.32%，建筑业比重为 5.52%，批零贸易业占 15.39%，住宿餐饮业占 1.98%，运输仓储业占 6.79%，信息通信业占 1.97%，金融保险业占 7.37%，房地产业占 8.37%，商业服务业占 1.69%，其他服务业占比 18.87%。

4. 财政收支

2022—2023 财年公共财政收入 9571.5 亿卢比，较上一财年减少 10.38%；支出 14295.6 亿卢比，较上一财年增加了 10.3%以上；赤字为 4724.1 亿卢比。

5. **通货膨胀率**

2021—2022 年财年尼泊尔通胀率为 6. 32%。截至 2023 年 6 月，尼泊尔通货膨胀率仍然保持在 6. 83%。

6. **失业率**

根据国际劳工组织 2023 年 8 月数据，尼泊尔 15~29 岁青年的失业率为 19. 2%，而总人口的失业率为 2. 7%。

7. **债务**

截至 2022—2023 财年第三季度末（2023 年 4 月 13 日），政府债务总额已达到 21299. 5 亿卢比。其中，外债为 11328. 3 亿卢比，内债为 9971. 2 亿卢比。尼泊尔政府 2022—2023 财年第三季度的未偿债务总额在此期间增加了 2. 87%。外债增加 2. 75%，内债增加 3. 007%。

截至 2022—2023 财年第三季度末，总债务与 GDP 的比率为 43. 9%，外债与 GDP 的比率为 23. 35%，内债与 GDP 的比率为 20. 55%。

因信息不足，标准普尔、惠誉及穆迪等国际机构未对尼泊尔进行主权债务评级。

（二）重点/特色产业发展情况

1. **农业**

农业是尼泊尔最重要的产业，农业人口占全国总人口约 68%。2022—2023 财年，农业产值占 GDP 的比例约为 24. 12%。尼泊尔耕地面积为 325. 1 万公顷。尼泊尔三大主要粮食作物依次是水稻、玉米和小麦，此外还有少量荞麦、谷子和黍。主要经济作物有油料作物（向日葵、芝麻、芥末、花生、亚麻籽、黑棕等）、土豆、甘蔗。此外，还有较少的黄麻、棉花，以及种类较多的香料作物，包括肉蔻、生姜、大蒜、姜黄、辣椒等。

2. **工业**

尼泊尔工业基础薄弱，规模较小，机械化水平低，发展缓慢。主要行业有制糖、纺织、皮革制鞋、食品加工、香烟和火柴、黄麻加工、砖瓦生产和塑料制品等。

根据尼泊尔政府工业局统计，2021—2022 财年新增注册的各行业企业共计 309 家，所在的行业包括：农林产品生产加工、能源、信息技术、基础设施、一般加工制造、矿业、（除旅游外）服务业、旅游业行业，共计八个大类。上述新增企业的总投资额为 3435.5 亿卢比，创造 28527 个就业岗位。

截至 2021—2022 财年末，尼泊尔全国共有 8764 家企业。其中，大型企业 1305 家、中型企业 2017 家、小型企业 5442 家尼泊尔部分大型企业集团见表 2-2。

表 2-2 尼泊尔部分大型企业集团

序号	集团名称	业务范围
1	乔德里集团（Chaundhary Group）	下设 40 多家公司，在 30 个国家拥有 60 个品牌，员工超过 6000 人，涉及食品、饮料、教育、房地产、金融、水电、基础设施、电信、水泥、酒店、生物技术、电子及家电产品等。
2	凯坦集团（Khetan Group）	采矿、饮料、食品、保险、银行、电信、信息技术、房地产、投资、能源等，旗下拥有当地著名的郭尔喀啤酒（Gorkha）、拉克西米银行（Laxmi）、珠峰保险公司（Everest）、Prime 寿险公司、喜马拉雅银行（Himalayan）等企业。

续 表

序号	集团名称	业务范围
3	沙拉达集团（Sharada Group）	年营业额 1.5 亿美元，涉及毛毯、水泥、面粉、大米等多种食品及制氧、塑料、橡胶等工业产品的生产和销售，以及铜、锌、大米及多种产品的进出口。
4	福伊特工业和贸易公司组织（Vaidya's Organizations of Industries & Trading Houses）	下设贸易、工业、服务、建筑、教育等多家专业公司。
5	乔蒂集团（Jyoti Group）	主营业务是旅行旅游，同时涉及其他多个领域，包括钢铁、电缆、工程建筑、保险、医疗等。

资料来源：中国驻尼泊尔大使馆经济商务处整理。

3. **旅游业**

尼泊尔地处喜马拉雅山南麓，自然风光旖旎，气候宜人，徒步旅游和登山业比较发达。2015 年发生特大地震，尼泊尔旅游业受到严重影响。之后，赴尼泊尔旅游人数逐渐超过地震前水平，2020 年全球新冠疫情暴发，又给尼泊尔旅游业带来重大打击。据尼泊尔旅游局统计，受疫情影响，2021 年接待来自 181 个国家（地区）的游客共计 150962 人次，较 2020 年减少 25%，远低于疫情暴发前的 119 万人次，是自 1977 年以来尼泊尔接待游客人数最低的一年。

到了 2023 年，游客人数激增，这对尼泊尔旅游业来说是一个积极信号，意味着尼泊尔旅游业从新冠疫情的影响中明显复苏。仅 2023 年 3 月份共有 99426 名国际游客到访尼泊尔，较 2022 年同期的 42006 人、

2021 年 3 月的 15254 人和 2020 年 3 月为 42776 人大幅增加。尽管如此，入境人数尚未恢复到新冠疫情前的水平，2019 年 3 月，有 127351 名游客访问了尼泊尔。

2023 年 3 月，印度成为访问尼泊尔游客的头号来源国，共有 25911 名印度人访问尼泊尔。这一数字占国际游客总数的 26.1%。美国是同期访问尼泊尔的第二大游客来源国，共有 9557 名美国人抵达该国。英国以 6133 名游客排名第三，而德国以 4149 名游客排名第四。中国取消对新冠疫情的严格限制后，2023 年 3 月份共有 2635 名中国游客到访。

就地理位置而言，2023 年 3 月份，游客总数的 23.4%来自欧洲国家，11.3%来自美洲，来自亚洲、大洋洲、中东和其他地区的游客分别占 15.7%、4%、1.5%和 10.4%。

（三）发展规划

1. 2043 年长期愿景

随着 2022 年底联邦、省和地方各级选举的完成，尼泊尔已实现政治稳定。现在需要以政治稳定为基础的经济快速发展和繁荣的长期愿景来确定国家目标。“2043 年长期愿景”计划通过实现收入增长、提高人力资源质量和降低经济脆弱性，让尼泊尔从最不发达国家之一升级为发展中国家。愿景设想通过实现可持续发展目标，到 2030 年跻身中高收入国家行列。

在这一愿景下，实现繁荣幸福的目标分为三个阶段。第一阶段需要建立经济、社会和物质基础设施，以实现经济高速增长。基础设施的发展需要大量投资，包括交通、能源、灌溉、信息技术和通信等。国家将通过发展基础设施提高生产力；推进教育和医疗卫生改革，以确保人民实现教育、医疗机会平等，能够得到高质量的教育和医疗。第二阶段是快速实现富裕幸福指标的阶段。这一时期经济将实现又快又好的增长。到这个阶段结束时，尼泊尔将跻身中等收入国家行列，并向高收入国家的目标迈进。在第三阶段，将实现可持续发展，保持繁荣和幸福指标之间的平衡。在此期间，将实现社会正义和平均两位数的经济增长。在这一愿景结束时，尼泊尔经济将实现自力更生、独立和繁荣。长期愿景的主要量化目标见表 2-3。

表 2-3　长期愿景的主要量化目标

序号	国家发展目标	当前水平（2018—2019 财年）	目标水平（2043—2044 财年）
1	经济增长（平均）（%）	6.8	10.5
2	农业对 GDP 的贡献（%）	27.0	9.0
3	工业对 GDP 的贡献（%）	15.2	30.0
4	服务业对 GDP 的贡献（%）	57.8	61.0
5	人均国民收入（美元）	1204	12100
6	贫困线以下人口（绝对贫困）（%）	18.7	0
7	多维贫困人口（%）	28.6	3
8	基于财产的基尼系数	31	0.25
9	最富有的 10%人口与最贫困的 40 人的比率（帕尔马比率）（%）	1.3	1.1
10	劳动力参与率（15 岁以上）（%）	38.5	72
11	正规部门就业比例（%）	36.5	70

续 表

序号	国家发展目标	当前水平（2018—2019 财年）	目标水平（2043—2044 财年）
12	发电量（装机容量）（兆瓦）	1250	40000
13	用电家庭占比（%）	88	100
14	用人均用电量（千瓦·时）	245	3500
15	出行 30 分钟内有汽车交通的家庭（%）	82	99
16	国道和省道（最多两车道）（千米）	7794	33000
17	国道（两车道以上，包括快速通道）（千米）	96	3000
18	铁路（千米）	42	2200
19	接入互联网的人口（%）	65.9	100
20	预期寿命（出生时）（岁）	69.7	80
21	获得改善饮用水的人口（%）	21	95

资料来源：尼泊尔国家计划委员会。

2. “十五五”经济发展规划

尼泊尔政府长期制定为期三年或五年的周期发展规划，具体由尼泊尔国家计划委员会起草。目前，该国正在实施第十五个发展规划（上一个五年规划截至 2006 年，此后连续出台了四个三年规划），为期五年（从 2019—2020 财年至 2023—2024 财年），这是尼泊尔实现联邦政体转型后出台的第一个发展规划。

“十五五”规划着眼于通过社会公正和平等这两大支柱来支持社会繁荣发展，从而保障环境安全，实现人民幸福。其长期愿景是到 2043 年使尼泊尔成为高收入国家，从而实现“繁荣尼泊尔，幸福尼泊尔”的民族共同愿望。该规划是实现将尼泊尔人均国民收入至少提高到12100美元这一长期愿景的基础。该规划确定了实现繁荣和幸福的国家目标和指标，并纳入了在社会部门取得重大进展的长期目标，包括减少贫困、发展教育和医疗领域、提倡性别平等以及基础设施和能源建设。该规划是国家消除绝对贫困的长期承诺，目标是在规划期内将贫困线以下的人口比例控制在个位数。该规划还旨在通过投资儿童健康和营养来培养健康的公民，并通过促进人们获得工作技能、保障最低工资等来实现平等和可持续发展。尼泊尔将在规划期内通过提高生产力来提高人均国民收入、提高人力资源质量并降低经济脆弱性，从而跻身发展中国家行列。

该五年规划制定了在规划期内年均经济最低增速为9.4%的目标，基于不同发展场景，预测年均经济增速最高可实现10.1%。该规划还预测农业年均增速为5.6%，规划期末占全国GDP比值达到22.1%；工业年均增速为17.1%，规划期末占全国GDP比值达到20.3%；服务业年均增速为9.9%，规划期末占全国GDP比值达到57.6%。

点评：

与之前的五年规划相比，第十四个五年规划成功地实现目标。由于受新冠疫情以及俄乌冲突影响，经济放缓，所以即将结束的“十五五”规划产出低于预期。

尼泊尔国家计划委员会已启动工作程序，在即将到来的2023—2024财年制定第十六个五年规划，并就规划制定和实施征求意见。时任总理兼国家计划委员会主席普拉昌达表示，“十六五”规划预计将能够为国家整体经济带来质量转型。

四、国家象征和政治制度

（一）国家象征

1. 国旗

尼泊尔国旗比例为 5 : 4（或 3 : 2），是世界上唯一的非矩形国旗，由上小下大、上下相叠的两个三角形组成，旗面红色，旗边蓝色。红色是国花红杜鹃的颜色，蓝色代表和平。上面三角形旗中是白色弯月、星图案，代表皇室；下面三角形旗中的白色太阳图案来自拉纳家族的标识，两个旗角表示喜马拉雅山脉的两座山峰（见图 2-1）。

图 2-1　尼泊尔国旗

2. 国徽

尼泊尔国徽大致呈圆形。国徽中部底图是世界第一高的珠穆朗玛峰，峰顶飘着尼泊尔国旗，峰底依次是丘陵和平原。浮在地貌底图之上的是白色尼泊尔地图和女性与男性握手图样。在整个图案的外围，左右两边环绕着尼泊尔国花杜鹃，花束下方有稻穗图案。底部基座是弧形的红绶带，上面用梵语写着“母亲与祖国重于上天”（见图2–2）。

图 2–2　尼泊尔国徽

3. 国歌

《唯一百花盛开的国度》是尼泊尔的国歌，2007 年启用。这首歌由苏巴什·钱德拉提议成为国歌。这首歌的歌词由诗人普拉迪普·库马尔·拉伊创作而成，由安伯·古隆作曲。整首歌曲措辞简单，歌颂尼泊尔的自由、进步、联合、和平。

尼泊尔国歌歌词大意：我们是个百花锦簇的花团，尼泊尔人，领土主权从梅吉向马卡里延伸。我们是个百花锦簇的花团，尼泊尔人，领土主权从梅吉向马卡里延伸。自然的万千财富遗产在传承，赖于勇敢的鲜血，独立和安稳。这大地有知识，有和平毯帽，有山峰，我们亲爱的尼泊尔祖国永不离分。多元种族、言语、宗教、文化集大成，我们昌盛的国家，尼泊尔万古长生。

（二）政治制度

1. 政体

历史上，尼泊尔长期是国王集权统治的国家。从 1951 年开始，尼泊尔实行君主立宪制，但国王权力依然很大。

1996 年，尼泊尔共产党（毛主义中心）宣布退出议会，开展人民战争。2001 年发生“王室血案”，比兰德拉国王等王室成员遇害，其胞弟贾南德拉登基。此后，贾南德拉国王解散议会，并于 2005 年亲政。2006 年，尼泊尔主要政党组成的“七党联盟”与尼泊尔共产党（毛主义中心）联合发起反国王街头运动。国王妥协，宣布恢复议会。随后，议会通过宣言，剥夺国王权力。2006 年 11 月，政党政府与尼泊尔共产党（毛主义中心）签署《全面和平协议》，宣布结束 11 年的武装冲突。2007 年，议会颁布临时宪法，组建包含尼泊尔共产党（毛主义中心）的临时议会，成立包含尼泊尔共产党（毛主义中心）的临时政府。

2008 年，首届制宪会议选举普拉昌达为尼泊尔共和国时代的首任总理，此后，拉姆 · 亚达夫为首任总统，苏巴斯 · 内姆旺为制宪会议主席。马达夫 · 库马尔 · 尼帕尔、贾拉 · 纳特 · 卡纳尔、巴布拉姆 · 巴特拉伊、基尔 · 拉杰 · 雷格米、苏希尔 · 柯伊拉腊先后当选总理。

2015 年 9 月 20 日，尼泊尔正式颁布新宪法，将国体改为联邦民主共和国。尼泊尔在实行共和制后设立宪法总统，总统为礼仪性国家元首和军队统帅。总理拥有行政权，实行总理内阁制。

2. **宪法**

2015 年 9 月，尼泊尔颁布新宪法。新宪法确定尼泊尔为联邦民主共和国；将全国划分为 7 个联邦省；总统为礼仪性国家元首和军队统帅，总理由议会多数党领袖担任；联邦议会实行两院制，由联邦院和众议院组成。2016 年 1 月，尼泊尔议会通过宪法第一修正案，将选举划分等条款的基本原则由比例包容制变为人口比例第一、兼顾包容原则。

3. **总统**

尼泊尔总统是尼泊尔的国家元首。根据 2015 年 9 月颁布的新宪法，总统为礼仪性国家元首和军队统帅。根据现行宪法，总统由选举团间接选举，选举团由尼泊尔联邦议会和尼泊尔 7 个省的省议会组成。总统任期为 5 年，可连任。总统的首要责任是促进尼泊尔的民族团结，确保遵守和保护《宪法》。总统在根据《宪法》或联邦法律行使权力并履行职责时，应以总理提交并经部长会议同意的建议或批文为履职依据。以总统名义作出的决定、命令以及对相关授权书的验证，应符合联邦法律。2023 年 3 月，尼泊尔大会党领导人拉姆・钱德拉・鲍德尔成为 2008 年尼泊尔联邦民主共和国成立以来的第三位总统。

4. **总理**

根据 2015 年 9 月颁布的新宪法，总统任命众议院多数党的议会党魁为总理，并成立部长会议（此处“部长”代表副总理、部长、国务部长和助理部长），由其担任主席。总理和部长共同向联邦议会负责，此外，部长个人及其部门工作还向总理负责。2024 年 7 月 21 日，尼泊尔新一届联合政府总理奥利赢得联邦议会众议院信任投票，成功就任尼泊尔总理一职。根据他与尼泊尔大会党达成的协议，奥利担任联合政府总理两年后将总理职位移交给尼泊尔大会党主席、前总理德乌帕，直至 2027 年举行大选。

5. **议会**

尼泊尔新宪法颁布后，制宪会议自动转化为立法议会。2017 年 10 月，尼泊尔立法议会解散。尼泊尔议会为联邦议会，实行两院制，由联邦院和众议院组成。其中，众议院议员 275 人（简单多数选举产生 165 人，比例代表选举产生 110 人），联邦院议员 59 人（各省选举团选举产生 56 人，联邦政府任命 3 人）。省级议会采用一院制，各省议会议员总计 550 人（简单多数选举产生 330 人，比例代表选举产生 220 人）。每个省的议会议员数量不等。

2020年12月，奥利总理宣布解散联邦议会众议院。2021年2月，最高法院裁决奥利做法违宪，众议院恢复。5月底，班达里总统在奥利建议下解散众议院。7月，最高法院判决总统上述决定违宪，要求恢复众议院。2022年，尼泊尔举行地方选举和省级、联邦议会众议院选举。2023年1月，德夫·拉杰·吉米雷当选众议院议长，任期至2027年。

（三）主要党派

1. 尼泊尔大会党

1947年1月成立。主张巩固多党民主，建立民族团结并保持相互信任与合作，坚持不结盟。1999年7月，组建中央工作委员会，主席为吉里贾·普拉萨德·柯伊拉腊。2002年6月，谢尔·巴哈杜尔·德乌帕成立大会党（民主）并自任主席，大会党分裂。2007年9月，大会党与大会党（民主）合并为大会党。现任主席为谢尔·巴哈杜尔·德乌帕。

2. 尼泊尔共产党（联合马列）

尼泊尔共产主义政党，主张多党民主，建立法制、自由、开放的国家。起源于1949年成立的尼泊尔共产党。1991年1月由尼泊尔共产党（马克思主义）和尼泊尔共产党（马列）合并而成，1998年3月分裂为尼泊尔共产党（联合马列）和尼泊尔共产党（马列）。2002年2月，两党再次合并。2018年，同尼泊尔共产党（毛主义中心）合并成立尼泊尔共产党，2021年3月，最高法院判决尼泊尔共产党无效，重回两党合并前状态。现任党主席为卡·普·夏尔马·奥利。

3. 尼泊尔共产党（毛主义中心）

尼泊尔共产主义政党。1994年5月，尼泊尔共产党（团结中心）

分裂为拉玛派和普拉昌达派。1995 年 3 月，普拉昌达将党名改为尼泊尔共产党（毛主义）。2009 年 1 月，尼泊尔共产党（毛主义）与尼共(团结中心-火炬）合并成立联合尼泊尔共产党（毛主义）。2016 年 5 月，多个相互独立的派别宣布合并组成尼泊尔共产党（毛主义中心）。2018 年，尼泊尔共产党（毛主义中心）同尼泊尔共产党（联合马列）合并成立尼泊尔共产党。2021 年 3 月，最高法院判决尼泊尔共产党无效，重回两党合并前状态。现任党主席为普拉昌达。

五、政府机构和行政区划

（一）政府机构

尼泊尔主要的政府机构及职责如下：

外交部：含经济在内的整体外交。

财政部：财政方面的经济事务（主管外国援助、贷款、海关、税务和审计）。

国防部：军工和军火方面的事务（主管工程用炸药的审批、运输和看护）。

内政部：维护秩序稳定，管理警察、武警及民政事务。

联邦事务和总务部：联邦管理和地方经济开发方面的事务，国家公务员以及政府工作人员编制和调配等管理事务。

教育、科学和技术部：教育、语言文字、科学技术方面的事务。

法律、司法和议会事务部：司法行政方面的事务。

工业、商业和供应部：工业和投资合作方面的经济事务（主管企业注册和外国投资合作）、商业和贸易方面的经济事务（主管对外贸易、物流和进出口检验）。

通信和信息技术部：电信建设和管理方面的经济事务（主管国内电信系统建设等）。

文化、旅游和民航部：旅游和民航方面的经济事务（主管旅游、民航）。

劳工、就业和社会保障部：劳动力方面的事务（主管劳务输入和输出、国内劳务市场）。

能源、水资源和灌溉部：能源发展、水资源利用和管理方面的经济事务（主管水利水电开发、利用、管理和招投标）、与水利灌溉设施相关的事务（主管灌溉基础设施的规划、管理和执行）。

城市发展部：城市基础设施建设方面的经济事务（主管给排水、基础设施建设、房建和此类外国援助项目的实施和管理）。

森林和环境部：林业和环境保护方面的经济事务（主管林业、植物和草药的开发利用、贸易监管）。

物理基础设施和交通部：基础设施规划、开发和建设方面的经济事务（主管公路、铁路、桥梁等基础建设方面的开发、招标和管理）。

农业和畜牧业发展部：农业方面的经济事务（主管农业方面的投资合作、贸易、食品安全和动物检疫）。

土地管理、合作社和减贫部：国家土地管理相关的经济事务（主管土地管理和可持续发展）。

卫生和人口部：医药、健康、人口和有关机构方面的经济事务（主管医疗卫生方面投资、贸易许可、检验和监管）。

青年和体育部：青年发展和体育事务。

妇女、儿童和老年人部：妇女、儿童和社会福利方面的事务。

供水部：供水方面的事务。

（二）行政区划

2015 年 9 月 16 日，尼泊尔制宪会议表决通过了新宪法草案。新宪法规定，尼泊尔行政体制由联邦、省和地方政府三级构成。联邦政府设在加德满都，全国划分为 7 个省，每个省下辖数量不等的地方政府，包括市、县、乡政府。在省政府与地方政府之间还有地区一级的地域划分单位，全国共划分成 77 个区，但没有相应的地区政府，仅有联邦政府委派的首席地区官员，其主要职责是协调地区内部的各地方政府之间关系，没有相应的行政管辖权。

尼泊尔全国共计设立 753 个地方政府，包括 6 个大都市、11 个次级大都市、276 个县、460 个乡。7 个省已分别被命名为科西省、马德西省、巴格马蒂省、甘达基省、蓝毗尼省、卡尔纳利省和远西省。2018 年 1 月 17 日，尼泊尔政府确定了 7 个省的临时省会，分别为比拉特那加、贾纳克布尔、黑道达、博克拉、当德瓦库里县、比兰德拉那加、戈达瓦里。

科西省（尼泊尔第一省）：位于尼泊尔东部，首府是比拉特那加市，辖区为原东部发展区的大部分，下辖 14 个县，面积为 25905 平方千米，人口为 4534943 人。

马德西省（尼泊尔第二省）：位于尼泊尔南部，省内 8 个县全部与印度接壤。首府是贾纳克布尔市，辖区为原东部、中部的平原各县，下辖 8 个县，面积为 9661 平方千米，人口为 5404145 人。

巴格马蒂省（尼泊尔第三省）：位于尼泊尔东南部，2015 年 9 月 20 日由原巴格马蒂、纳拉亚尼、贾纳克布尔 3 专区 13 县合并而成，首府是黑道达市，首都加德满都也位于该省。该省北接中国西藏自治区，东连科西省，西连甘达基省，南连马德西省、印度比哈尔邦。面积为

20300 平方千米，总人口为 5524952 人，是尼泊尔人口最多的省份。

甘达基省（尼泊尔第四省）：位于尼泊尔西部，首府是博克拉市，辖区为原西部发展区的大部分，下辖 11 个县，面积为 21504 平方千米，人口为 2403757 人。

蓝毗尼省（尼泊尔第五省）：位于尼泊尔南部，与印度接壤。首府是当德瓦库里县，辖区包括原西部、中西部的各一部分，下辖 12 个县，面积为 22288 平方千米，人口为 4499272 人。该省的蓝毗尼地区是释迦牟尼出生地，在 1997 年被联合国教科文组织列为世界文化遗产。

卡尔纳利省（尼泊尔第六省）：位于尼泊尔中西部，首府是比兰德拉那加市，辖区大部分为中西部发展区，下辖 10 个县，面积为 27984 平方千米，人口为 1570418 人。

远西省（尼泊尔第七省）：位于尼泊尔西部，首府是戈达瓦里市，辖区为原远西发展区，下辖 9 个县，面积为 19539 平方千米，人口为 2552517 人。

六、社会组织和公共交通

（一）社会组织

尼泊尔主要工会组织有：尼泊尔工会大会、尼泊尔工会联合总会、尼泊尔全国工会联合会等。

尼泊尔还有许多其他社会团体，如尼泊尔全国农民协会、尼泊尔全国民主青年联合会、尼泊尔青年论坛、尼泊尔学生联合会、尼泊尔妇女联合会以及尼泊尔教师协会等。

尼泊尔非政府组织众多，比较活跃。主要有：佛教复兴会、大赦国际尼泊尔分部、尼泊尔人权组织、保卫人权论坛等。

尼泊尔工会组织和社会团体广泛参与社会活动，并代表工人和社团成员表达政治、经济、民生等诉求，一些附属于各党派的工会和社团组织也会根据党派的需要组织包括游行示威、罢工、集会等各种活动。

（二）公共交通

由于经济发展水平不高，加上经过 10 年内战，尼泊尔基础设施比较落后。改变基础设施落后的状况，是尼泊尔政府进一步吸引外资、发展经济的前提条件和当务之急。同时，改善基础设施的过程也是外资投入、刺激经济的过程。

1. 公路

根据尼泊尔财政部 2021 年发布的经济调查结果，尼泊尔各等级公路里程共计 33528 千米，其中，沥青路 15974 千米，砂石路 8582 千米，土路 8972 千米。

目前，中国西藏的樟木、吉隆、普兰和尼泊尔境内对应的科达里、热索瓦、雅犁为国际性口岸。尼泊尔科达里口岸与中国樟木口岸相对，为国际性常年开放公路口岸，2015 年大地震后被迫关闭，于 2019 年 5 月恢复货物通道。由该口岸通往加德满都的公路（约 110 千米）就是中国援建的阿尼哥公路，该公路是大地震前唯一全年开通的中尼陆路通道。尼泊尔热索瓦口岸与中国吉隆口岸相对，为国际性常年开放公路口岸，自 2014 年 12 月起扩大开放，2015 年大地震后被迫关闭了近半年，2015 年 10 月 13 日恢复开通。尼泊尔雅犁口岸和印度贡吉、中国普兰口岸相对，为国际性常年开放公路口岸。

尼泊尔与印度边境为开放边境，两国居民可相互自由出入境。尼、印之间主要有 6 个边境口岸和陆路通道相连，分别是东部边境的卡卡比塔，南部边境从东到西是比尔根杰、苏瑙利、尼泊尔根杰、滕格里，以及西部边境的马亨德拉纳格尔口岸。尼泊尔从第三国的进出口货物主要通过印度的加尔各答港中转，然后经尼、印口岸比尔根杰来实现。

2. **铁路**

尼泊尔仅在与印度接壤的比尔根杰有铁路相连，主要是印度铁路的延长线。自 2010 年起，印度政府援助尼泊尔重修该条跨境铁路线项目，项目全长 69 千米，分三段建设，连接尼泊尔巴迪巴斯与印度贾伊纳加尔。2022 年 4 月，该路线自尼泊尔古尔塔与印度贾伊纳加尔段的客运铁路开通，跨境铁路全长约 35 千米，为宽轨铁路。尼泊尔政府远期规划中，横跨尼泊尔东西全境 1056 千米的梅奇—马哈卡利电气化铁路已形成研究报告，另外还规划有首都加德满都通往博克拉和蓝毗尼的铁路。

2018 年 6 月 21 日，中国交通运输部与尼泊尔基础设施和交通部在北京共同签署了《中华人民共和国交通运输部与尼泊尔基础设施和交通部关于开展铁路项目合作的谅解备忘录》。中尼两国政府还发布联合声明，双方同意加快落实两国政府关于在“一带一路”倡议下开展合作的谅解备忘录，加强包括铁路在内的互联互通，打造跨喜马拉雅立体互联互通网络。

3. **空运**

目前，尼泊尔全国共有 56 个机场，包括 3 个国际机场（即位于加德满都的特里布文国际机场、位于佛祖释迦牟尼诞生地蓝毗尼的佛祖国际机场和博克拉国际机场，3 个地区中心机场和 52 个其他小规模机场。其中仅 33 个机场处于正常营运状态，还有 5 个机场正在建设中。

根据未来20年发展规划，尼泊尔政府计划对加德满都的特里布文国际机场进行扩建，新建第四个国际机场尼基格德，改扩建2个地区国际机场（博克拉、贾拉克普尔）。

中国援助建设的博克拉国际机场位于尼泊尔中部旅游城市博克拉，项目建筑安装工程已竣工。

目前，共有20家航空公司开通了通往尼泊尔的航线，从尼泊尔首都加德满都可飞往新加坡、曼谷、新德里、吉隆坡、达卡、多哈、迪拜、马斯喀特、伊斯坦布尔，以及中国成都、昆明、香港等地。

2022年5月，喜马拉雅航空新开通昆明至加德满都的直航航线；2022年6月，中国国际航空恢复执飞成都至加德满都的直航航线。

点评：

尼泊尔国内航线的覆盖面相当广泛，许多航空公司都经营国内航线。除非天气异常，尼泊尔的国内航空是守时而且可靠的。尼泊尔国内飞机为螺旋桨的小飞机，通常为17~18座，有一名空姐服务。乘坐尼泊尔国内航班应提前一个小时登机。登机前需通过安全检查，男女分开，国内机场税单程为165卢比/人。国内航班的枢纽是老加德满都机场，尼泊尔皇家航空公司归政府所有。此外，尼泊尔还有许多私人航空公司。除了加德满都，还有博克拉、西南部的尼泊尔根杰和东南部的比拉德讷格尔等二类航空枢纽。也有一些国内的航空公司可以提供小型飞机的服务，很方便。

加德满都与各主要城市和旅游景区之间都有直航飞机。从首都到博克拉市，乘旅游车需6~8小时，但乘飞机30分钟便可到达，往返机票约160美元。从加德满都到蓝毗尼等其他城市的行程也大致如此。

4. 水运

尼泊尔境内河流众多，但由于落差大，大多水流湍急，不具备航运通行能力。

5. 市内交通

加德满都市内的公共交通有大巴、小巴、三轮车、出租车。大巴、小巴、三轮车上面都写有路线，走固定路线。公共汽车是最实惠的出行方式。市公共汽车除了在市区内行驶，也开往机场或谷地其他城市。通常最后一班车是晚上 8 点。票价相当低廉，很多路线甚至不到 1 卢比。

在加德满都、博克拉市内，如果目的地不是很远的话，可以租用自行车，或是乘坐人力三轮车和出租汽车。尼泊尔租自行车是按小时或天数收费的，一天约 70 卢比。去较远的地方坐出租车快捷一些。出租车有两种，有计价器的出租车会按表收费，若没有计价器，上车时最好与司机先商量价钱。带计价器的出租车有黑色的执照牌，私人出租车多用于长途旅行，有红色的执照牌。市内一般在 100 卢比以内，由市区到机场不超过 200 卢比。

七、外交关系

1. 对外政策

尼泊尔奉行平等、互利、相互尊重和不结盟的外交政策，主张在和平共处五项原则基础上同世界各国发展友好关系，截至 2019 年 12 月，已同 167 个国家建交。尼泊尔高度重视发展同中、印两大邻国友好关系。重视加强同美、英等西方国家关系，争取经济援助和投资。积极推动南亚区域合作联盟发展，加德满都为南盟秘书处所在地。

2016 年 3 月，尼泊尔成为上海合作组织对话伙伴国。2018 年 8 月，举办第四届环孟加拉湾多领域经济技术合作倡议峰会。

2. **同中国的关系**

中尼之间有上千年友好交往史。晋代高僧法显、唐代高僧玄奘曾去过佛祖释迦牟尼诞生地蓝毗尼。唐朝时，尼泊尔尺尊公主与吐蕃赞普松赞干布联姻。元朝时，尼泊尔著名工艺家阿尼哥曾来华建造北京白塔寺。

1955 年 8 月 1 日建交以来，中尼传统友谊和友好合作不断发展。两国高层往来密切。尼泊尔国王、首相多次访华。周恩来总理曾两次访尼，邓小平副总理也曾访尼。1996 年底，江泽民主席对尼进行国事访问，两国建立世代友好的睦邻伙伴关系。

2008 年 8 月，尼泊尔新任总理普拉昌达来华出席北京奥运会闭幕式。12 月，杨洁篪外长访尼。

2009 年 4 月，尼泊尔外长亚达夫正式访华。9 月，尼泊尔外长柯伊拉腊访华。12 月，尼泊尔总理尼帕尔访华，双方发表《联合声明》，决定在和平共处五项原则基础上，建立和发展世代友好的全面合作伙伴关系。

2010 年 9 月，尼泊尔副总理兼外长苏加塔来华出席上海世博会尼泊尔馆日。10 月，尼泊尔总统亚达夫来华出席上海世博会闭幕式，尼泊尔副总统贾阿来华出席第 11 届中国西部国际博览会。

2011 年 3 月，中央军委委员、解放军总参谋长陈炳德访尼。11 月，尼泊尔副总理兼外交部长施雷斯塔访华。12 月，尼泊尔副总理兼内政部长加查达尔访华。

2012 年 1 月，温家宝总理访尼。双方发表《中尼联合声明》，宣布 2012 年为“中尼友好交流年”。4 月，全国人大常委会副委员长、全国妇联主席陈至立访尼。9 月，尼泊尔副总理兼外长施雷斯塔来华出席“尼泊尔文化节”活动。

2013 年 6 月，尼泊尔副总统贾阿来华出席首届中国-南亚博览会开幕式，杨洁篪国务委员访尼。

2014 年 6 月，尼泊尔总理柯伊拉腊来华出席第二届中国-南亚博览会。9 月，尼泊尔副总统贾阿来华出席首届中国西藏旅游文化国际博览会。王毅外长出席联合国大会期间会见尼泊尔外长潘迪。10 月，尼泊尔副总理兼内政部长高塔姆访华。12 月，王毅外长访尼。

2015 年 3 月，尼泊尔外长潘迪访华，尼泊尔总统亚达夫来华出席博鳌亚洲论坛 2015 年年会。6 月，王毅外长赴尼参加尼泊尔灾后重建国际会议，宣布中方援尼灾后重建一揽子方案。9 月，尼泊尔副总统贾阿来华出席第 6 届欧亚经济论坛。12 月，尼泊尔副总理兼外长塔帕访华。

2016 年 3 月，尼泊尔总理奥利正式访华并出席博鳌亚洲论坛 2016 年年会。6 月，尼副总统普恩来华出席第四届中国-南亚博览会。8 月，尼副总理兼财长马哈拉作为总理特使访华。9 月，尼副总理兼财长马哈拉来华出席第三届中国西藏旅游文化国际博览会。尼议长昂萨莉来华出席首届丝绸之路（敦煌）国际文化博览会。10 月，习近平主席出席在印度果阿举行的金砖国家领导人同环孟加拉湾多领域技术经济合作倡议成员国领导人对话会期间，同尼泊尔总理普拉昌达举行双边会晤。

2017 年 3 月，尼泊尔总理普拉昌达来华出席博鳌亚洲论坛 2017 年年会。5 月，尼泊尔副总理兼财长马哈拉来华出席“一带一路”国际合作高峰论坛高级别会议。7 月，尼泊尔副总统普恩来华出席第 23 届中国兰州投资贸易洽谈会。8 月，汪洋副总理访问尼泊尔。9 月，尼泊尔副总理兼外长马哈拉访华。尼泊尔议长昂萨莉来华出席 2017 欧亚经济论坛。

2018 年 4 月，尼泊尔外长贾瓦利正式访华。6 月，尼泊尔总理奥利正式访华。9 月，尼泊尔联邦议会众议院议长马哈拉来华出席第四届中国西藏旅游文化国际博览会。尼泊尔副总统普恩来华出席第 17 届中国西部国际博览会。10 月，尼泊尔副总理兼国防部长博克瑞尔来华出席第八届香山论坛并访华。

2019 年 4 月，尼泊尔总统班达里对华进行国事访问并出席第二届“一带一路”国际合作高峰论坛和 2019 北京世园会开幕式。10 月，国家主席习近平对尼泊尔进行国事访问，两国领导均宣布将中尼泊尔关系提升为面向发展与繁荣的世代友好的战略合作伙伴关系。

2020 年 3 月、4 月，王毅国务委员兼外长应约同尼泊尔外长贾瓦利通电话。4 月，习近平主席应约同尼泊尔总统班达里就新冠疫情和中尼关系等通电话。6 月、7 月，尼泊尔外长贾瓦利先后出席王毅国务委员兼外长主持的“一带一路”国际合作高级别视频会议和中国、阿富汗、巴基斯坦、尼泊尔四国外长应对新冠疫情视频会议。12 月，习近平主席同尼泊尔总统班达里互致信函共同宣布珠穆朗玛峰新高程，王毅国务委员兼外长同尼泊尔外长贾瓦利视频连线宣读两国元首信函。

2021 年 2 月，王毅国务委员兼外长同尼泊尔外长贾瓦利通电话。4 月，尼泊尔外长贾瓦利出席王毅国务委员兼外长主持的中国、阿富汗、巴基斯坦、尼泊尔、斯里兰卡、孟加拉国六国外长合作应对新冠疫情视频会议。5 月，习近平主席应约同尼泊尔总统班达里通电话。

2022 年 3 月，王毅国务委员兼外长访问尼泊尔。4 月，全国人大常委会委员长栗战书同尼泊尔联邦议会众议院议长萨普科塔举行视频会晤。8 月，尼泊尔外长卡德加访华。9 月，全国政协主席汪洋同尼泊尔联邦议会联邦院主席蒂米尔西纳举行视频会晤，栗战书委员长访尼。

2023 年 6 月，尼泊尔议会联邦院主席蒂米尔西纳访华并出席第五届中国西藏旅游文化国际博览会。尼泊尔副总理兼内政部长施雷斯塔来华出席第十九届中国西部国际博览会。

尼方在涉藏、台湾等问题上一贯予以中方坚定支持。中方向尼经济社会发展提供力所能及的帮助。两国在国际和地区事务中保持良好的沟通与合作。

3. **同印度的关系**

1947 年 6 月两国正式建交。印度是尼泊尔最大贸易伙伴和重要援助国，尼印实行开放边界。2010 年 1 月，印外长克里希纳访尼。2 月，尼泊尔总统亚达夫访印。2011 年 1 月，尼泊尔总统亚达夫再次访印。2011 年 10 月，尼泊尔总理巴特拉伊访印。2012 年 12 月，尼泊尔总统亚达夫访印。2014 年 5 月，尼泊尔总理柯伊拉腊参加印度新任总理莫迪就职典礼。

2014 年，印度总理莫迪两度访尼。2015 年 9 月，尼泊尔新宪法颁布后，印度收紧边境管控，造成尼泊尔国内物资严重短缺，尼泊尔印度关系紧张。2016 年 1 月，尼泊尔议会通过新宪法修正案，部分满足反对派诉求。印度对修正案表示欢迎，逐步放松对尼泊尔禁运。

2016 年 2 月，尼泊尔总理奥利访印，尼印关系初步转圜。2016 年 5 月，尼泊尔总统取消访印，尼泊尔政府召回驻印大使，尼印关系再次陷入僵局。2016 年 8 月，尼泊尔总理派副总理兼内政部长尼迪作为总理特使访印。2016 年 9 月，尼泊尔外长马哈特访印，尼泊尔总理普拉昌达访印，尼印关系逐步缓和。2016 年 11 月，印度总统慕克吉对尼泊尔进行国事访问，这是印度总统近 18 年来对尼泊尔的首次访问。

2017 年 4 月，尼泊尔总统班达里对印度进行国事访问。8 月，尼泊尔总理德乌帕访问印度。2018 年 2 月，印度外长斯瓦拉吉访尼。2018 年 4 月，尼泊尔总理奥利访印。2018 年 5 月，印度总理莫迪访尼。2018 年 8 月，印度总理莫迪赴尼出席第四届环孟加拉湾多领域经济技术合作倡议峰会。

2019 年 5 月，尼泊尔总理奥利赴印出席印度总理莫迪就职典礼。8 月，印度外长苏杰生访问尼泊尔。2021 年 1 月，尼泊尔外长贾瓦利访问印度。2022 年 5 月，印度总理莫迪访问尼泊尔佛教圣地蓝毗尼。2023 年 5 月，尼泊尔总理普拉昌达访问印度。

4. 同美国的关系

1947 年 4 月，尼泊尔和美国建交并签订友好和商务条约。尼泊尔一直重视加强同美国的关系，争取经济援助和外商投资。

但近些年，尼泊尔由于其地缘优势，被美国纳入旨在“平衡中国在各个方面和多个领域崛起”的“印太战略”。美国在尼泊尔推行“千禧年挑战公司协议”（又称 MCC 协议），根据 2017 年双方签署的协议内容，美方向尼方提供 5 亿美元不必偿还且不附带任何条件的赠款，尼泊尔本国承担 1.3 亿美元，用于推进该国和邻国印度之间的输电线路建设和道路养护工程。但是，MCC 协议需要在尼泊尔议会通过，美国才会提供赠款。

作为美国“印太战略”的一部分，MCC 协议是美国实现外交和战略构想的重要政策工具。2022 年 2 月 28 日是双方设定的 MCC 协议生效最后期限，美方明确表示，如果届时 MCC 协议仍未在尼泊尔议会获得通过，美方将考虑撤款，并将在两国建交 75 周年（2022 年）之际重新评估双边关系。在美方的施压下，尼泊尔左派抗争了五年的议会表决，于 2022 年 2 月 27 日以“解释性声明”的方式通过。

2022 年 3 月 9 日，美国国际开发署向尼泊尔赠款 6.59 亿美元。此后，以筹备庆祝美尼建交75周年为由，美国高官“成群结队”飞赴尼泊尔。

2022年6月，美国陆军太平洋总司令查尔斯·A. 弗林到访尼泊尔后，一份旨在强化美尼军事合作的“美国州伙伴关系计划”（SPP）草案泄露。尼泊尔的高海拔地势可供用作科技军事情报监控点和导弹基地，覆盖范围包括东南亚、南亚、中亚、印度洋乃至波斯湾。根据草案内容，美国将向尼泊尔军队提供5亿美元赠款，并明确将尼泊尔转变为继阿富汗之后美国在南亚的新军事基地。

美国的渗透控制企图将危害尼泊尔的独立自主。对于这一点，尼泊尔独立自主政治力量有着清醒的认识。尼泊尔内阁2022年6月20日召开会议，决定不与美国推进“国家伙伴关系计划”框架下的尼美两国军队合作。

5. 同联合国的关系

2007年1月，安理会通过关于尼泊尔问题的决议，成立驻尼政治特派团（UNMIN），协助尼各方推进和平进程。UNMIN历经数次延期，于2011年1月撤离。尼泊尔积极参加联合国维和行动，截至2023年7月，尼军共有6057余人参与维和行动，是联合国维和行动第二大出兵国。

八、民族和宗教

（一）民族

尼泊尔是一个多民族国家，全国有尼瓦尔、古隆、拉伊、林布、达芒、马嘉尔、夏尔巴、塔鲁等130多个民族。

（二）宗教

尼泊尔86.2%的居民信奉印度教，7.8%信奉佛教，3.8%信奉伊斯兰教，信奉其他宗教人口占2.2%。

九、语言和习俗

（一）语言

尼泊尔有90多种语言，其中尼泊尔语为国语，上层社会通用英语。

（二）习俗

1. 常见习俗

尼泊尔最常见的礼节是合十礼。在尼泊尔人的观念中，左手是不洁净的，收受物品时要用右手或双手。尼泊尔人在回答问题时，惯于用摇头表示同意。

2. 禁忌

尼泊尔妇女一般不与不熟悉的人握手，在向尼泊尔妇女问候或同其交谈时，不要有身体上的接触，也不要轻易抚摸小孩的头，因为尼泊尔人相信神住在人的头顶。

尼泊尔人有敬黄牛为神的习俗。不管是谁，有意或无意地伤害“神牛”者，都要受到罚款或法律制裁。

到尼泊尔人家做客，进门先要脱鞋，在室内不要跨过他们的身体或脚，而应绕道或请他们让一让。在尼泊尔不要爬在神像上拍照或玩耍。

点评：

在与当地人打交道时要懂得尊重对方，尊重当地的风俗习惯，不能有大国沙文主义思想。除一般的社交礼仪外，应尊重当地习俗，大方得体地与当地人正常交往，不能拿宗教和信仰取笑当地人或企业当地员工。

（三）节假日

每年5月29日为尼泊尔的共和国日。

根据尼泊尔旅游部门发放的资料，尼泊尔每年各种节日多达300多个。少数是全国性节日，大部分是特定宗教、民族、社区等特定群体专属节日。几乎每人每年要花三分之一的时间来从事节日活动。

尼泊尔节日大都与宗教、农时有关。政府规定放假的节日有近50个。如洒红节、德赛节、佛诞节、湿婆节、赛马节、神牛节、妇女节、灯节、黑天神节、因陀罗节等。根据尼泊尔政府规定，全年每周六休息共52天，灯节3天，德赛节5天，因陀罗节（仅限加德满都谷地）4天，教育机构假日1天，女性劳动者假日2天，有关宗教、社区或地区专享的假日11天，其他国际性节日及国内重要纪念日等放假7天。上述公共假日期间，政府机构关闭休息。

十、货币与物价

（一）货币兑换

尼泊尔通用货币为尼泊尔卢比，代号是NPR，币值与印度卢比挂钩，为印度卢比的2/3，即两种卢比的兑换汇率固定在1：1.6之间。一旦印度卢比与美元或者人民币的汇率波动，尼泊尔卢比汇率也随之波动。2023 年 8 月 19 日，中国央行公布的美元对尼泊尔卢比的汇率为 1 : 132. 9，人民币对尼泊尔卢比的汇率中间价为 1 : 18. 457。

（二）消费水平

尼泊尔物价虽然随着全球大趋势有所上涨，但主要消费品的物价总体保持稳定（见表 2–4）。

表 2–4　2023 年 8 月尼泊尔主要消费品价格

产　品	单价（美元）	产　品	单价（美元）
牛奶	0. 72/升	苹果	2. 21/公斤
白面包	0. 94/公斤	鸡柳	3. 07/公斤
大米	0. 71/公斤	西红柿	0. 61/公斤
本地奶酪	6. 88/公斤	土豆	0. 42/公斤
牛肉	4. 25/公斤	洋葱	0. 56/公斤

资料来源：Numbeo 网站。

十一、金融服务

（一）外汇管理

尼泊尔实行外汇管制政策，大额用汇须经尼泊尔中央银行审批。外国游客可在一些货币兑换处将美元、欧元、人民币等进行小额兑换。

外资企业开立外汇账户须取得尼泊尔中央银行的批准。

外汇汇进需要取得中央银行的批准。外汇汇出限制较多，主要包括以下几点：

第一，实体投资所获得的利润汇出需要获得工业局等相关部门出具的推荐信和中央银行的批准函。

第二，技术转让获得的利润如果不足 1 万美元，可直接通过 A 级和 B 级银行汇出，如果超过 1 万美元需要取得中央银行的批准。

第三，利润汇出无须再缴纳其他单独税费，但汇出前提是当事人需要缴清各种税款，并获得中央银行根据相关机构（工业局、投资委员会、电力发展局、能源部、电信当局及通信部等）的推荐出具的许可函。

第四，尼泊尔政府规定，外国人携外汇入境超过 5000 美元的须申报，出境时携带超过 5000 美元或等值外币也须申报并提供来源证明。

（二）银行与保险

1. 银行

（1）中央银行。尼泊尔中央银行成立于 1956 年 4 月 25 日。一直以来，它在宏观调控、监管以及促进产业发展和进步上发挥了重要作用。

尼泊尔中央银行董事会由 7 位成员构成，4 位当然成员（总裁、财政部部长、两位副总裁）和 3 位其他董事（从经济、货币、银行、金融和商业法律方面的知名人士中指定）。内设 20 个部门，有 7 个分支机构。根据 2002 年修订后的《尼泊尔中央银行法》，尼泊尔中央银行的主要职能分为 5 个方面：一是制定货币与外汇政策，并通过积极的政策管理，确保价格稳定和支付平衡，促进经济可持续发展；二是促进银行和金融系统的稳定性和流动性；三是建立安全、健康有效的支付体系；四是管理、检查、监督银行和金融系统；五是促进银行和金融系统发展，提升社会信用。

该法也明确了尼泊尔中央银行的经营职责：纸币发行者，尼泊尔政府、银行和金融机构的银行家，银行和金融机构支付清算系统的管理者，代表政府处理与国际货币组织（如国际货币基金组织）的业务往来，管理国债和外汇储备，外汇管制者，为商业银行和其他金融机构颁发业务许可证，监管金融系统，制定和实施货币政策和外汇政策，政府经济顾问。

目前，尼泊尔中央银行的远期愿景是成为“一个现代的、动态的、可靠的、有效的中央银行”，主要任务是通过呼吁和制定有效的货币政策、外汇政策和金融行业政策来维持宏观经济的稳定。

（2）商业银行。商业银行是尼泊尔金融系统的主体。尽管数目不多，却拥有最广泛的分支网络。无论是规模还是其他关键指标，在尼泊尔金融体系中都占据了主要地位。商业银行对稳定尼泊尔金融体系影响重大。

尼泊尔银行有限公司是尼泊尔第一家商业银行，成立于 1937 年，目的在于吸引公众从昂贵的放债者服务转向正规的银行服务。尼泊尔银行作为国有银行，规模较大，下设 126 个分行。尼泊尔银行一直在为纳比尔银行（一家尼泊尔商业银行）和其他私人商业银行没有覆盖的农村地区提供银行服务。

尼泊尔投资银行前身是成立于 1959 年的尼泊尔工业发展公司，主要目标是以提供中长期贷款、参与股权融资、进行承销等方式为私营工业企业提供金融服务，服务的行业主要是制造业和旅游业（尤其是住宿业）。1959 年，尼泊尔中央银行意识到金融资源对产业发展的重要作用，持有了尼泊尔投资银行的股份，这是促进该类银行发展的一个标志性事件。尼泊尔投资银行的资金来源主要是实收资本、国内外金融机构的长期贷款以及中央银行的再融资。

尼泊尔农业开发银行是尼泊尔最大的开发银行，成立于 1968 年。

它的主要目标是向农民和合作社提供农业信贷，促进农业整体发展。其农村信贷业务量占全国农村信贷业务一半以上的份额。从1997—1998财年后，中央银行一直在向农业开发银行提供长期融资工具，以推动该行服务农产品（例如茶叶、豆蔻、苹果、生丝、鲜切花、干姜、香草等）生产。

邮政储蓄银行成立于1974年，由政府邮政服务部门管理。邮政储蓄银行成立的目的是鼓励人们增加存款，并将吸收的存款用于支持国家发展。除此之外，邮政储蓄银行还提供其他金融服务，如汇票、汇兑、保险业务等。

公民投资信托公司成立于1990年3月18日，按照《公民投资信托公司法》的规定运行。它可以吸收私人和机构存款，发放贷款，也可以作为证券公司运行，由财政部监管。

（3）开设账户。开设个人账户：外国公民可以在尼泊尔开设个人银行账户。开设账户时，外国公民需要向银行提交身份证明文件。如果身份证明文件由尼泊尔语以外的语言签发，需将其翻译成尼泊尔语后，将原件、翻译件以及相应的公证文书一起提交给银行。外国公民可以在尼泊尔开设尼泊尔卢比和印度卢比账户，目前尚不能开设人民币账户。

开设公司账户：外国企业在当地银行开立普通尼泊尔卢比账户所需的基本材料，各银行有所不同，具体需向拟开户银行详细咨询。

开立美元账户还需要向尼泊尔中央银行提交开立美元账户申请，获得中央银行批准函之后才可开立美元账户。

点评：

随着中尼贸易范围的扩大和贸易额的增长，尼泊尔热切希望中资银行来尼开设分支机构，以促进尼泊尔经济发展，实现技术转移，连接国际融资市场。

在与尼泊尔银行业合作方面，中国银联已经与尼泊尔喜马拉雅银行签署合作协议，两家金融机构联合发行了银行卡。尼泊尔、印度公民可在包括中国在内的160个国家和地区的银联网络使用该卡消费、旅游、购物等。此外，中国银联已与尼泊尔银行和尼泊尔喜马拉雅银行合作，在当地推行二维码支付业务。

2023年6月22日，腾讯公司和尼泊尔商业银行与金融有限公司合作，在尼泊尔推出微信移动支付服务。由此，微信支付正式在尼泊尔启用。这一双方合作将为中国游客在尼泊尔提供安全便捷的跨境支付途径，促进尼中两国贸易、旅游等发展。

2. **保险**

一个完整的经济体系中，保险业扮演着非常重要的角色。但尼泊尔保险市场与国外保险市场相比，有效性和高效性都有所欠缺。随着时间的推移，针对寿险和非寿险的政策逐渐增多，保费缴纳总量以及保险业对GDP的贡献率也在相应增加。保险业成为金融体系中的新兴产业，在金融体系资产总额中所占比重也越来越高。

早期，尼泊尔的保险需求主要由外国（大多为印度）保险公司来满足。尼泊尔保险业的真正扩张是在20世纪90年代随着政府对财政部门的改革和经济自由化发生的。新政策重点关注私营部门对保险业参与度的增长。结果导致很多企业包括一些外资都投入了私营部门的规划中，甚至连印度和美国公司的分支机构也进入了这个领域。

（三）信用卡

近年来，尼泊尔支付行业向移动化、数字化转型。中央银行成立国家转接网络后，希望大力拓展二维码等移动支付业务场景。实体卡方面，据统计，尼泊尔市场仍然以借记卡为主（约占 97%），信用卡及预付费卡为辅（分别占约 2.2%及 0.8%），主要在尼泊尔、印度等地区使用。

信用卡在尼泊尔已经普及。维萨卡和万事达卡在当地可以使用。中国的银联卡已在尼泊尔开通使用。2014 年 8 月 26 日，中国银联（国际）与尼泊尔喜马拉雅银行签署合作协议，双方宣布在尼泊尔发行银联卡，这是中国与尼泊尔两国金融机构首次联合发行银行卡。银联国际于 2019 年 7 月成为第一家获得尼泊尔央行 PSO（支付系统运营商）支付牌照的国际组织，于 2021 年 9 月完成尼泊尔分公司的注册。

业务方面，银联国际契合尼泊尔支付市场移动化的大方向，与当地多家主流钱包二维码机构合作，已开通各类商户超过 10 万家，可向本地及包括中国游客在内的全球用户提供便捷安全的二维码支付服务。

同时，为撬动实体卡业务并深入本地化，银联国际与包括单一欧元支付区信用转账（SCT）网络内帕布银行、珠峰银行等 80 余家银行以及喜马拉雅银行等合作发行实体卡，市场占有量较早年有一定突破。

（四）融资

尼泊尔实行自由竞争的金融制度，金融机构众多，融资渠道广泛。但由于尼泊尔金融市场小，金融资源有限，存贷比普遍很高，融资的可获得性并不高。总体来说，在尼泊尔融资的成本（包括时间成本）比较高。

根据尼泊尔政府的规定，一般外国公司不能在尼泊尔申请商业贷款。但在尼泊尔投资或实施工程项目的外国公司，在提供可接受的国际银行担保的前提下，可向尼泊尔商业银行申请贷款。

当地的融资成本较高，截至 2023 年 8 月 17 日，尼泊尔央行加权平均贷款利率 12.24%，尼泊尔商业银行提供的贷款利率为 10.11%。尼泊尔商业银行提供的贷款利率普遍为 8.5%~12.5%。

当地银行开具保函的条件比较宽松，可与银行进行谈判。

［**案例** 2-1］

河川公司尼泊尔上若谷噶特水电建设项目与尼泊尔多家银行签署融资协议。2021 年 3 月 22 日，四川河川投资有限公司尼泊尔上若谷噶特项目融资协议签署仪式在尼泊尔加德满都顺利举行。本次联合融资是由库马里银行牵头，悉达多银行和马赫帕切尔银行共同参与。

该项目地处尼泊尔西部若古嘎特河流域，已于 2020 年顺利开工，设计装机容量 48.5kW · h，年均发电量 27824 万 kwh，可研总投资 5.9 亿元人民币。

点评：

与尼泊尔银团融资，要充分调动各方资源，妥善处置各类复杂问题，整合当地金融机构资源，积极完成各项融资前置条件，在短时间内实现融资关闭。

［**案例** 2-2］

博克拉新机场是中国援建尼泊尔的最大项目，也是中尼“一带一路”合作重点工程，建成后将是尼泊尔的第二个国际机场，同时也是加德满都国际机场的备降机场。该项目由中工国际工程股份有限公司承建。2016 年 3 月，尼泊尔政府和中国政府签署了关于建设博克拉地区国际机场项目的混合贷款协议，该机场建设正在有序进行。

点评：

除了在尼泊尔融资，“走出去”企业还可以通过如下途径开展融资。

1. 在中国境内融资

中国企业在境内融资方式分为债务融资和权益融资两大类，其中，债务融资分为信贷融资和债券融资，权益融资（股权融资）分为普通股融资、优先股融资及股权互换融资。此外，跨境并购项目中，境内直贷和内保外贷也是企业境内融资的主要方式。

2. 在国际市场融资

企业在国际市场融资，可多关注权威国际金融机构提供的融资支持，同时用好在国际资本市场发行债券、上市等融资方式。

亚洲基础设施投资银行、欧洲复兴开发银行、国际金融公司等国际多边金融机构，在其业务涵盖的地区和领域往往具有明显优势和先进经验。对于符合其融资条件的项目和企业，这些机构以贷款、股权投资等方式提供融资支持，具有融资期限较长、利率相对较低、性价比较高的特点。

境外发债逐渐成为中资企业重要融资方式之一，其优点在于境外债券在产品结构上有足够的空间利用利率、汇率等方法降低融资成本。中国企业发行较多的是中资美元债。

境外上市具有门槛低、筹备上市时间短、条件明确、易于操作等特点。企业可以根据自身情况，选择在境外上市，充分利用境外资本市场，筹集企业发展所需资金，不断提高企业的国际竞争力。就上市地点而言，企业还需根据自身发展战略和市场定位以及不同证券交易所的上市要求和比较优势进行准确评估，选择适合的上市地点。

3. “一带一路”多双边合作基金

为推进“一带一路”建设、企业“走出去”和国际产能合作，中国发起设立了多支多双边合作基金，如丝路基金、中国–东盟投资合作基金、中国–中东欧投资合作基金、中国–欧亚经济合作基金、中非发展基金、中非产能合作基金、中拉合作基金等。

多双边合作基金主要以股权类投资为主，可在不增加企业债务负担的情况下，为项目建设提供长期、可靠的资金支持，契合大型项目建设周期长、资金需求量大的特点，是对信贷融资、债券融资等融资方式的有益补充。中国企业可根据项目特点及所在地区，多与对应的多双边合作基金进行对接，获得融资支持。

（五）证券市场

尼泊尔证券交易有限公司（NEPSE）是尼泊尔唯一的证券交易市场，于 1994 年 1 月 13 日开业。截至 2023 年 10 月 30 日 13：30 时，NEPSE 指数达到 1863.42 点。

目前，在证券市场上可以进行交易的证券种类包括：股票（权益股和优先股）、债券、政府债券、共同基金。

十二、通信与电力

（一）邮政

邮政业仍是尼泊尔最普及的通信方式。目前，尼泊尔共有 3997 个邮政局，除提供投递信件和包裹服务外，邮局还提供发行邮票、邮政储蓄、邮政汇兑和快件投递等服务。

（二）电话

根据尼泊尔 2022 年全国人口普查完整报告，尼泊尔手机普及率已达到 73.2%，普及率较高。报告称，73%的尼泊尔人使用智能手机。

同样，研究发现尼泊尔固定电话普及率较低，只有4.5%的人使用固定电话。尼泊尔正在施行“农村电信项目”，力争尽快实现所有行政村通电话，解决偏远山区通信不畅的问题。

(三) 网络

近些年来，尼泊尔互联网普及率不断提升。截至2023年初，尼泊尔有1585万互联网用户，互联网普及率为51.6%。2023年1月，尼泊尔有1260万社交媒体用户，相当于总人口的41.0%。2023年初，尼泊尔共有4278万活跃蜂窝移动连接用户，这一数字相当于总人口的139.2%。

互联网服务供应商主要有：世界链接通讯公司（World Link Communications）、尼泊尔电信公司（Nepal Telecom）、苏比苏缆网公司（Subisu Cablenet）、维亚内特通讯公司（Vianet Communications）[1]。

2008年，中国通过无偿援助为尼方铺设了加德满都至中国西藏樟木口岸的通信光缆，但建成后中尼双方运营商未完成对接，尼方将该光缆项目作为其骨干网使用。2015年4月，中国电信完成中尼光缆通过西藏樟木口岸物理对接，在测试阶段遭遇地震，导致中尼两侧边境段光缆损坏严重。2016年，中国电信完成拉萨至吉隆口岸光缆建设工作，并于当年8月正式将该项目移交给尼泊尔政府。

2018年1月12日，中国电信集团公司与尼泊尔电信公司在尼泊尔首都加德满都举行两国跨境光缆开通仪式，标志着尼泊尔正式通过中国的线路接入互联网。

尼泊尔与印度的6个边境口岸之间均有通信光缆连通，印方有3家电信运营商与尼方运营商对接。

---

[1] 注：除尼泊尔电信公司有正式中文名称外，其他均为自译。

（四）媒体

1. 通讯社

尼泊尔国家通讯社是全国唯一官方通讯社，成立于1962年4月。

2. 电视媒体

尼泊尔电视台创建于1984年，并于1985年12月28日在首都开播，目前每天24个小时不间断播放，通过卫星传送。尼泊尔共有30多家电视台获准开办，近20家开始播送节目。其中，政府运营电视台有两家，分别是尼泊尔电视台频道（NTV）和尼泊尔电视台旗下为年轻观众打造的娱乐频道（NTV PLUS）。比较大的私营电视台包括：康提普尔电视台（Kantipur Television）、影像频道（Image Channel）、大道电视台（Avenue Television）等。

3. 广播媒体

目前，绝大部分尼泊尔人能收听到广播节目。尼泊尔广播电台是全国唯一的官方电台，成立于1951年，广播语种有尼泊尔语、英语、尼瓦尔语和印地语。此外，尼泊尔还有4家私人调频电台。

4. 报纸媒体

尼泊尔注册发行报刊6000余种，其中日报500余种。尼泊尔语报刊占90%以上，其次是英语、印地语。发行量最大的两份日报均为官方报纸：《廓尔喀报》（尼泊尔语，1902年创刊）、《新兴尼泊尔报》（英语，1965年创刊）。此外还有《加德满都邮报》《喜马拉雅时报》《共和报》《康提普尔》等多种日报。

5. 网络媒体

主要有尼泊尔新闻门户网（eKantipur. com）、尼泊尔新闻网（www. nepalnews. com）。各大报纸也都开设网络媒体平台，网上可浏览报刊内容。注册登记的网络新闻媒体共计 800 余家。

点评：

尼泊尔新闻界主要协会均为民间组织，主要有尼泊尔记者联合会、尼泊尔编辑家协会和尼泊尔新闻中心等。目前，在尼泊尔派驻记者的中方媒体有新华社、中国国际广播电台、文汇报。新华社在尼泊尔创办报纸《亚太日报》（英文版半月刊），中国国际广播电台在尼泊尔创办尼泊尔语杂志《Hot Nepal》（月刊）。

尼泊尔主流媒体对华态度总体友好，但转载西方媒体对华负面言论也时有发生。对中资企业和人员的报道总体积极正面，宣扬中资企业对尼泊尔发展建设所作出的贡献。

（五）电力

尼泊尔水电资源蕴藏丰富，主要依靠水力发电，但已开发量较小，未来仍有较大开发潜力。水电开发是尼泊尔重点发展的领域之一，一些大型储水电站正在建设和规划中。

近年来，随着新建水电站的并网发电，尼泊尔国内总发电能力不断增加，仅在 2021—2022 财年这一年，尼泊尔国家电网就新增 735 兆瓦电力，尼泊尔电力局（NEA）子公司开发的上塔玛科希水电站项目成功商业运营，成为增强尼泊尔民族自豪感的里程碑项目。至此，该国装机容量已达到 2190 兆瓦。缺电、频繁停电的问题有所缓解。

据尼泊尔电力局统计，2021—2022 财年，获得电力的总人口已达到 92.51%，总计水电站发电能力为 3259 吉瓦·时（含尼泊尔电力局下属电站和国内私有电站），比上财年的发电量 2804 吉瓦·时增长了 16.23%。水电站年发电量完成目标发电量的 103.22%。从独立电力生产商和电力局子公司购买的能源分别为 4286 吉瓦·时和 1976 吉瓦·

时，较2020—2021财年的3093吉瓦·时和148吉瓦·时分别增长38.57%和1235.14%。

2021—2022财年，从印度进口的能源总量为1543吉瓦·时，较2020—2021财年的2806吉瓦·时下降了45.01%。2021—2022财年，系统可用总能源增加25%，达到11064吉瓦·时，而上财年相应数字为8851吉瓦·时。在可用能源总量中，电力局及其子公司贡献了47.32%，而从印度进口和从国内独立发电厂采购分别占13.94%和38.74%。内部发电总量对总可用能源的贡献从2020—2021财年的68%增加到2021—2022财年的86%。

2021—2022财年尼泊尔在增加发电量、扩大输配电系统、提高国内用电量、出口剩余电力和赚取利润等方面都取得了显著成绩。为了在2030年进入“中等收入国家”行列，实现2043年长期愿景，尼泊尔一方面需要更多电力支持基础设施建设，推动工业化，吸收更多就业；另一方面需要更充足稳定的电力供应降低各行业生产成本，提高当地产品在全球市场竞争力。

十三、医疗与安全

（一）医疗

1. 医疗概览

尼泊尔卫生部健康服务局是中央级医院和中心的行政管理部门。所属部门和服务机构有6个局机关处室、5个中心（国家健康培训中心，国家健康教育、信息和通讯中心，国家肺结核防治中心，国家艾滋病和性传染病防治中心，国家公共卫生实验室）、5家中央医院。尼泊尔全国共有19家全国性医学院附属教学医院。7个省共有103所规模不等的地区性医院，每个省各设一个省卫生健康董事会，是该省所有省级医院、县健康办公室及其下属单位的行政管理部门。

点评：

加德满都的医院和诊疗机构很多，包括公立医院，如尼泊尔医院、尼泊尔公务员医院、尼泊尔国际医院、比尔医院、公立妇女医院、甘蒂儿童医院、精神病医院等；教学医院，如特利普湾大学医学院的教学医院、加德满都医学院的教学医院、巴丹医学院的教学医院等；社区医院和私立医院，如诺尔维克医院、比恩比医院等；私人诊所；私立诊断中心等。很多医院对外国人收费较高。更嘎拉勒心脏病专科医院和加德满都模范医院等有较多医生毕业于中国。

尼泊尔医院收费很贵，政府通常为特定服务确定价格，私立医院可以在此基础上再收取50%的额外费用。

2. **医疗保险**

尼泊尔的医疗保险只覆盖了全国一半地区，每年只能向每个家庭(最多5个人)提供2700卢比的保障。尼泊尔位于山区，气候多变，卫生医疗条件相对不是太好，因此前往尼泊尔之前应购买足额的保险，建议购买意外伤害险。意外伤害险保障范围较广，更适合投保，目前各公司都有提供，只是在承保的项目上有一些细微的差别。需要特别考虑的是承保范围，仅仅投保身体伤残后给付保险金的意外伤害保险一般是不够的，应考虑到发生事故后的救援行为以及进行治疗所花的费用，还有在遇到困难时能够获得及时帮助。意外伤害保险一般附加意外伤害医疗险，后者比前者对投保者更有益，因为一般旅行活动中死亡伤残的概率小，而受伤做治疗的概率要相对高一些。可以选择直接向医生或医院付款的保险条款，而不是现场付款后再要求赔付。如果不得不需要过后赔付的话，一定要保留好相关文件。

3. 就医与买药

在加德满都，从大型正规医院到小规模的私人诊所皆有。大医院收费较高，小诊所较便宜。尼泊尔医疗系统的管理较规范，医院与药店分开，由医生看病开方，然后拿处方到药店买药。药品基本上都是进口，大多是印度生产，价格较合理。

（二）安全

1. 治安

2012 年 9 月，联合尼泊尔共产党（毛主义中心）和其他主要政党在武装人员整合数量和方式等问题上达成历史性的协议，随后军队整合工作完成，标志着尼泊尔 10 年内战正式结束。

但是此后尼泊尔政局一度动荡，治安形势比较严峻。包括首都加德满都在内的许多地区经常爆发游行和罢工，有时甚至升级为暴乱。中国外交部曾多次发出安全警告，提醒中国公民赴尼泊尔旅游和经商注意安全。

尼泊尔一般居民不可合法持枪。

2. 自然灾害

2015 年 4 月 25 日和 5 月 12 日，尼泊尔分别发生 8.1 级和 7.5 级地震，造成当地重大人员伤亡和经济损失。

尼泊尔雨旱季分明。每年 10 月至次年 6 月上旬为旱季，6 月中旬至 9 月底为雨季。每年进入雨季后，尼泊尔易发生洪水、泥石流、山体滑坡、雷击等自然灾害，给当地造成了人员伤亡、严重经济损失，多条交通要道遭破坏，物流严重受阻。

中国驻尼泊尔大使馆特别提醒前往尼泊尔人员增强风险防范意识，注意出行安全。如遇紧急情况请及时报警，并与中国驻尼泊尔大使馆联系求助。

3. 卫生安全

尼泊尔的水质很差，水里多种有害物质大量超标。尼泊尔卫生环境较差，一些传染性疾病，如肝炎、脑膜炎时有发生，甚至麻风病及霍乱等高致病性疾病也没有绝迹。因此，在尼泊尔期间应特别注意个人卫生，不饮生水，不吃凉拌菜，不去赌场和夜总会。

Chapter 3

第三章

前往尼泊尔手续办理及相关须知

一、尼泊尔签证

尼泊尔签证是尼泊尔在本国或外国公民所持的护照或其他旅行证件上的签注、盖章，以表示允许其出入尼泊尔国境或者经过国境，也可以说是颁发给他们的一项签注式的证明，是进入尼泊尔的通行证件之一。

（一）签证种类

1. 外交签证

尼泊尔和中国公民持有效外交和公务护照者，到对方国家，可互免签证，停留时间最长为 30 天。此规定还适用于外交、公务护照持有人的家庭成员和未成年子女。这一新规定是根据中尼两国 2005 年 8 月 15 日达成的协议实行的。双方从 2006 年 10 月 11 日开始实施这一新规定。

2. 旅游签证

中国公民可以到尼泊尔驻华大使馆（北京），驻拉萨、香港、广州总领事馆，驻上海名誉领事馆申请，也可以通过文化和旅游部注册的旅行社申请旅游签证。

申请尼泊尔旅游签证以前，必须提前办理好个人因私护照（相对于公务护照和外交护照）。持旅游签证者不得在尼泊尔务工。

尼泊尔旅游签证可以延期。如果临近签证期限还需在尼泊尔停留，需前往加德满都的尼泊尔国家旅游局的游客服务中心办理延期。延期费是每增加一天，加收费用 2 美元。

点评：

虽然尼泊尔政府允许中国公民在尼泊尔国际机场和陆路口岸

办理“落地签证”，但是由于中国政府不允许持无签证护照的公民出境，所以尼泊尔的落地签证政策，持因私护照者不能享受。若持有第三国的签证出境后再前往尼泊尔，则可以办理尼泊尔落地签证。

3. 非旅游签证

商务签证、学生签证等非旅游签证可以通过尼泊尔移民局在线门户网站申请。

（二）居留证

居留证的主要内容见表 3-1。

表 3-1 尼泊尔居留证主要内容

要求及使用	内　容
主体要求	发给以下打算在尼泊尔生活的外国人及其家人： · 具有国际声誉的人士； · 能够为尼泊尔的经济、社会和文化发展作出杰出贡献的人士； · 在尼泊尔工业企业投资至少 100 美元的人； · 打算在尼泊尔生活但不从事任何生意的人。
条件	对于投资至少 10 万美元的外国人，需提供： · 公司注册证复印件； · PAN/VAT 证书副本，即永久税务登记账号和增值税注册证书； · 股票副本； · 行业登记证复印件； · 工商部门推荐； · 护照复印件和最近的尼泊尔签证； · 更新完税证明； · 其他证明文件（如果需要）；

续 表

要求及使用	内 容
条件	对于想要在尼泊尔生活而不做任何生意的外国人，需提供： · 20000 美元的银行对账单； · 每年固定收入至少 20000 美元的证书； · 品格证书； · 有关国家大使馆出具的无异议函； · 特里布万大学教学医院出具的健康证明； · 年满 60 岁的证明或退休证明； · 有效护照和最近的尼泊尔签证的复印件； · 更新 20000 美元的支出报表； · 有效护照（如果需要）； · 其他证明文件（如果需要）。
费用	· 新签证每年 500 美元，续签每年 200 美元； · 新签证每年 700 美元，续签每年 1200 美元（对于想要在尼泊尔生活而不做任何生意的外国人）。

资料来源：尼泊尔移民局。

二、入境须知

（一）严格管制物品

尼泊尔对黄金、白银、外汇实行严格管制。严禁携带超过 50 克黄金或 100 克白银首饰出入境，严禁携带任何未经加工的金银出入境，违者会面临走私罪的指控而遭羁押并被处以重罚。尼泊尔严禁携带生鲜动植物、濒危珍稀动植物及其制品、古旧文物等出入境。出入尼泊尔边境时，请切勿携带象牙、红木、龟壳、犀牛角及疑似饰品，切勿携带古佛像、老唐卡等违禁物品。

（二）出入境需申报物品

如携带超过5000美元或等值外汇现金、汇票等入境，应主动向尼泊尔海关申报并妥善保管申报单，以便在离境时接受检查，如无法出具相关海关申报单，可能遭羁押并受重罚。海关规定每人最多可以携带20000元人民币或等值于5000美元的外币出境。

（三）出入境可携带物品

除了自用物品外，允许游客免税携带入境香烟200支或雪茄50支、一瓶1.15升的酒和15卷胶片。下列物品游客也可免税携带入境，条件是离境时带走：望远镜、电影摄像机或录像机、无声照相机、手提式计算机以及便携式录音机。游客可携带纪念品回国，携带文物出境须出示由考古局发放的特别证明。严禁携带致幻药品、武器和军火。

三、注意事项

尼泊尔旅游资源丰富，但因基础设施不完善、地形条件复杂，交通事故、意外事故等多发，建议前往尼泊尔前购买必要的人身安全和医疗等方面保险。

尼印之间为开放边界，边界标识不健全，部分地区甚至无显著国界标识。尼泊尔与印度有互免签证安排，两国公民可自由来往，但中国公民等第三国不能免签证经尼泊尔前往印度。中国公民应尽量避免赴尼印边界附近活动，如确需前往，要特别注意国界地理信息，加强对边境地形的了解，避免误入印度国境。

四、尼泊尔紧急求助联系方式

中资企业及公民在尼泊尔如遇突发状况，或遇有语言不通等特殊情况，应尽快通过各种联系方式与中国使馆领事部门取得联系，告知所遇困难及地理信息，以便尽快解决。

在中资企业间、华人内部发生的纠纷，应尽量内部协商解决，避免矛盾扩大，如需通过法律途径解决纠纷，可通过国内有关单位进行。

如遇恐怖袭击、绑架、抢劫等恶性治安事件，请及时报警，并与中国驻尼泊尔大使馆和工作单位取得联系。

中国驻尼泊尔使领馆依法维护我国公民在尼泊尔的合法权益不受侵害，对于违反当地法律法规的中国公民将提供法律咨询，最大限度提供必要协助。

在紧急情况下，可以按需拨打以下号码：

1）尼泊尔报警电话：100。

2）火警电话：101。

3）急救电话：102。

4）交通事故电话：103。

5）旅游警察电话：1144 或 01-4247041。

6）中国驻尼泊尔使馆领事保护与协助电话：01-4531511。

· 中国外交部领事保护与服务 24 小时应急热线：+86-10-12308，+86-10-65612308。

Chapter 4
第四章

尼泊尔有关法律规定

一、尼泊尔法律体系概述

尼泊尔采用了一套独特的法律制度，法典体系主要遵循普通法原则，属大陆法系。《宪法》是尼泊尔最高法典，下位法包括被称为“穆鲁吉艾恩”的民法典、刑法典以及其他成文法。

2008 年，尼泊尔举行制宪会议选举，选举产生的制宪会议宣布成立尼泊尔联邦民主共和国。此后政府几经更迭，新宪法艰难起草。2015 年 9 月，历时 7 年之久，尼泊尔新宪法正式颁布。尼泊尔新宪法颁布后，制宪会议自动转化为立法议会，议会负责起草法律，批准国际条约，并批准国家预算。联邦议会通过制宪会议发挥立法职能。

根据《宪法》，尼泊尔法院分为三级，分别为最高法院、高等法院和地方法院。地方法院是一审法院，高等法院审理上诉案件。

此外，尼泊尔还设立了特殊类型的法院或法庭，处理特殊类型的案件，包括 4 个税收法庭、1 个行政法院、1 个劳动法院和 1 个特别法庭。加德满都设有 1 个最高法院，各个省会城市分别设有 1 个高等法院，每个行政区设有 1 个地区法院，共 75 个地区法院。尼泊尔政府正计划在除各省会城市之外的其他地方设立独立法庭，以方便裁决争端。从审级上看，区法院从属于地区法院，地区法院和区法院从属丁专区法院。所有的区法院、地区法院和专区法院都从属于最高法院。最高法院是最高审判机关。

点评：

尼泊尔法律体系的特殊之处在于：

一是尼泊尔法律体系以印度教哲学为基础，其发展在很大程度上受印度教的影响。2007年后，人民基本权利、司法独立等概念被引入，尼泊尔法律体系也出现了一些重大变化。如根据最高法院的决定和指令，修订了许多歧视性法律。

二是最高法院在审理其管辖的案件时所适用的法律对下级法院具有约束力。最高法院适用判例法，除非其本身对法律规定的有关条款或条件作出变更，或者国王司法委员会提出修改的建议。

二、在尼泊尔投资注册企业需要办理的手续

（一）主管部门及相关法律

根据所处行业及投资额，尼泊尔投资注册企业的审批部门主要有工业局、工业投资促进委员会、尼泊尔投资委员会、尼泊尔中央银行。尼泊尔工业局隶属工业、商业和供应部，负责外资与技术转移法的管理与执行，负责审批投资规模（固定资本）60亿卢比以下的外资准入。尼泊尔投资委员会负责审批投资规模（固定资本）大于等于60亿卢比的外资准入。

尼泊尔对外国公司的投资和注册管理主要遵循《公司法（2006）》（2017年修订版）、《工业企业法（2020）》、《私营公司注册法》、《公私合作与投资法》《外国投资和技术转让法（2019）》。其中，《公司法（2006）》（2017年修订版）规定了设立企业的主要形式。

（二）设立企业的形式

根据《公司法（2006）》（2017年修订版），设立企业主要有两种形式：私营公司和公营公司。外国人既可成立私营公司，也可成立

公营公司。

私营有限公司指股东不超过 50 名的公司或单一股东公司。

公营有限公司至少有 7 名股东，同时注册资本金额至少 1000 万卢比；如公司有女性股东，则至少有一名女性董事；可根据《公司法（2006）》（2017 年修订）与《证券法（2007）》，通过尼泊尔股票交易所发行股票。

（三）注册企业主要程序

外国投资注册企业的一般程序为：一是获得工业局（DOI）批准（满足下列条件之一），二是到预算、人事与管理制度局办理手续，三是工业局履行注册手续，完成上述程序后，企业必须向 DOI 注册，并附上以下文件：

（1）外国投资科 DOI 发出的外商投资审批函的副本；

（2）公司注册证书、公司组织大纲和公司组织章程的副本；

（3）环境影响评估报告或初步环境审查报告。

四是进行税务登记。

（四）“一站式”服务中心

尼泊尔政府于 2019 年 5 月 15 日正式启动“一站式”服务中心，为投资商提供投资便利，改善投资环境。该“一站式”服务中心设在工业局下，负责处理投资额为 1 亿~60 亿卢比的一般性外商投资，而超过 60 亿卢比的大额投资或超过 200 兆瓦规模的水电站项目由尼泊尔投资委员会处理。“一站式”服务中心有来自尼泊尔政府与投资相关的 14 个部门工作人员集中办公，省去了原先投资商须逐个到相关部门分散办理手续的麻烦，进而提高办公效率，缩短办理时间。“一站式”服务中心可办理的业务包括：投资许可、公司注册、缴税、清关、劳动许可、签证、环境影响评估、外汇批准等。外商投资设厂所遇到的全部服务都可在"一站式"服务中心办理。

点评：

外资建立新公司、通过股份转让投资尼泊尔当地公司、通过贷款投资当地公司、技术转让等，需要提交的申请资料清单不同，且注册程序比较烦琐，提交的文件容易出现内容遗漏、写错填错或投资者对填写要求不理解等问题，可找一名熟悉注册程序的律师，确定相关费用和报酬，由其全权协助办理。

三、尼泊尔对外国投资的市场准入

（一）投资主管部门及相关法规

尼泊尔主管国内投资和外国投资的政府部门是尼泊尔工业局，下设许可登记处、外国投资和技术转让处、法务处、工业财产处、计划监督处、技术环保处等。

工业局的主要职责包括：①根据情况变化，制定和落实大中型企业的政策和规章；②落实外商投资的政策和规章；③开展工业投资促进活动，开展相关知识和信息的宣传工作；④签发企业许可证，注册大中型企业；⑤根据现行法律、法规和政策，为企业提供服务和激励措施；⑥以世界知识产权组织的要求作为工作重点，提供有关工业产权（专利、设计和商标等）方面的服务；⑦使企业了解并采用有关环境标准；⑧为外国投资企业提供数据、信息并及时答复他们的问题；⑨监督生产型企业的建立和运营；⑩为出口印度的生产企业提供发放原产地证明的建议书；⑪根据环境保护法和规定，实施必要的环境影响评估和初步环境审查，并根据需要监督环境合规情况。

主管国际商事的政府部门是尼泊尔投资委员会，这是尼泊尔政府为创造更好的外资投资环境，于2011年成立的政府高层机构，为外资投资者提供快速通道及“一站式”服务。作为促进投资和发展的机构，投资委员会负责制定合理的政策，促进尼泊尔外资投资，给予投资者便利的服务，与有关政府部门及机构沟通解决投资者所遇问题，给投资者提供窗口式服务。同时投资委员会也负责管理公共私营合作制（PPP）项目。

外商在尼泊尔境内进行直接投资前，需要根据1992年《外国投资和技术转让法》获得工业局的批准，或根据2011年《投资委员会法》获得投资委员会的批准。根据尼泊尔工业局2005年6月发布的《外国在尼泊尔投资程序》，除个别规定行业外，外国投资者可在任何行业进行投资和技术转让；外国投资者可在大中小规模企业拥有100%股份，但需获得批准。

2021年1月，尼泊尔对外国直接投资出台了新规定，要求企业在运营之前，承诺投资额的70%必须到位，余下的30%必须在接下来的两年到位。新规同时要求，外国投资者的投资计划获批之后，资金必须在1年内开始汇入尼泊尔。

（二）投资行业的规定

1. 允许进入行业

一是鼓励投资行业。2015年3月，尼泊尔内阁签署新的产业政策，提出5个优先和鼓励发展的领域，分别为水电领域、交通领域的基础设施建设、农基领域（如灌溉等民生项目、食品、草药加工）、旅游业和矿业。同时减少不对外国投资开放行业的数量，开放新的领域。

2021年，尼泊尔政府进一步放宽了外资进入农业领域的投资门槛。

二是首都加德满都市区开放的行业。外国投资者可在尼泊尔首都地区的以下行业开展投资合作，包括：

旅游业（旅游代理、徒步旅行代理、酒店和餐馆）和生产型工业。

三是建筑业。包括桥梁、写字楼、商务楼和汽车修理厂建筑。

2. 不对外国投资开放的行业

不对外国投资开放的行业也称作“限制清单”。此限制清单在2019年《外国投资和技术转让法》中更新并已通过内阁的批准，包括以下行业：①农业生产、家禽养殖、渔业、养蜂业、水果、蔬菜、牛奶等优先农业领域；②家庭手工业；③个人服务业（比如理发店、美容院、制衣、驾驶培训等）；④武器和弹药行业、火药和炸药、与放射性材料有关行业；⑤房地产（指的是买卖房产，不包括建筑开发商）；⑥零售行业（不包括至少在两个国家有经营业务的国际连锁零售企业）；⑦换汇和汇款服务；⑧国内快递业务；⑨本地餐饮服务；⑩乡村旅游和旅行社；⑪大众传媒和尼泊尔语电影；⑫管理、会计、工程、法律咨询服务和语言培训、音乐培训、计算机培训；⑬咨询服务（最多允许股权占比51%的外国投资）。

3. 尼泊尔不对外开放的家庭手工业的范围

尼泊尔不对外开放的家庭手工业的范围包括：手摇纺织机，脚踏织布机，半自动织布机，纺线机，印染，裁缝（成衣除外），针织、手工针织绒毛毯、羊毛地毯、围巾、羊绒外衣，木工、木制艺术品，藤条竹子手工制品，天然纤维制品，手工造纸和以此为材料的制品，黄金、金银铜和宝石为材料的饰品，雕刻和陶器、蜂蜜、豆类加工，黏土和陶器制品，皮革加工、皮革制品生产，种植黄麻、棉线产品，羊或牛角制品，石头雕刻，陶器艺术制品，小型服装销售店，熏香制品，洋娃娃和20万卢比以下固定资产的玩具厂（不含土地和建筑）。除特别指定的以外，上述家庭手工业中的电动机、柴油或汽油发电机功率不得超过5千瓦。电动织布机不包括在家庭手工业中。机械化的羊毛纺纱和羊绒地毯制造必须经过批准。

4. 不可设在加德满都市区的行业

不可设在加德满都市区的行业包括：大中型化工实验室，机械设备价值在20万卢比以上的车间，钢管/板切割企业，除茶叶、盐、糖等的再包装业，洗染厂和织物印花企业，冷库，化肥厂，水泥厂，大中型炼铁，炼钢和铸造厂，非小型手工和传统方式的纸浆和造纸厂，苏打化工企业，汽油和柴油炼油厂，印染工业，酸性化工企业，发酵和蒸馏工业，大中电镀工业，糖厂，橡胶加工厂，大中油漆工业，漂白工业。

5. 不可设在任何城市的行业

以石头为主要原材料的有关工业不可设在任何城市。

点评：

在对外国人开放的领域内，外国人可以拥有100%的企业股权。不对外国人开放的领域，近年逐渐松动，例如贸易、批发、货运、旅游、渔业、管理和工程咨询等企业，出现了合资合作经营的情况，外方股权没有限制，但企业法人必须是尼泊尔公民。

（三）投资方式的规定

根据《外国投资和技术转让法（1992）》和《私人投资建设和运营基础设施法案（2006）》等法案规定，外国投资者可以通过BT（建设-移交）、BOT（建设-经营-转让）、BOOT（建设-拥有-运营-

移交)、BTO（建设-转让-经营)、LOT（租赁-运营-移交）等方式进行基础设施项目的投资。

尼泊尔允许外商投资成立代表处、分公司、子公司、有限责任公司等；允许外商通过合资、合作、独资、并购等实现投资；外国投资可以以尼泊尔中央银行可接受的外国货币或机器设备等形式进行投资。外国自然人不得拥有土地，不得以个人名义建设厂房，须在公司注册办公室后，以公司名义购买土地和建设开发。尼泥尔允许外商投资的方式主要有以下几种。

外国投资者可通过签订协议转让以下产权：外国技术使用权、专用权、公式、程序、专利或技能；外国商标和商誉；外国技术咨询、管理和商业秘密。

外资并购主要涉及股权收购和外国直接投资许可，应该咨询当地的律师事务所等专业机构。

尼泊尔暂无针对外国投资建设开发区、出口加工区或工业园区的专门规定。

近年来我国一些国有大型企业通过并购当地企业的方式投资于水电开发等领域，尚未遇到法律、经济等方面的阻碍。

四、尼泊尔对外国投资的优惠

（一）优惠政策框架

尼泊尔根据经济发展规划，针对不同行业、不同地区和经济特区，在土地使用、税收征管等方面出台了一系列优惠政策。外国投资企业享受《工业企业法（1992）》（2020 年修订）和《外国投资技术转让法（1992）》中规定的所有鼓励和优惠，但要注意的是，一些优惠政策在执行层面需企业申请，能否落实仍需审批。

1. 法规明确规定的优惠

（1）应税减免。

①公司税不超过利润的20%，香烟、烟草、酒和啤酒等除外；

②边远、不发达和贫困地区的工业，可以分别免除30%、25%和20%税收，生产烟草、酒和啤酒等除外；

③在所得税法关于固定资产贬值规定的基础上，允许企业固定资产的投资按贬值的1/3计算；

④投资现代化成套设备以控制环境污染的企业，可从应税额中减免50%；

⑤企业用在技能发展和培训方面的开支可以资本化；

⑥企业开始运营后，可从毛利润中扣除10%后再纳税，补偿企业技术发展、生产发展和技能提高所支出的费用，不计入净收入；

⑦允许扣除5%的毛收入再纳税，不计入净收入，作为改善学校、医院、宗教寺庙条件和其他社会福利活动捐助补偿；

⑧允许扣除5%的毛收入再纳税，作为生产和服务广告、接待支出的补偿，不计入净收入。

（2）所得税减免。

①企业通过再投资使经营多样化、规模扩大25%以上、技术革新或发展副业，其新增固定资产部分可免除40%的所得税；

②投资分红按5%税率征税；

③除生产烟草、香烟、雪茄、酒、啤酒和锯木厂的企业外，生产原料的80%以上是本地原产、雇员全部本地化的企业，可减免10%所得税；

④年内直接招收600名尼泊尔雇员以上的企业，可在所有优惠基础上，再减免10%的所得税。

（3）退税。企业可根据《工业企业法（1992）》（2020年修订）获得退税，企业生产出口产品的半成品，将根据出口量享受这些半成品原材料保险费、关税、消费税和销售税的返还。

2. 其他特殊优惠

①成立企业可优先获得基础设施，成立企业可优先获得工业区和其他的政府土地；②为生产出口商品的企业和在出口加工区内的企业提供额外设施；③为国家重点产业提供进一步的优惠；④向林业企业出租国有森林；⑤为固定资产10亿卢比以上的企业提供快速审批服务，30天内批准；⑥向出口导向型企业提供外币贷款特惠条件和境外银行服务；⑦除特殊用途商品外，不要求商品具有本地含量，例如，出口到印度的产品不要求本地含量，不对原材料进行价格管制。

3. 外资企业本金和利润的汇出

以下所得可以可兑换货币或者投资货币形式汇出：销售全部或部分股权的所得，外商投资的利润或股息，用于工业用途的外国贷款本金和利息，根据技术转让协议获得的收入，版税、技术及管理服务费，企业中外籍员工75%的收入。

4. 产业政策已经出台，但尚未立法的优惠政策

主要包括：利润再投资免税；研发投资实行退税政策；投资者可获得工作签证或者国民身份证；投资超过100万美元可以在尼泊尔购置房产；水电、制造业、矿业、旅游和基础设施建设领域在一定年限内免征税；政府对电力生产和基础设施项目给予财政补贴；涉及征地的投资项目，政府将为征地工作提供便利。

5. 关税优惠政策：

从印度进口的印度原产地商品，低于25%税率的商品，在税率上享受7%的减让优惠；高于25%税率的商品，在税率上享受5%的减让优惠。这些优惠不适用于征收从量税商品。

以信用证方式从中国西藏进口的中国原地商品，在税率上享受4%的减让优惠；这些优惠不适用于征收从量税商品。

根据中尼两国于2016年12月5日签订的相关文件，中方将给予尼泊尔97%输华税目产品零关税待遇。

6. 扶持发展行业的优惠政策

尼泊尔政府对下列行业给予优先待遇：

尼泊尔矿产政策拟将矿产开发列入尼优先发展产业，在2017—2018财年对矿产开发有关活动减免关税和给予补贴，免征矿产开发机械设备进口关税，设立10亿卢比基金用于矿产开发研究，并计划十年内吸引1000亿卢比外资开发矿产资源；生产农业和工业机械设备的工业；生产节能和控制污染机械设备的工业；固体废物处理行业；以农林为基础的工业；建筑、道路、桥梁、隧道、索道、立交桥、生产和运营电车的企业；加德满都以外的医疗卫生业；生产尼泊尔草药、拐杖、手杖、轮椅、担架等用于救灾和外科医疗的企业；冷冻储藏和保鲜企业。

（二）经济特区鼓励政策

1. 经济特区情况

尼泊尔经济特区又称“自由贸易区”，包括出口加工区、特别贸易区、旅游娱乐区、信息科技园区、银行等。

尼泊尔政府已确定在18个地方建立经济特区，然而，经济特区的基础设施建设和运营进展仍然非常缓慢。截至 2022 年 6 月，尼泊尔只有 Bhairahawa 经济特区和 Simara 经济特区 A 区正在运营。Panchkhal 经济特区仍在建设中。

允许在经济特区内经营的行业包括：生产制造业，如农产品加工、草药、皮革、成衣、羊毛、地毯、羊绒、丝绸、手工纸生产、手工艺品和珠宝业等；其他行业，如运动服装、宝石、塑料制品、针织品、电子元件、电子产品、信息技术和饮料等。

（1）出口加工区。从 2018 年起，尼泊尔政府建立的白乐合瓦（Bhairahawa）出口加工区作为第一个经济特区投入运营，地点在加德满都以西约 300 千米的鲁潘德希（Rupandehi）县巴加哈（Bagaha）村，占地 35 公顷，距印度边界 1 千米。该出口加工区主要面向印度和南亚区域合作联盟国家。在出口加工区内创办工业，其设备、原料和最终产品不征税。

（2）工业园区。尼泊尔现有 11 个工业区，大都由印度、美国、德国和荷兰援建，分别设在巴拉珠（Balaju，美国援建）、帕坦（Patan，印度援建）、黑道达（Hetauda，美国援建）、达蓝（Dharan，印度援建）、尼泊尔根杰（Nepalgunj，印度援建）、博克拉（Pokhara，本国建设）、布德沃尔（Butwal，本国建设）、巴克塔普尔（Bhaktapur，德国援建）、比兰德拉纳加尔（Birendranagar，荷兰援建）、丹库塔（Dhankuta，本国建设）和贾金德拉·纳拉扬·辛格（Gajendranarayan Singh，印度援建），统一由国家工业区管理有限公司管理。这些工业区没有特殊政策，但基础设施完备，共占地 4200 亩，已吸纳企业 420 家，大部分是本国的中小企业，无中资企业入驻。

2. 经济特区的优惠措施

为促进尼泊尔国内外投资者投资从事出口贸易，尼泊尔政府引进了经济特区理念。2017 年 9 月，《经济特区法（2016）》和《经济特区条例（2017）》生效，规定了投资经济特区的优惠政策。《经济特区法》基本要点：

（1）促进成立经济特区管理局，建设及维护经济特区基础设施，监督管理在经济特区内的企业，提供“一站式”服务。

（2）允许私营企业建设、运营及管理经济特区。

（3）在经济特区外，已运营的企业，不得转移至经济特区。

（4）在经济特区内建立企业，需要取得许可证。许可证一般最长有效期为 30 年，如该企业产能利用率达 30%以上，则可以续期 10 年。

（5）在经济特区建立的企业必须出口其 75%及以上的产品或服务。

（6）经济特区内租赁 3 年的企业，可以享受土地或房屋租赁折扣：第 1 年 50%，第 2 年 40%，第 3 年 25%。

（7）所得税减免：在经济特区内的企业在第一个 5 年运营期全免所得税。如企业 60%及以上的原材料在尼泊尔境内采购，在第一个 5 年所得税免税期后，再享受 10 年所得税减半的优惠；其他企业则只能在第一个 5 年后，再获得 5 年所得税减半的优惠。

（8）所得税折扣：山区或喜马拉雅山脉区域的经济特区内的企业，可以获得第一个 10 年运营期所得税全免的优惠，在之后的 10 年，所得税减半。

（9）红利税减免：在第一个 5 年，企业可以获得红利税全免的优惠，在之后的 3 年，红利税减半。

（10）增值税优惠：企业出口产品或服务时，无增值税；企业将原材料及产品出售给经济特区内的其他企业时，无增值税。

（11）关税减免：①企业可以通过向政府出具银行保函，向政府要求原材料、辅助原材料、包装材料、工厂设备、工具、备品备件、最多3辆车的进口关税优惠，具体基于企业的性质与规模；②任何进口商将其产品出售给经济特区内的企业，可以获得关税退税。

（12）外国投资者的相关规定：①外国投资者在经济特区内以外国货币投资，可以允许其将出售部分或全部股份的所得、分红所得、外国贷款的本金与利息，根据其与相关机构签署的备忘录中规定的外币汇回；②外国投资者可以基于经济特区管理局的推荐，通过商业银行进行外币交易。

（13）“一站式”窗口：经济特区将成立“一站式”窗口，为特区内的企业提供所有相关的服务及设施。

五、尼泊尔贸易的法律规定

（一）贸易主管部门

尼泊尔贸易主管部门是尼泊尔工业、商业和供应部，主要职责是制定有关贸易法律和政策、签订国际和双边经贸条约、出口促进、管理和监督对外贸易活动，以及负责尼泊尔与商业、贸易和过境运输有关国际机构的联络等。

（二）贸易法规体系

尼泊尔的贸易法律及政策主要包括：

一是《进出口管理法》。该法历经6次不同程度的修改，最近一次修改是在2013年。

二是《贸易政策法》。该法主要目标是通过提高贸易部门对国家经济的贡献，促进经济发展，摆脱贫困。主要措施包括：为贸易促进创造有利环境，从而提高国际竞争力；加大增值产品出口，缩小贸易逆差；提高贸易产品和服务竞争力，从而增加收入和就业；将国内贸易和国际贸易有机结合，相互补充和促进。

（三）贸易管理的相关规定

尼泊尔政府于 1992 年制定了部分禁止进出口的商品目录及部分限量出口的商品目录，并对限量出口的商品实行许可证管理。这部分商品主要包括本地原材料和进口的原材料，具体品种根据市场的供需情况，由政府不定期地在“政府公报”上公布。尼泊尔政府积极减少这部分商品的数量，以达到自由贸易的目标。除政府规定禁止和限量出口的商品及禁止进口的商品外，其余的商品允许所有尼商自由经营。

为鼓励出口，尼泊尔政府对大部分出口商品不征关税，仅对少部分初级产品征收关税，出口商品收入不征所得税。对用于生产出口商品的进口商品给予退税。征收出口关税的商品分别以其重量、体积、价格征收关税。

（四）尼泊尔进出口程序

在尼泊尔海关通关有两种形式，一是进出口商直接向海关申报办理通关手续，二是进出口商委托报关代理行办理通关手续。尼泊尔海关对报关代理行每年进行一次年审换证。

1. 进口通关程序

货物运抵港口或边境口岸海关，进口商或报关代理向海关报关时提交下列文件：进口报关单、提货单、商业发票、装箱单、运输单据、原产地证、保险单、银行出具的信用证复印件或换汇单、公司营业执照复印件、公司缴纳所得税证明及增值税证明、商检证，以及要求报关行代理的委托书。

海关官员审核上述文件无误后便由海关指定检查人员和海关人员对货物进行查验。查验无误后进口商按规定缴纳关税和增值税（10%）及消费税（1.5%），海关会计部门签发收据，进口货物便清关放行。

上述文件中的提货单、商业发票、装箱单、运输单据、保险单、银行出具的信用证复印件或换汇单等对海关确定进口商品的价值十分重要。尼泊尔海关备有专用的海关商品价格清单，原则上该清单每6个月更换一次。如查验人员认为进口货物价格与清单上的价格有较大差别，将参照清单上的商品价格进行征税。对清单未列商品将参照类似商品征税，或提交评估委员会进行评估。另外，尼泊尔海关除征收关税、增值税、消费税外，还将根据所进口商品与尼泊尔国内生产的同种商品纳税税率征收一种平衡税。

2. **出口通关程序**

货物运抵港口或边境口岸海关，出口商或报关代理向海关报关时提交下列文件：出口报关单，提货单，商业发票，装箱单，运输单据，出口普惠制国家（GSP）申报表A，保险单，银行出具的信用证复印件或预付款证明，尼泊尔中央银行印制的外汇申报单，公司营业执照复印件，公司缴纳所得税证明，农产品及植物检验证明影印件，文物管理部门出具的证明（出口具有文物价值的塑像、唐卡、木刻等），国家公园及野生动物保护管理局出具的证明（出口动物骨头和角类等），国家生产开发中心出具的向美国、加拿大出口服装的签证证明，尼泊尔工艺品协会出具的出口工艺品和银器的证明，以及要求报关行（人）代理的委托书，运输声明（每车一份），过境海关申报单，途径印度、孟加拉到第三国的货物过境运输发票。

海关官员审核上述文件无误后便由海关指定检查人员和海关人员对货物进行查验。查验无误后出口商按规定缴纳关税和0.5%的服务费，海关会计部门签发收据，海关官员对出口货物加封盖章后出口货物便可放行。

3. **自由贸易协定**

尼泊尔于 2004 年 4 月 23 日正式成为世界贸易组织第 147 个成员国，是首个以提交工作报告形式加入 WTO 的最不发达国家。

六、尼泊尔关于劳动就业的法律规定

（一）劳动就业主管部门及相关法律体系

尼泊尔的劳动就业主管部门为劳动、就业与社会安全部（劳动部）。该部一直致力于通过对尼泊尔劳动力进行有尊严和安全的管理来创造就业，培养就业所需的技术人才，促进劳动领域的社会保障和职业健康与安全，以及防止雇佣童工现象发生。该部还负责使国外就业安全、有尊严和系统化，并通过利用从国外就业获得的技能、技术和资本促进国内就业。

尼泊尔新修订后的《劳动法》于 2017 年 9 月 4 日开始生效、实施，并取代了自 1992 年起实施的原《劳动法》。与原《劳动法》相比，新《劳动法》对当地劳动者的保护更全面、完备。尼泊尔政府颁布《劳动法》的目的是保障在开发、建设基础设施或服务行业项目中所聘用的尼方员工权利。尼泊尔法律规定，任何一个在尼泊尔开发水电站的开发商或项目拥有者必须遵从尼泊尔的《劳动法》。

（二）《劳动法》的核心内容

1. **雇佣合同**

企业根据需要聘佣雇员或工人从事某一期间的特定工作，应签订劳资合同，明确报酬、工作期限和工作条件。

2. **解聘和再次雇用**

《劳动法》关于解聘和再次雇用的规定如下：

如需减产、减岗、关闭整个或部分企业 3 个月以上，经劳动与就业部的劳动雇用促进局批准后，总经理可实施解雇。对连续安全工作 1 年以上者，首先解雇工作时间短的，后解雇工作时间长的。解雇前要说明原因。对有长期工作权利的工人或雇员，或连续工作 1 年以上无事故的工人或雇员，提前 1 个月通知解雇原因或增发 1 个月报酬。对这些工人或雇员，按每年补偿 30 天工资的标准给予一次性补偿。工作 6 个月以上，应按 1 年计算。如需填补空缺岗位，应首先考虑原被解雇的工人或雇员。

3. **工资**

《劳动法》关于工资的规定：

总经理应确定支付工人和雇员报酬的期限，每周、每两周或按月支付，不能超过 1 个月。此规定不适用于日工资、零工和合同工。

除下列情况外，不得扣除工人和雇员的报酬：罚款扣除、因旷工扣除、因故意或疏忽导致财产（现金或实物）损失扣除、因规定的待遇已提供而扣除、因调整预付或多付报酬而扣除、因待业而扣除、根据政府或法庭命令而扣除、根据政府在报纸《尼泊尔邮报》上发布的公告而扣除、根据现行法律实行纳税扣除。

4. **工时和加班**

《劳动法》关于工时和加班的规定如下。

（1）工时。工人每天工作不应超过 8 小时，每周休息 1 天。工时开始时间由总经理确定。工人或雇员不应连续工作 5 小时以上，超过可停工休息，应有 30 分钟的茶点时间。对于无法停工的企业，可轮流休息，休息时间被视为日工作时间的一部分。

（2）加班费。如工人或雇员未被强迫，一天工作 8 小时以上，或一周 48 小时以上，超过部分的报酬应按正常报酬的 150% 支付。

加班时间一般每天不超过 4 小时，每周不超过 24 小时。

5. 社会福利和社保基金

企业应明文规定并设立福利基金，为工人或雇员提供福利待遇。工人或雇员工伤不能工作或死亡，其家庭应按规定得到补偿。要规定给工人或雇员的奖金、准备金和医疗补贴。规定公共假日、病假、年假、产假、丧假、特殊休假、带薪或不带薪休假等。

6. 罢工

尼泊尔《劳动法》规定，在下述特定情况下，雇员在提前 7 天通知雇主后，有权举行和平罢工：未能就劳动诉求事项通过举行强制仲裁方式解决、未能组建解决劳动诉求事项的仲裁法庭、雇员无法执行仲裁裁决的内容，或雇主对仲裁裁决提出异议等。

如果雇员按合法程序和方式举行罢工，则雇员在罢工期间仍享有半薪待遇；如雇员举行的罢工不合法，则雇员无权要求雇主支付其在罢工期间的工资。

［**案例** 4-1］

在尼泊尔中资企业雇用了大量尼泊尔籍工人，对促进尼泊尔民众就业发挥了重要作用。然而在企业生产经营中，尼泊尔籍职工经常随意罢工、旷工，一周一次罢工是常见现象。频繁罢工不仅严重耽误了工期，甚至在工人示威游行、罢工旷工期间，企业还得照常支付工资，使企业面临巨大的违约风险和财务风险。在承包工程项目期间，中国海外工程有限责任公司和中铁二局通过积极履行助农、环保等社会责任，帮助疏导洪涝灾害堵塞的库苏姆塔尔村水渠，将河水顺利引至农田，使水稻在扬花季节摆脱缺水困扰。这一举动使中资企业赢得了当地村民的广泛支持，罢工活动次数明显减少，极大改善了企业施工环境。

(三) 外国人在当地工作的规定

尼泊尔是劳务输出国家，对外籍劳务人员的签证管理较为严格，原则上仅为具备尼泊尔人没有的专长或经验的外籍人员发放工作签证和商务签证。即使如此，获得签证的审批流程和时间均较长。

2018 年 6 月 22 日，尼泊尔颁布《劳动法（2017）》的实施条例。该条例规定：外资企业外籍员工比例不能超过 5%（专业领域专家或技术工人可适当放宽，但要求申请人提供学历、工作经历、资质等相关资料加以证明）；供职于同一项目或公司的外籍员工工作许可和非旅游签证累计不能超过 3 年（拥有特殊技术或特定经验的人员可以延长至 5 年），在 3 年签证最后届满的至少 1 个月前，申请人有权提出延期申请，但是否被批准及准许申请延期多久，并不确定。

点评：

“走出去”企业应强化属地意识，积极研究探索本地人管理本地人的有效方式，在本地员工中积极选拔和培养一批忠实于企业、责任心强、有管理能力的人员，用本地人管好本地人，构建“以属地管理人员管理属地劳务工人”的管理模式，通过他们传递信息和思想，提高沟通能力，探索一条极具特色的海外项目用工管理模式。

对于进入尼泊尔的投资企业，作为项目属地经济社会的责任分担者，企业应积极掌握和了解尼泊尔的法律法规，在遵从尼泊尔法律的前提下，积极推动属地化建设和管理工作。在用人过程中，积极开展理论培训和岗位练兵等，发挥中方技术人员的“导师带徒”作用，开展技能培训，加强监督和考察，建立激励措施，激发当地员工的工作活力和创造性，将当地员工锻炼成为一支不可或缺的中坚力量，实现企业健康、持续、稳定的发展。

七、尼泊尔关于税收的法律规定

（一）税收管理机构及税收法律体系

尼泊尔政府税收管理部门直属财政部管辖，包括尼泊尔国家税务局和海关总署，土地改革管理部下属的土地税收局为房屋土地登记费的征管机构。

尼泊尔主要税收法规有：《所得税法（2002）》《所得税规则（2002）》《增值税法（1996）》《增值税规则（1996）》《消费税法（2001）》《消费税规则（2001）》《海关法（1962）》《海关规则（1962）》《车辆税法（1974）》《欠税清理委员会法（1976）》《税务审判法（1974）》。

（二）主要税赋和税率

尼泊尔的税制由所得税、资本利得税、关税、增值税、消费税及一系列的税费构成，如房屋地产登记费、地方发展税、旅游服务费、车辆税、道路建设维修费、通信服务费、农业改革费、健康服务税、教育服务税及财产税等。

1. 企业所得税

尼泊尔现行的企业所得税法规是2002年通过的《所得税法（2002）》和《所得税规则（2002）》，包括了对企业所得税和个人所得税的规定。

尼泊尔企业所得税属于传统模式，即税后利润，当以股息形式分配给股东时，股东再次被征税，没有归集抵免规定。企业所得税的纳税人为公司或境外公司在尼泊尔境内的常设机构。

2. 个人所得税

尼泊尔个人所得税和企业所得税都由《所得税法（2002）》和《所得税规则（2002）》规定。个人需要缴纳个人所得税和资本利得税，没有净财产、赠与或遗产税。尼泊尔个人所得税实行超额累进税率，税率、免征额和税收优惠等规定根据每年的《财政法》进行调整。社会保险税只针对政府雇员。

3. 增值税

1997 年 11 月 16 日，《增值税法案（1996）》的生效标志着增值税的出台。同时，《增值税条例（1997）》对《增值税法案》起到了补充作用。增值税的征税对象包括在尼泊尔境内提供货物和服务、进出口货物和服务。增值税制度替代了之前的营业税、酒店税、契税以及娱乐税制度。

依照《增值税法案（1996）》，任何已经登记或需要登记的纳税人为增值税的纳税义务人。通常，如果纳税人每财政年度提供应税货物超过 500 万卢比或服务的营业额超过或预计超过 200 万卢比，那么纳税人需要进行登记。一次性进口价值超过 1 万卢比的商业货物的纳税人同样需要登记。

增值税征收环节涵盖了包括商品或服务的销售、分配、交付、进口和出口等。建设房屋、公寓或商场的增值税起征点为 500 万卢比。

增值税税率为 13%。以下情形为零税率：从尼泊尔出口的货物、向尼泊尔境外提供服务。

4. **资本利得税**

资本利得税是指对下列事项处置所获利得征税：经营性资产或负债、个人投资的非经营性资产。

资本利得税税率为10%。个人买卖在证券委员会注册登记企业的股票，资本利得税税率为7.5%。此外，对于自然人处置拥有5年以上的土地和/或房产，且交易额超过300万卢比，资本利得税率为2.5%。对于自然人处置拥有5年以下的土地和/或房产，其税率为5%。

资本利得税以净利得为征税基础，即总利得减去总亏损，总亏损包括本财政年度和以前财政年度未弥补亏损。

5. **消费税**

消费税征收对象包括：生产、进口、消费和储藏烟草、白酒、啤酒、软饮料等的个人和企业。法律禁止在没有许可证的情况下生产、进口、销售和储藏应征消费税的商品，同样也禁止在没有许可证的情况下进口应征消费税的服务。

所有消费税应税产品的生产和经营须办理许可证，并缴纳许可证费用。

6. **其他税（费）**

尼泊尔无资产净值税。1990年曾开征过财产净值税，但在1995—1996年已被废除。

自1999年，城市房地产税由原来的中央政府征收改为由地方政府征收。以房产与地产的规模、类型、设计、建造、结构及其所占面积为基础征收税款。税基为房产与地产的价值。

土地税是中央政府传统税收收入，自1999年开始转移至地方政府（村庄发展委员会与地区发展委员会共享）。根据土地性质与肥力将其分为四类征税。具体某一单元区的土地税率是固定的。当地自治政府的法律明确了最高税率与最低税率，且根据当地条件将税率固定于这一区间内。

地方建设税于2009—2010财政年度废除，在此之前，地方建设税以进口货物的海关完税价格为基础，按1.5%的税率征收。

旅游服务费出台于1998—1999财政年度。自2014年3月1日起，旅客离境时按每位旅客1000卢比征收。

车辆税的征税对象为所有类型的车辆。吉普车、货车和摩托车的税率每年要确定一次，其车辆税的税率与车辆的气缸容量相关。车辆税的缴税日期为每年的4月15日或车辆重新注册登记的日期中两者较早者。

公路建设维护费的征税对象为汽油和柴油，由海关代征。汽油每升征收4卢比，柴油每升征收2卢比。

电信服务费出台于1996—1997财政年度，对电信相关服务收取的费用按13%的税率征收。

农业改革费出台于2000—2001财政年度，对进口各种免征进口关税的特定产品、初级农产品、活体动物，按10%征收。

对纳税人（政府和社区医院除外）提供的医疗服务按发票价格的5%征收医疗服务税。

对境外求学按学费的2%税率征收教育服务税，征收的教育服务税将用于帮助偏远和落后地区的贫困学生。税款由银行或金融机构在换汇时代扣代缴。

社会保险费以员工的基本工资为基数，由雇主和员工分别按基本工资的20%和11%缴纳至社会保障基金。

污染控制税由海关对进口的石油和柴油按每升1.5卢比征收。

对持有执照的博彩经营者每年征收4000万卢比，对机器博彩经营者每年征收 1000 万卢比。

（三）税收征收管理

1. 税务检查

尼泊尔税法规定按自我评估计算纳税义务，因此，有应税所得的企业在完成年度审计报告后应聘用税务咨询师协助提交所得税申报表。根据尼泊尔税法，税务局有权在四年内审阅、修改已经申报或视同已经申报的所得税申报表的权利，修改的追溯期具有四年时间限制，主要是督促税务机关及时履行其义务，但对于舞弊等例外情况，税务局可以无限期追查。

2. 税务代理

外商投资企业在尼泊尔可以聘请有资质的会计师事务所为税务代理。尼泊尔不允许非本地人员开展税务代理活动。

点评：

尼泊尔遵循“多赚多付、少赚少付”的税收管理制度，包括分期付税和源泉扣缴组成的预付税。消费税及增值税需要在交易产生月后的 25 天内缴付；根据《所得税法（2002）》第九十五条规定，所得税一年分三期缴付。纳税人需要准备交易记录本和纳税申报表，交由公司的审计师审计，在财政年度末后的三个月内缴清税款。若纳税人多缴了税款，税务部门可按规定从纳税人应缴纳的税额中抵扣其多缴纳的税款，未抵扣完部分可以申请退税。

八、尼泊尔关于用地的法律规定

尼泊尔实行土地私有制，2007 年剥夺了国王和王室所有的土地，将土地分给了无地和少地的贫民。在一定程度上遏制了土地高度集中，同时建立起相对统一的土地所有制和税收管理制度。

（一）土地资源管理部门及相关法律法规

尼泊尔管理土地的政府部门是尼泊尔土地管理、合作社和减贫部下属的土地管理和档案局，该部门是唯一通过其遍布全国的地区土地收入办公室承担土地改革、土地管理和管理职能的部门。其主要职责包括：通过各地区办事处为公众提供更好的土地所有权管理服务；保护土地所有权记录有助于通过保护利益相关者获得土地的机会来提高生产力和减轻贫困；征收土地税费收入；开发强大而高效的土地信息系统，以实现土地记录和程序的自动化。

尼泊尔主要土地法律有《土地法（1964）》（2021 年修订）、《土地征用法（1977）》和《土地调查与测量法（1962）》，依据以上法律进行土地改革计划、土地管理计划和土地调查与制图。

尼泊尔的土地仅可由本国人购买，外国人只能租赁或开发，没有土地的所有权。

（二）外资企业获得土地的规定

1. 获取土地的途径

按照尼泊尔外资法规，外国投资者在尼泊尔投资可以通过以下两种途径获得土地：

一是在工业区投资获得土地。在工业区管理有限公司管理的 11 个工业区内，政府管理部门以合理价格提供开发的土地和厂房等设施，投资者可向该公司申请在工业区投资。

二是在工业区外获得土地和厂房。投资者可自行在工业区外找地盖厂房，但限定于可以建立特殊企业的地区。外国自然人不得拥有土地，不得以个人名义建设厂房，须在公司注册办公室后，以公司名义购买土地和建设开发。可通过当地房地产商买卖土地，当地的合伙人、协会也可以提供帮助。得到土地后，须到当地土地税务局办公室注册。

2. 土地征用

如果公司无法自行获取土地，该公司可以向尼泊尔政府提出申请。尼泊尔政府有权出于公共目的为任何机构征用土地。

3. 农业用地的规定

外资企业可获得农业耕地的承包经营权，租赁经营期可根据项目性质进行洽谈。外资企业可从事粮食、蔬菜等种植，但不能从事养殖、渔业、蜂蜜等初级农产品的生产。

4. 林业用地的规定

外资企业可获得林业耕地的承包经营权，租赁经营期可根据项目性质进行洽谈。外资企业可从事果树等种植，但不能破坏生态环境，不能从事养殖、渔业、蜂蜜等初级农产品的生产。

九、尼泊尔关于环境保护的法律规定

（一）环保管理部门及相关法律法规

尼泊尔环保管理部门是森林和环境部，主要职能是：制定与环境、科学和技术有关的政策、计划和项目，控制污染、保护环境和生态平衡，定期评估环境项目实施情况，调查研究，搜集先进技术，开发利用先进的科学技术，发展信息技术，促进替代能源的利用，签订有关双边和多边协定，水文和气象的研究和预测，天文和科学博物馆研究，国家法证研究。

尼泊尔的主要环保法律法规包括《环境保护法（1997）》（2019年修订）、《环境保护规则（1997）》、《环境影响评估》和《尼泊尔环境政策和行动计划（1993）》。

2001 年 11 月，尼泊尔最高法院发布命令，制定空气、水、噪声质量和其他应有的环保标准。2003 年 7 月，《国家环境空气质量标准（2003）》出台，目前，水质和噪声质量等其他标准尚未制定。

点评：

尼泊尔生态环保的标准仍不完善，根据《环境保护法（1997）》（2019 年修订）和《环境保护规则（1997）》，衡量对环境影响的不是具体的标准，而是依据初步环境检验报告或环境影响评估报告。

（二）环保法律法规基本要点

尼泊尔环保法律法规基本要点包括：

一是保护环境，尽可能减少环境恶化，降低对人类、动物、植物和大自然的不利影响；实施初步环境审查和环境影响评估。

二是任何企业和个人不得污染环境、危害公共健康、产生噪声、产生有害射线和废弃物，有关机构可制止产生或可能产生这些危害的行为。

三是政府可以公告禁止使用任何对环境产生或可能产生不利影响的物质、工具和设备。任何人违反环保法规定，有关机构可立即制止，并处以 10 万卢比以下的罚款。

四是任何人违反环保法派生的法律和规定，有关机构可立即制止，并处以 5 万卢比以下的罚款。

目前，尼泊尔暂无碳排放适用的法律法规。

（三）环保评估的相关规定

根据相关环保法律法规，外资企业在尼泊尔投资工程需要提交项目的环境影响评估报告。

环境影响评估报告通过后，由项目对口的部委发项目认可函。

环保评估的费用主要包括实地调研、编写环评报告的费用。申请环保评估的时间较长，一般在半年左右。

[案例 4-2]

受当地宗教文化影响，尼泊尔政府及民众对环境保护极为关注，尤其是对树木森林和野生动物的保护，他们认为林木的砍伐尤其是对“神树”的砍伐，是对“神灵”的不敬，是对幸福的破坏。

某中企在尼泊尔项目部积极思考对策，策划出了一条“人与自然和谐共生”的建设路线。项目建设之初，项目团队对项目沿线进行了为期 3 个月的实地勘察，精确测量了道路红线，为下一步展开大范围施工提供了有效数据；此外，还投入 70 余名员工，划分 6 个清点小组，用阿拉伯数字和尼语标记每棵树的周长、高度、种类及 GPS（全球定位系统）坐标，覆盖全线 113 千米，历经 4 个月，最终完成了全线树木的清点工作，共清点出树木数量 61032 棵。

经过 BIM（建筑信息模型）技术定位、分析及跟踪，项目部重新制作环境评估报告。项目团队根据尼泊尔法律规定和森林部门要求，对树木进行重新清点、编码、喷漆标记，并严格将树木砍伐成规定长度，运输至指定的地点存放保管，并在项目建设完成后，在沿线补种约 150 万棵树木。该企业对环境保护的重视及采取的有效措施引来了各方赞誉。

十、尼泊尔反对商业贿赂、反不正当竞争及反洗钱等方面的法律规定

（一）反对商业贿赂

尼泊尔反对商业贿赂的管理部门是滥用职权调查委员会，其主要职能是对行使不正当权利或贪污的公共部门人员进行调查和质询。同时，该委员会是政府的咨询服务部门，有权对政府和公共服务部门提出修改法律、改善政府职能和改进政策流程的建议，以提高政府治理能力。

尼泊尔主要的反腐败和反对商业贿赂的法律法规是《预防腐败法（2002）》《滥用职权调查委员会法（1991）》《滥用职权调查委员会行为规则（2002）》。以上法案的约束对象为公共服务人员，包括政府职员，国有或国有控股的企业、银行、教育机构、地方机构员工、仲裁人员、破产清算人和调查人，以及尼泊尔政府公告任命的其他公共服务人员。

（二）反不正当竞争

1. 主管部门及相关法律法规

尼泊尔反不正当竞争的管理部门是成立于 2006 年的竞争促进和市场保护委员会，其主要职能是加强市场公平竞争、维护市场秩序、保证市场配置资源的效率与公平。

2. 不正当竞争的主要惩处措施

在尼泊尔，如果企业或个人存在滥用市场支配地位、签订反竞争

协议、限制竞争等行为，则相关协议均被认为是无效协议，该企业或个人将被处以不超过 50 万卢比的罚款；如果企业或个人存在串标、围标等行为，则中标合同无效，该企业或个人将被处以不超过 30 万卢比的罚款。

对于企业或个人未经批准的专营行为，该企业或个人将被处以不超过 10 万卢比的罚款；对于企业或个人作出的限制市场进入行为，该企业或个人将被处以不超过 5 万卢比的罚款；对于企业或个人未经批准的搭售、误导性广告宣传等行为，该企业或个人将被处以不超过 2.5 万卢比的罚款。

总的来说，尼泊尔反不正当竞争、维护市场秩序的惩罚力度稍弱。一方面，最高罚款数额仅为 50 万卢比，约合人民币 26000 元，难以对寡头、垄断企业起到威慑作用；另一方面，《竞争促进与市场保护法》第五条规定，所有合并后将带来 40%以上市场占有的合约，都因被视作有控制市场竞争的倾向而禁止，这种“一刀切”式的管制可能导致一些能提高市场运行效率的合并也被一并禁止。

（三）反洗钱

1. 主管部门及相关法律法规

尼泊尔中央银行下属的金融信息分部是尼泊尔反洗钱管理部门之一，整个洗钱调查流程中还涉及另外两个主要部门：反洗钱调查部门和国家协调委员会。金融信息分部的职能是收集并分析汇总的交易信息，上报可疑交易，也为调查部门的调查提供帮助。反洗钱调查部门主要负责行政执法，接受来自金融信息分部或知情人士的举报，并据此展开调查、取证、上诉等一系列措施。国家协调委员会则负责制定预防政策，协调相关部门以及对行动提出建议。

尼泊尔的反洗钱法律包括《防洗钱法案（2008）》和《防资产（金钱）洗钱法规（2009）》。

2. 洗钱的主要惩处措施

尼泊尔法案和法规规定了自己或帮助他人隐藏、持有非法来源的资金可以构成洗钱罪，同时也针对为恐怖组织提供融资的恶性犯罪重点作出了规定。根据法律规定，犯洗钱罪可被判处至多10年的有期徒刑。除此之外，法律也针对洗钱预防作出了一系列规定，如企业、机构在进行交易时，有义务对交易对象的身份或公司信息进行核查、记录，并于规定时间内上报给尼泊尔中央银行金融信息分部，违者将被处以罚款。

十一、尼泊尔对保护知识产权的规定

（一）尼泊尔知识产权保护机构

尼泊尔是世界知识产权组织的成员以及多边投资担保机构的成员。专利、设计和商标的执法机构是尼泊尔工业、商业和供应部下属的工业局，著作权的执法机构是尼泊尔文化、旅游和民航部下属的著作权注册办公室。

（二）知识产权相关法律法规及主要内容

知识产权保护依据的法律法规是《专利、设计和商标法（1965）》和《著作权法（2002）》。

（三）专利和商标注册规定

根据《专利、设计和商标法（1965）》和《外资和技术转让法案》，专利管理机构是工业局。申请应该提交下列文件：申请书，权力要求书，专利说明书、摘要及必要的附图。

根据《专利、设计和商标法》，企业可在工业局注册商标。企业应按格式表格填写申请，并和两名证人在表格上面签名。

十二、尼泊尔对外国公司承包当地工程的规定

（一）许可制度

尼泊尔对工程承包项目一般都有建设资质及业绩要求，不允许外国自然人在当地承揽工程项目。

（二）禁止领域

凡尼泊尔报纸正式刊登的对国际承包公司公开招标的项目，中资公司都可以参加竞标。日本、韩国、印度提供贷款或援助的项目，按提供贷款国的要求，招标范围仅限于提供贷款国家的公司或该国公司与尼泊尔公司组成的联合体参加。未公开进行国际招标的项目，中资公司不能参加。

军队用品属于禁止招标的领域。

（三）招标方式

在尼泊尔市场，目前主要采用公开招标和邀请招标两种方式。

1. **公开招标**

这种招标方式是尼泊尔市场比较常用的竞争方式。按照竞争程度，公开招标可分为国际竞争性招标和国内竞争性招标。

1）国际竞争性招标指在世界范围内进行招标，尼泊尔国内外合格的投标人均可以投标。招标人通过各种宣传媒介刊登招标公告，感兴趣的企业单位只要满足要求，都可以应标。所有招标文件及相关资料

都由英文编写。工程合同金额较大时，一般都会采用国际竞争性招标。各发放贷款银行根据不同地区和国家以及具体项目的情况，大都规定一定额度以上的工程合同，必须采用国际竞争性招标。

2）国内竞争性招标只在尼泊尔国内企业单位中进行招标，可用尼泊尔语言编写标书，只在尼泊尔国内的媒体上登出广告，公开出售标书，公开开标。通常用于合同金额较小、工程项目施工难度不大、工程实施所需设备比较简单、当地价格明显低于国际市场的工程项目。

2. 邀请招标

邀请招标也称有限竞争性招标或选择性招标，视具体招标项目的规模大小，一般选择 3~10 家企业参加竞标（必须大于 3 家）。由于邀请招标限制了竞争，因此，在尼泊尔的大部分项目都采用公开招标，而不选用邀请招标。

基于对资金来源和项目性质的考虑，尼泊尔在使用国际组织或外国政府贷款、援助资金时，可以根据项目实际情况或资金提供者的要求采用邀请招标。另外，在尼泊尔的一些私人投资开发的项目中，邀请招标是较常用的招标方式。

点评：

承包工程今后依然将是中国企业在尼泊尔的主要业务机会。但是对于中国企业而言，在尼泊尔承包工程也并非遍地黄金，存在多种风险。

首先是合同条款风险。在尼泊尔承包工程业务领域，除中国外，日本、韩国、印度及美国等国家的建筑工程企业在 20 世纪 70 年代就开始随着国际援助进入尼泊尔，这也使得尼泊尔积累了非常丰富的工程外包经验。尼泊尔采用国际咨询工程师联合会（FIDIC）合同条款，在合同文件的编制上，基本上没有漏洞，而且将大部分的风险通过修改合同条款转嫁给承包商，从而导致承包商执行合同时不可控的风险大大增加。

其次是低价陷阱。在尼泊尔市场，目前主要采用公开招标和邀请招标两种方式。不过无论哪种形式的招标，尼泊尔承包工程市场大多采取“最低价中标”原则。与日本、韩国及美国等发达国家企业相比，中国企业因为报价低更容易中标。但是由于尼泊尔的工业极不发达，当地仅有少数小规模的水泥与钢筋生产厂家，产品质量不仅不稳定，而且价格波动较大，远远满足不了需求，中标企业需要的建筑材料基本依靠进口。这无形中增加了企业的成本，导致项目不盈利，甚至亏本。

最后是代理商风险。根据尼泊尔相关法律，外国承包商如果同当地公司组成联合体参加投标，评标时可以加 6 分。一些中资企业为中标，热衷于与尼泊尔本地机构甚至个人掮客合作，而一些尼泊尔不法分子乘机与包括中国机构在内的国外承包公司合作，实施诈骗谋取利益。

对于中国企业而言，尤其是在中尼两国政府推动的大背景及中尼友好相邻的地缘关系上，在尼泊尔开展承包工程业务还是拥有一定的机会，中国企业同时也需要注意在尼泊尔承包工程可能的风险，应做到及早防范。

十三、尼泊尔对中国企业投资合作的保护政策

（一）中国与尼泊尔签署投资与经济合作框架协议

2017 年 8 月 15 日，中尼签署了《中华人民共和国政府和尼泊尔政

府关于促进投资与经济合作框架协议》，确定了双边投资合作的原则、领域、方式、便利化和保障措施、执行机构和工作机制等，规定了如何确定和支持优先项目。该协议的签署有助于进一步加强两国政府、企业和其他机构间的交流，推动中尼投资合作健康稳定发展，促进“一带一路”建设，保障在尼中国企业权益。

（二）中国与尼泊尔签署避免双重征税协定

《中华人民共和国政府和尼泊尔王国政府关于对所得避免双重征税和防止偷漏税的协定》及议定书于 2001 年 5 月 14 日在加德满都正式签署，双方分别于 2003 年 11 月 12 日和 2010 年 12 月 2 日互相通知已完成协定生效所必需的国内法律程序。该协定及议定书自 2010 年 12 月 31 日起生效，适用于 2011 年 1 月 1 日或以后开始的纳税年度中取得的所得。

（三）其他协定及发布的声明

1956 年 9 月 20 日，中尼签订《中华人民共和国和尼泊尔王国保持友好关系以及关于中国西藏地方和尼泊尔之间的通商和交通的协定》。

1966 年 5 月 2 日，中尼签订《中华人民共和国政府和尼泊尔国王陛下政府关于中国西藏自治区和尼泊尔之间的通商、交通和其他有关问题的协定》，同时废除 1956 年协定。1986 年 8 月 1 日，中尼两国政府对该协定进行了修订。

1964 年 11 月 22 日，中尼两国政府签署了贸易协定，经几次修订，目前执行的是 1981 年签署的第四个贸易协定，即《中华人民共和国政府和尼泊尔国王陛下政府贸易和支付协定》。

2000 年 1 月 14 日，中尼签订《中华人民共和国政府和尼泊尔政府关于边境口岸及其管理制度的协定》和《中华人民共和国政府和尼泊尔政府关于边民过界放牧的协定》。

2000年12月29日，中尼签订《中华人民共和国和尼泊尔王国保持友好关系以及关于中国西藏地方和尼泊尔之间的通商和交通的协定》。

2000年12月30日，中尼签订《中华人民共和国和尼泊尔王国和平友好条约》。

2000年12月31日，中尼签订《中华人民共和国和尼泊尔王国边界条约》《中华人民共和国政府和尼泊尔国王陛下政府文化合作协定》《中华人民共和国政府和尼泊尔国王陛下政府贸易协定》。

2014年12月17日，中尼签署了《中华人民共和国商务部和尼泊尔政府财政部关于在中尼经贸联委会框架下共同推进“丝绸之路经济带”建设的谅解备忘录》。

2014年12月23日，为进一步加强中尼两国金融合作，双方签署了《中国人民银行和尼泊尔国家银行双边结算与合作协议补充协议》。根据该补充协议，中尼两国人民币结算将从边境贸易扩大到一般贸易，并扩大地域范围，这将进一步促进双边贸易和投资增长。此外，根据该协议，尼泊尔央行允许尼泊尔当地各银行及金融结构在中国境内开立人民币账户并使用人民币作为业务清算货币。目前，中国与尼泊尔尚未签署货币互换协议。

2016年3月21日，尼泊尔总理访华期间，中尼两国政府签署了《过境货物运输协定》和《关于启动中尼自贸协定谈判可行性研究的备忘录》。

2018年6月21日，中尼签署《中华人民共和国国家发展和改革委员会和尼泊尔国家计划委员会关于促进产能与投资合作的谅解备忘录》。

十四、在尼泊尔解决纠纷的主要途径及适用法律

中国企业前往尼泊尔投资、建厂、合作、经营过程中，应当遵守当地的法律法规，认真履行签订的合同。如果中国企业在尼泊尔发生商业纠纷，可以通过调解、仲裁或诉讼解决。

（一）和解与调解

和解是争议双方当事人自愿通过协商谈判解决争议。和解与调解均本着平等自愿的原则。

调解是争议双方当事人自愿同意通过独立的第三方进行调解，通常由律师、专业人士、仲裁法庭的仲裁员进行调解。

（二）仲裁

根据尼泊尔《外国投资及技术转让法》规定，如果外国投资者与当地合作伙伴或有关部门发生纠纷，应由工业局出面组织双方进行协商。经协商无法解决纠纷的，应按照联合国国际贸易法委员会仲裁规则提交仲裁。仲裁应在尼泊尔首都加德满都进行，并适用尼泊尔法律。当事人也可以根据投资协议中有关争端解决条款处理纠纷。

根据尼泊尔《私人投资建设和运营基础设施法案》规定，如果项目实施人与尼泊尔政府就项目实施发生纠纷，双方首先应通过协商解决。经协商无法解决纠纷的，应当根据协议中争端解决条款进行处理，如果协议中未规定争端解决条款的，应提交仲裁。仲裁程序依照协议规定进行，如果协议未规定仲裁程序，应按照仲裁所适用的法律进行。

（三）诉讼

尼泊尔的一审法院包括地方法院或特殊类型的法院或法庭。在地

方法院，司职按照诉讼程序负责审理各种刑事民事案件。特殊类型的法院或法庭，包括四个税收法庭、一个行政法院、一个劳动法院和一个特别法庭。按照诉讼程序处理特殊类型的案件。

高等法院审理上诉案件。

十五、在尼泊尔投资注意事项

企业在进入尼泊尔投资市场之前，需要进行市场调查，了解当地的市场需求和商机；在投资过程中需要确保所签订的合同和协议符合尼泊尔的法律和监管制度；在招募和管理当地的员工时，需要考虑当地的就业法律和规定。总之，在尼泊尔投资可以获得很多商业机会，但是需要进行充分的研究和准备，以确保投资合法有效，并获得更高的回报。

（一）境外投资

尼泊尔自然资源贫乏，基础设施落后，当地企业合作意愿及能力不高。值得关注的是，尼泊尔水电资源相对较为丰富，政府也将水电列为优先发展的重点行业，预计水电资源开发将成为中资企业对尼泊尔投资的亮点。中资企业到当地投资应注意下列问题：

第一，尼泊尔政治情况较为复杂、政局不稳、执政更迭。全国性的罢工、游行示威等活动仍时有发生，企业时常面临扰工阻工情况，正常生产经营活动时受干扰。企业需要密切关注尼泊尔政局动态和前景，避免卷入政治斗争，尽量弱化政治因素对项目的影响。

第二，尼泊尔行政体系效率不高，吸引外资的政策尚不完善，现有优惠政策落实起来难度较大。企业可以从中国驻尼泊尔大使馆经商处网站了解尼泊尔有关信息。

第三，尼泊尔资源及设施相对匮乏，缺乏必要的公路、仓库、电力、生产和生活用水等基础设施，油料和燃气供应不能保障，供需矛盾突出，投资服务设施和配套政策也亟待改善。企业来尼泊尔投资或开展产能合作，应认真进行市场调研，慎重决策。

第四，地质灾害方面，尼泊尔位于喜马拉雅山脉南麓，东、西、北三面多高山，中部地区多小型山脉，只有南部与印度接壤地带存在部分冲积平原。中资企业在尼项目多数为水利电力开发、长距离道路建设等，项目所处位置偏僻、地形复杂，受尼泊尔地质条件影响严重。雨季时期，洪水、泥石流等地质灾害频发。尼泊尔位处地震频发地带，2015 年大地震影响尚存、基础设施修缮恢复较慢。

第五，因历史、地理、民族等原因，尼泊尔受印度等南亚国家影响较大，文化宗教、人员交流、物资供应等都较大比例依靠南亚国家。

第六，中资企业对拟投资合作的领域或项目应进行充分市场调查和项目可行性研究；确定项目后，建议通过当地律师代办相关手续，以利于企业以最低的价格和最短的时间完成注册。

第七，如果有尼泊尔合资合作伙伴，应对其进行尽职调查。建议寻求当地较有实力的企业家进行合资合作。对尼方项目代理人严格考察，避免上当受骗。

第八，遇到问题可向中国驻尼泊尔大使馆经商处反映和寻求帮助。

（二）对外承包工程

中方企业在尼泊尔当地承包工程应注意下列问题：

第一，尼泊尔承包工程市场大多采取“最低价中标”原则，竞争较激烈。在政局不稳、基础设施不完善的情况下，企业需要进行全面的市场调研，谨慎投标，避免低价中标陷入困局。

第二，尼泊尔业主熟悉国际承包市场规则，大多使用国际通用的FIDIC合同条款，但存在删除或更改对业主不利的条款、通过合同细节的规定将各类风险转嫁给承包商的情况。企业须对此高度重视，加大合同谈判力度。

第三，存在由于业主履职不力、审批手续烦琐冗长等导致工期延误的现象。尤其在征地方面，往往因难以按照约定完成征地，导致工期严重滞后。企业索赔的程序复杂、时间漫长，索赔结果常为延长工期。

第四，根据当地有关法律规定，承包工程企业需要办理税务登记。承包企业应请业主联系当地社区做好施工地区居民工作，以保证施工正常进行。一般都要向当地律师进行咨询，重要的工程一般要聘请当地律师作为法律顾问。

第五，尊重当地居民宗教信仰和风俗习惯。在尼泊尔不能食用黄牛肉，黄牛、狗、乌鸦等都是当地居民尊重的神灵，不可随便打杀。

（三）对外劳务合作

尼泊尔是劳务输出国，外国人很难有机会在尼泊尔就业。外国劳务在尼泊尔的情况有三种：投资、承包和援外企业带入的劳务，自行入境谋职的个别劳务，当地企业需要的特殊劳务等。

中资企业如果带入劳务，应注意了解尼泊尔有关法律、政策和工作许可程序，依法带入劳务，为其办理工作许可证、商务签证或工作签证。用人单位应和劳务人员签订有关劳务、劳资合同，明确合同期、签证、工资、待遇和违约等条款。

（四）防范投资合作风险

在尼泊尔开展投资、贸易、承包工程、劳务合作过程中，要特别注意开展事前调查分析，评估相关风险，事中做好风险规避和管理工作，切实保障自身利益。包括对项目或贸易客户及相关方的资信调查和评估，对投资或承包工程国家的政治风险和商业风险的分析、规避，对项目本身实施的可行性分析等。企业应积极利用保险、担保、银行等保险金融机构和其他专业风险管理机构的相关业务保障自身利益，包括贸易、投资、承包工程和劳务类的信用保险、财产保险、人身安全保险等，银行的保理业务和福费延业务，各类担保业务（政府担保、商业担保、保函）等。

建议中资企业在尼泊尔开展对外投资合作过程中，使用中国政策性保险机构——中国出口信用保险公司提供的包括政治风险、商业风险在内的信用风险保障产品，也可使用中国进出口银行等政策性银行提供的商业担保服务。

如果在没有有效风险规避情况下发生了风险损失，要根据损失情况尽快通过自身或相关手段追偿损失。通过信用保险机构承保的业务，则由信用保险机构定损核赔、补偿风险损失，相关机构协助信用保险机构追偿。

Chapter 5

第五章

工程项目投建营全生命周期中的合规要求

作为企业风险管理重要组成部分的项目合规管理，首先要识别合规义务，即合哪些规。企业应以适合其规模、复杂性、结构和运行的方式记录其合规义务。合规义务的来源包括合规要求和合规承诺。

1. 合规要求

合规要求指企业必须遵守的外部各项法律法规、监管规定。

1）境内经营：境内工程建设相关的法律、法规、部门规章。

2）境外经营：强调所在国的法律法规、国际条约、规则等。强调对外承包工程相关的投标管理、合同管理、项目履约、劳工权利保护、环境保护、连带风险管理、债务管理、捐赠与赞助、反腐败、反贿赂等方面的要求。

2. 合规承诺

合规承诺指企业自愿遵守的指引、合约、协议、内部章程、规定等。

按内容划分，合规义务又可以分为以下四类：

一是法律、法规、规章、政策；

二是行业协会等自律性组织的规范、标准、惯例等；

三是公司章程及企业内部规章制度；

四是诚实守信的职业道德。

我们按工程项目投建营全生命周期，梳理了各个阶段的合规要求。

一、第一阶段：项目前期论证

在尼泊尔开展工程项目的投资、建设和运营势必需要严格遵守尼泊尔关于投资、工程建设、环保、法律、税务等方面的要求和规定，是企业在尼泊尔正常经营的前提，也是企业在尼泊尔获得长期稳定发展的必要条件。

（一）中国境内合规要求

中资企业开展境外投资活动前，应当完成中国境内的核准、备案程序，避免出现境外工作完成后因境内合规问题导致投资失败的风险。

1. 中国境内相关政策法规

中资企业境外投资需要遵守的国内相关政策法规主要包括：国家发展改革委、商务部、国家外汇管理局、国务院国资委等部门制定的相关政策法规等，具体内容见表 5-1。

表 5-1　中资企业境外投资需要遵守的国内相关政策法规

序号	部门规章	发文机构	发布时间
1	《境外投资管理办法》	商务部	2014 年
2	《企业境外投资管理办法》	国家发展改革委	2017 年
3	《境内机构境外直接投资外汇管理规定》	国家外汇局	2009 年
4	《关于境内居民通过特殊目的公司境外投融资及返程投资外汇管理有关问题的通知》	国家外汇局	2014 年
5	《关于进一步改进和调整资本项目外汇管理政策的通知》	国家外汇局	2014 年
6	《关于进一步简化和改进直接投资外汇管理政策的通知》	国家外汇局	2015 年
7	《关于驻外经商机构为企业办理对外承包工程项目投标（议标）核准意见的暂行规定》	商务部办公厅	2015 年

续 表

序号	部门规章	发文机构	发布时间
8	《关于进一步推进外汇管理改革完善真实合规性审核的通知》	国家外汇局	2017 年
9	《中央企业境外投资监督管理办法》	国务院国资委	2017 年
10	《关于进一步引导和规范境外投资方向的指导意见》	国家发展改革委、商务部、人民银行、外交部	2017 年
11	《对外承包工程管理条例（2017 年修订）》	国务院	2017 年
12	《境外投资敏感行业目录（2018 年版）》	国家发展改革委	2018 年
13	《对外投资备案（核准）报告暂行办法》	商务部、人民银行、国务院国资委、银监会、证监会、保监会、国家外汇局	2018 年
14	《关于做好国内企业在境外投资开办企业（金融企业除外）核准初审取消后相关工作的通知》	商务部办公厅	2018 年
15	《对外投资备案（核准）报告实施规程》	商务部办公厅	2019 年
16	《关于加强疫情期间境外工程项目和在外人员统计的通知》	商务部办公厅	2020 年
17	《关于促进对外设计咨询高质量发展有关工作的通知》	商务部等 19 部门	2021 年
18	《对外投资合作绿色发展工作指引》	商务部、生态环境部	2021 年

续 表

序号	部门规章	发文机构	发布时间
19	《数字经济对外投资合作工作指引》	商务部、中央网信办、工业和信息化部	2021 年
20	《对外承包工程业务统计调查制度》与《对外承包工程业务统计调查制度》（修订）	商务部	2022 年
21	《关于推进共建“一带一路”绿色发展的意见》国家发展改革委、外交部、生态环境部、商务部	2022 年	
22	《关于继续做好境外企业和对外投资联络服务平台相关工作的通知》	商务部	2023 年
23	《境外中资企业机构和人员安全管理指南》	商务部	2023 年
24	《对外承包工程项目备案和立项管理办法》	商务部	2024 年

点评：

法律法规动态更新，可查询我国商务部“走出去”公共服务平台（fec. mofcom. gov. cn）查看最新的政策法规。

2. 境内核准/备案流程及主要规定

（1）国家发展改革委相关规定。对敏感类项目实行核准管理，对非敏感类项目实行备案管理。具体见表 5-2。

表 5-2　国家发展和改革委员会相关规定

项目分类	境内企业直接开展投资	境内企业通过其控制的境外企业开展投资	具体内容
敏感类项目	核准（国家发展改革委）	核准（国家发展改革委）	实行核准管理的，投资主体向核准机关提交项目申请报告并附具有关文件，项目申请报告应当包括以下内容：投资主体情况；项目情况，包括项目名称、投资目的地、主要内容和规模、中方投资额等；项目对我国国家利益和国家安全的影响分析；投资主体关于项目真实性的声明。 核准机关应当在收到项目申请报告之日起 5 个工作日内一次性告知投资主体需要补正的内容。核准机关应当在受理项目申请报告后 20 个工作日内作出是否予以核准的决定。项目情况复杂或需要征求有关单位意见的，经核准机关负责人批准，可以延长核准时限，但延长的核准时限不得超过 10 个工作日，并应当将延长时限的理由告知投资主体。符合核准条件的项目，核准机关应当予以核准，并向投资主体出具书面核准文件。

续 表

项目分类	境内企业直接开展投资	境内企业通过其控制的境外企业开展投资	具体内容
非敏感类项目	央企、大额：备案（国家发展改革委） 央企、非大额：备案（国家发展改革委）	央企、大额：报告（国家发展改革委） 央企、非大额：无须履行手续	实行备案管理的，投资主体通过网络系统向备案机关提交项目申请报告并附具有关文件。项目备案表或附件不齐全、项目备案表或附件不符合法定形式、项目不属于备案管理范围、项目不属于备案机关管理权限的，备案机关应当在收到项目备案表之日起 5 个工作日内一次性告知投资主体。备案机关在受理项目备案表之日起 7 个工作日内向投资主体出具备案通知书。
非敏感类项目	非央企、大额：备案（国家发展改革委） 非央企、非大额：备案（省级发展改革委）	非央企、大额：报告（国家发展改革委） 非央企、非大额：无须履行手续	投资主体通过其控制的境外企业开展大额非敏感类项目的，投资主体应当在项目实施前通过网络系统提交大额非敏感类项目情况报告表，将有关信息告知国家发展改革委。投资主体提交的大额非敏感类项目情况报告表内容不完整的，国家发展改革委应当在收到之日起 5 个工作日内一次性告知投资主体需要补正的内容。

表 5-2 中的“敏感类项目”指涉及敏感国家和地区的项目和涉及敏感行业的项目。

“敏感国家和地区”指未建与我国交的国家和地区；发生战争、

内乱的国家和地区；根据我国缔结或参加的国际条约、协定等，需要限制企业对其投资的国家和地区；其他敏感国家和地区。

“敏感行业”指由国家发展改革委发布的敏感行业目录（2018 年 1 月 31 日发布）中涉及的企业，例如武器装备的研制生产维修、跨境水资源开发利用、新闻传媒、房地产业，以及根据我国法律法规和有关调控政策需要限制企业境外投资的行业等。

“大额”指中方投资额 3 亿美元及以上。

（2）商务部相关规定。2018 年 1 月 25 日，商务部、人民银行、国务院国资委、银监会、证监会、保监会、国家外汇局共同发布了《对外投资备案（核准）报告暂行办法》（商合发〔2018〕24 号），规定由商务部牵头对外投资备案（核准）报告信息统一汇总，各部门定期将备案（核准）信息和报告信息通报商务部，实行“备案为主、核准为辅”的管理方式。

2018 年 8 月和 2019 年 7 月，商务部分别出台《关于做好国内企业在境外投资开办企业（金融企业除外）核准初审取消后相关工作的通知》《对外投资备案（核准）报告实施规程》，明确了相关工作细则。

企业境外投资涉及敏感国家和地区、敏感行业的，实行核准管理。企业其他情形的境外投资，实行备案管理。实行核准管理的国家主要是与中华人民共和国未建交的国家、受联合国制裁的国家。必要时，商务部可另行公布其他实行核准管理的国家和地区的名单。实行核准管理的行业主要是涉及中华人民共和国限制出口的产品和技术的行业、影响一国（地区）以上利益的行业。

2024 年 5 月，商务部发布《对外承包工程项目备案和立项管理办法》（以下简称《办法》），于 2024 年 7 月 1 日起施行。《办法》旨在通过规范化管理，促进对外承包工程行业的健康发展，同时保障国家利益和企业权益。《办法》的核心内容包括：

①一般项目备案管理。在外交关系良好、安全风险低的国家承包的非多国利益项目，企业需在商务主管部门备案，并对信息负责。

②特定项目立项批准。在外交关系不良或风险高的国家的项目，以及涉及多国利益的项目，需商务部批准。

③项目信息报告。企业需定期向相关部门报告项目进展，并在突发事件发生时立即报告。

④业务分级管理。商务部负责全国管理，省级商务部门负责地方企业备案和监督。商务主管部门提供服务保障，支持合规经营，并对违规企业进行处罚。

（3）国家外汇管理局相关规定。银行按照国家外汇管理局《直接投资外汇业务操作指引》直接审核办理境外直接投资项下外汇登记，国家外汇管理局及其分支机构通过银行对直接投资外汇登记实施间接监管（见表5-3）。

点评：

企业开展对外投资之前，应针对具体投资项目向各部门确认具体流程及要求。同时，国家对于境外投资行业的政策可能随时变化，因此，投资者应当关注我国针对具体行业的境外投资政策，特别是敏感行业或国家战略不支持的行业的政策变动，及时向相关部门咨询、核实。

表 5-3 国家外汇管理局相关规定

分类	规定内容
境外直接投资前期费用登记	(1) 境内机构（含境内企业、银行及非银行金融机构，下同）汇出境外的前期费用，累计汇出额原则上不超过 300 万美元且不超过中方投资总额的 15%。 (2) 境内机构汇出境外的前期费用，应列入其境外直接投资总额。 (3) 银行通过资本项目信息系统为境内机构办理前期费用登记手续后，境内机构凭“业务登记凭证”直接到银行办理后续资金购付汇手续。 申请材料： (1)“境外直接投资外汇登记业务申请表”。 (2) 营业资质许可（尚未办理“五证合一”的企业，还需提供组织机构代码证)。 (3) 境外投资资金来源证明、资金使用计划和董事会决议（或合伙人决议)、合同或其他真实性证明材料。 注意： 境内机构为其境外分支、代表机构等非独立核算机构购买境外办公用房的，需提交以下材料： (1)“境外直接投资外汇登记业务申请表”； (2) 境外设立分支、代表机构等非独立核算机构的批准/备案文件或注册证明文件； (3) 境外购买办公用房合同或协议； (4) 其他真实性证明材料。

续 表

分 类	规定内容
境内机构境外直接投资资金汇出	银行要求的审核材料主要有： （1）“境外直接投资外汇登记业务申请表”。 （2）营业资质许可或注册登记证明及组织机构代码证（多个境内机构共同实施一项境外直接投资的，应提交各境内机构的营业资质许可或注册登记证明及组织机构代码证）。 （3）非金融企业境外投资提供商务主管部门颁发的“企业境外投资证书”，金融机构境外投资提供相关金融主管部门对该项投资的批准文件或无异议函。 （4）境外投资资金来源证明、资金使用计划和董事会决议（或合伙人决议）、合同或其他真实性证明材料。 （5）外国投资者以境外股权并购境内公司导致境内公司或其股东持有境外公司股权的，另需提供加注的外商投资企业批准证书和加注的外商投资企业营业资质许可。 （6）其他真实性证明材料。

（二）尼泊尔工程建设行业相关法律法规

在尼泊尔承包工程，需要遵守的工程建设行业相关法律法规包括：

《建筑法（1998）》：该法为尽可能保护建筑物免受地震、火灾和其他自然灾害的影响，对建筑工程的监管制定必要的规定。

《建筑业法》通过制定促进建筑业公司运营建筑业务的规范，来维持公共建筑工程所需的质量标准。

《尼泊尔国家建筑规范（NBC）》：涵盖一系列尼泊尔相关建筑设计及施工规范。如 NBC 105 涵盖了各种建筑结构的抗震分析和设计要求。NBC 114 涵盖了健康与安全规定。NBC 107 规定了商业、官方或普通住宅建筑的消防安全基本要求。

《电力法》：该法对水力、煤炭、天然气、燃料、太阳能装置、风能或原子能发电、供电、配电和输电作出了规定。国内外的个人或公司必须申请许可证才能从事所有能源生产和分配活动。电力局将对设施和场所进行检查，以执行该法的规定。

《电力规则》（2009 年修订）：该规则执行了 1992 年《电力法》的各项规定，规定了获得电力传输、生产或分配许可证的程序和要求，以及许可证的格式、许可证的条款以及许可证费用。该规则还规定了与电力结构以及用于发电、输电或配电的材料和设备有关的事项，与电压、频率和电力功率因数有关的事项，与电气设备和电气工程有关的安全措施，电力检查员的权力和义务等。

《公共采购条例》以及历年公共采购条例修正案负责确保公共采购领域透明、有效避免产生腐败。

此外，还需要遵守税收、环保、劳工等方面的法律规定。以上法律法规和规范都与尼泊尔工程建设行业相关，在实际操作中应仔细了解和遵守。

在遵守上述法规同时，还需要注意尼泊尔当地的文化礼仪、宗教习俗和商业伦理等方面，以确保企业或项目在当地的合规经营和可持续发展。

（三）前期论证各子阶段

1. 投资机会研究

（1）投资机会研究方法。

第一步：制定对外投资战略：必须明确对外投资应实现的战略目标，首先需初步确定投资地与投资行业。

第二步：投资环境分析：必须研究目标投资地的政治、经济、法律体系和税制、行业发展情况、劳动力市场与重大风险因素等内容。

第三步：制定市场进入战略：需要确定投资的方式例如参股、合资投资等，并且制订市场进入战略与行动计划。

（2）尼泊尔承包市场分析。尼泊尔经济发展潜力较大。境内交通基础设施薄弱，水电及旅游资源有待进一步开发。农业生产机械化刚刚起步，生产效率还有很大提升空间。4G 网络开始铺设，电子商务、移动支付有待普及，许多现代服务行业还是空白。尼泊尔政府正在致力于改善营商环境，健全投资法律体系和规章制度，增强法律程序透明度，落实投资优惠政策，希望吸引更多外国投资。

［**案例** 5-1］

2022 年 10 月 14 日，尼泊尔逊科西马林引水隧道项目启动隧道掘进机作业，标志着项目建设取得阶段性进展。逊科西马林引水隧道项目位于尼泊尔辛杜里县，是尼泊尔最大的引水隧道工程。隧道全长 13.3 千米，建成后用于将逊科西河河水引至马林河，灌溉德赖平原地区 12.2 万公顷农用地。项目还将建设一座装机容量 28.62 兆瓦的水电站，以缓解周边地区用电紧张局面。该工程被尼泊尔媒体誉为“国家骄傲工程”。

逊科西马林引水隧道项目由中铁二局和中海外工程有限公司联合承建，预计于 2025 年 8 月全面完工。此前，两家公司联合完成了尼泊尔另一项“国家骄傲工程”巴瑞巴贝多功能引水工程的主体部分巴瑞巴贝引水隧道。

点评：

支持尼泊尔基础设施建设，不仅可促进当地经济建设、改善民生，也是中资企业履行社会责任、提高国际影响力的重要体现。中资企业如具备建设能力和经验，应更多“走出去”，进一步扩大中国影响力，带动“一带一路”国家经济建设和发展。

在经济上，尼泊尔实行以市场经济为导向的自由经济政策，对外合作开放重点是基础设施领域。国际工程承包主要包括基础建设三大领域：

一是水电开发建设领域。尼泊尔水电资源丰富，水电蕴藏量据估计达 8.3 万兆瓦，其中 4.3 万兆瓦可开发。尼泊尔政府将水电开发作为发展经济的引擎之一，近几年也规划了一些大中型水电项目。

二是交通基建领域。尼泊尔为内陆国家，公路交通对国民经济发展至关重要，但目前尼泊尔境内交通网络尚不完善。公路开发和建设是尼泊尔承包工程市场的重要组成部分，世界银行和亚洲开发银行也对此类项目提供了大量贷款。

三是农业基础设施领域。如灌溉等民生项目。作为农业国家，尼泊尔大力发展水力灌溉工程，把重点聚焦在农业的现代化、多样化、商业化和市场化。

尼泊尔要推动社会经济转型就需要在几乎所有领域获得大量投资。有意赴尼泊尔开展工程承包业务的中资企业，可密切关注市场动态，抓住商机。

[案例 5-2]

葛洲坝集团公司于 20 世纪 90 年代后期进入尼泊尔市场开展

水电建设。在尼泊尔承建的第一个项目为装机容量45兆瓦的上波迪·科西水电站，电站于2001年建成投产后一直运行良好。其他的水电建设项目如查莫里亚、上催树里3A水电站等。为了“深耕”尼泊尔水电市场，葛洲坝集团公司于2016年11月在尼泊尔正式注册成立了葛洲坝尼泊尔电力投资公司，长期建设和开发尼泊尔水电项目。

2. **初步可行性研究**

当企业确定投资领域，获得投资项目清单后，需要进行初步可行性研究来进一步确定拟投资的项目。

初步可行性研究是指在项目意向经过投资机构研究认为具有投资的可能性后，进一步对拟建项目建议进行粗略的技术经济分析，以确定投资机会是否具有可行性，项目范围是否值得通过进一步的可行性研究进行详细分析，是否有一些方面对项目的可行性有关键性的影响，并且有必要通过职能研究或辅助研究（如市场研究、实验室试验、中间试验等）进行深入调查，甚至根据初步可行性研究的结论即可作出投资决策。

对尼泊尔投资初步可行性研究，应重点关注项目细分市场需求情况，如电力、交通、能源，从政府政策及相关风险方面、市场竞争价格、物资与劳动力获取、施工技术等方面进行分析。

[**案例**5-3]

中尼铁路建设案例（节选）

受地理条件的限制，中国和尼泊尔的交通连接情况不佳。公路方面，中国和尼泊尔目前只有阿尼哥公路和沙拉公路两条公路相连。然而这两条公路受到地形条件影响，地质灾害严重，道路运营能力有限，通行能力不足。中国和尼泊尔之间急需修建一条铁路来弥补交通运输的不足。为了改善中尼两国之间的交通状况，为了实现尼泊尔“陆联国”的愿景，尼方领导人多次向中国表达了希望中国的铁路能够连接尼泊尔的愿望，中方也多次表示，青藏铁路最终要延长到中尼边境，并连接尼泊尔首都加德满都。在两国领导人的共同号召下，中尼跨境铁路的构想逐渐成形。

中铁第一勘察设计院也在2017年完成了中尼铁路的预可行性研究报告，并对线路作了较全面的分析。2018年6月21日，中国交通运输部与尼泊尔基础设施和交通部签署了关于开展铁路项目合作的谅解备忘录，标志着中尼政府共同推动跨境铁路前期研究迈出实质性步伐。同年12月，中尼铁路预可行性研究方案通过了中尼双方政府部门的联合评审，标志着中尼铁路建设的预可行性研究完成。此后，中尼铁路的建设在两国的共同努力下缓慢推进。

3. 可行性研究

确定拟投资项目后，企业需要开展可行性研究。除财务可行性调研外，境外投资前期调研还应包括投资必要性、技术可行性、组织可行性、经济可行性等调研。

（1）可行性研究框架。

一是投资必要性。根据市场调查及预测的结果、有关产业政策等因素，论证项目投资建设的必要性。在投资必要性的论证上，一是做好投资环境分析，对构成投资环境的各种要素进行全面的分析论证；二是做好市场研究，包括市场供求预测、竞争力分析、价格分析、市场细分、定位及营销策略论证等。

二是技术可行性。应从项目实施角度，合理设计技术方案，并进行比选和评价。各行业不同项目技术可行性的研究内容及深度差别较大。工业项目可行性研究的技术论证应达到能明确列出设备清单的深度；非工业项目可行性研究的技术论证应达到工程方案初步设计的标准，以便与国际惯例接轨。

三是组织可行性。制订合理的项目实施进度计划，设计合理的组织架构，选择经验丰富的管理人员，构建良好的协作关系，制订合适的培训计划等，以确保项目顺利执行。

四是经济可行性。从资源配置的角度，衡量项目的价值，评价项目在实现区域经济发展、有效配置资源、增加供应、创造就业、改善环境等方面的效益。

五是社会可行性。分析项目对当地社会的影响，包括经济发展、就业增加、法律道德、宗教民族、妇女儿童及社会稳定性等。

六是风险因素及对策。对项目的市场风险、技术风险、财务风险、组织风险、法律风险、经济及社会风险等进行全面评价，制定能规避风险的对策。在尼泊尔开展投资、贸易、承包工程和劳务合作过程中，需特别注意在事前调查、分析、评估相关风险，事中做好风险防控等工作。

境外投资项目可行性评估报告框架（参考）见表5-4。

（2）可行性研究应关注事项。在编制可研报告时候，特别需要注意以下方面：

第一，做好尽职调查。对拟投资的项目展开全方位的尽职调查工作，包括：财务尽职调查；商业运营尽职调查、税务尽职调查和法律尽职调查。

表 5-4 境外投资项目可行性评估报告框架（参考）

1. 总论	5. 项目经济效益估算
2. 项目实施必要性分析	5.1 投资估算依据
2.1 项目宏观背景	5.2 项目总投资估算
2.1.1 宏观政经概况	5.3 项目收益估算
2.1.2 宏观政经形势判断	5.4 财务评价
2.2 项目必要性	6. 项目组织机构与运作模式
2.3 项目必要性结论	7. 项目实施进度方案
3. 项目实施可行性分析	8. 风险与规避措施
3.1 宏观政治经济条件对项目形成有力支撑	8.1 风险因素识别
3.2 地区产业经济环境有利于项目实施开展	8.2 风险影响程度评价
3.3 项目拟选址已初步具备项目实施条件	8.3 风险规避措施
3.4 结论	9. 结论与建议
4. 项目实施方案	9.1 可行性研究结论
4.1 建设规模与内容	9.2 项目实施关键建议
4.2 产品方案与产值预测	9.3 专家意见
4.3 项目技术方案	—

第二，确定交易价格范围。对投资项目进行全方位的财务测算，对宏观参数、政策变化、关键财务指标等因素进行敏感度分析，确定交易的价格范围。

第三，制定融资方案。明确融资需求，拓展融资渠道合计融资结构，并制订资金安排计划。

第四，税务架构设计。进行供应链筹划，并开始税务架构的设计。

4. 项目评估及决策

根据可行性研究报告内容，如果决策层决定投资后，还需要进一步做好相应的评估，作出最终决策。相关建议如下：

一是制定交易执行策略。综合考虑项目尽职调查工作发现、分析结果、融资需求等因素，并制定交易执行的策略，还需明确项目退出机制。

二是商业谈判。明确谈判的要点，制定谈判策略和原则、交易保护条款；就项目运营控制权达成一致，明确公司的治理相关事宜。

三是相关部门审批。开始境内审批流程（商务部、国家外汇管理局等）及境外审批流程。

四是新建项目。工程项目策划、管理、协调以及相关咨询服务。

五是建立风险管理体系。制定海外风险管理的相关政策和流程，建立公司海外风险监控体系，包括境外投资项目风险跟踪与内部审计等内容。

六是完善与优化海外运营体系。设计与优化海外控股公司的管理模式与组织架构，明确业务活动的职能与授权体系，挖掘境外业务的协同效应。

七是运营效率提升、税务和审计相关工作。

①制订财务管理的目标与工作计划，建立与完善海外财务管控体系；②税务合规、税务优化、税务争议解决、转让定价、应对海关质疑及合规性管理等；③准则差异分析和准则转换规划、定期上报财务报表、海外业务专项检查或审计、海外业务升级和资产证券化相关审计；④项目运营相关法务工作。

八是人力资源管理相关工作。即海外业务人力资源相关的管理工作包括组织结构调整和岗位设计、能力评估、绩效考核和薪酬福利、个税申报、节税筹划。

二、第二阶段：建设准备

（一）工程合同

1. 工程合同的作用与意义

合同是交易参与方之间权利、义务和责任及风险分配载体，是当事人之间的“法律”，境外商事主体都十分重视交易文件，特别是合同文件的起草和谈判工作，应做到交易文件的严谨、规范，保护己方利益。相对来说，我国企业对于交易文件的设计和管理较为粗放，合理利益的争取力度不够，所面临的合同风险更大。

在签订合同的时候，如招标文件中没有相关约定，中企特别需要慎重考虑所签合同模板的选择。一般在国外签订工程合同，合同示范文本一般来自三个方面：第一，国际上的通用合同示范文本，如FIDIC；第二，中国自己的工程合同示范文本；第三，所在国的工程合同示范文本。

点评：

中资企业赴尼泊尔承包工程必须全面了解相关的法律法规，并严格遵守。在实际操作过程中重视合同签订，明确双方的权利义务，工程建设的工作范围及标准、质量、工期、合同形式及货币、支付方式及付款条件、保函要求、误期罚款、性能指标罚款、税收、保险、设备材料的交货方式、劳务国籍限制、产品标准认证等重要条款，严格按合同条款办事。如对方违反合同条款，应利用相关法律法规维护自身合法利益。

在进行国际合同评审时，须组建专业的合同评审小组，从头到尾仔细审核合同所有的相关条款及所有附件，避免遗漏任何潜在的风险。尤其是大多数国际合同签订所使用的语言为业主所在国家的语言，尽可能地用原合同版本语言进行逐条解析和评审，确认无误后再进行合同翻译。在聘请专业翻译公司或者专业翻译人员进行翻译时，必须配备懂专业的技术、法律等相关人员进行配合，不仅要避免在翻译过程中由于懂语言不懂技术产生较大的歧义，也要避免由于不同语种语言对于专业词语定义范围的不同产生纠纷。

针对合同金额较大的国际工程总承包（EPC）项目，各经营单位应合理评估自身管理水平，必要时可外聘具备充足海外经验的国内律所或项目所在国的当地律所，协助参与合同文本的评审，以提高评审效果。

中国对外承包工程商会为规范国际承包工程项目中国企业间分包合同，合理分配风险，维护当事人的合法权益，于2019年制定了《国际工程分包合同示范文本（2019年第1版）》，供中国总承包工程企业与中国分包工程施工企业、设计咨询公司、安装工程企业、设备和材料供货商在国际承包工程项目中使用。

2. 尼泊尔工程承包合同

负责监督尼泊尔采购制度的公共采购监督办公室于2021年5月修订了其在2009年发布的一份通用的标准招标文件《工程采购（EPC合同）》，用于国家竞争性招标和国际竞争性招标下的项目。除非有特定的要求，否则尼泊尔的建筑项目应该按照双方（业主–承包商）制度执行，由业主自己监督和管理项目。与国际工程一样，FIDIC合同条件也被用于执行三方制（业主–承包商–工程师）的大型项目。

点评：

尼泊尔独特的自然资源和地理环境吸引着众多国际承包商的关注，自 20 世纪 70 年代开始就有一些发达国家的承包商进入。尼泊尔政府在国际工程管理反索赔方面积累了非常丰富的经验，在进行合同文件的编制过程中，不但基本上没有漏洞，而且将大部分的风险通过修改合同条款转嫁给国际承包商，从而导致国际承包商执行合同时不可控的风险大大增加，加大其履约风险。常见现象包括有：

1. 取消施工延期产生的延期费用

通过修改 FIDIC 新红皮书中第 8.4 条款，只给予承包商进行工期索赔的权利，而取消了承包商任何由于业主或业主其他承包商标段而导致的与延期相关的任何损害、额外补偿或延期费用。如果项目执行过程中发生了一些由于业主或其他标段影响承包商履约的合同事件，并造成了整个项目工期延长，那么按照此修改的条款，承包商将无权获得任何费用补偿。从在尼泊尔国际工程施工的经验来看，工期延误属于普遍的现象，业主通过对 FIDIC 新红皮书第 8.4 条款的修改将延期风险转嫁给承包商，增加承包商的履约难度。

2. 关于罢工影响履约的风险

通过修改合同条款将发生的党派罢工活动列到承包商的施工风险中。尼泊尔的政局不稳定、党派众多，而且其国家性质决定了尼泊尔是一个民主且党派罢工活动频发的国家。在这种合同条件下，即使承包商遭受了由于党派罢工而产生的损失（如施工材料受阻、政府部门审批停滞、劳务离开现场、进场道路受阻等产生的损失），但由于修改后合同条款的限制，承包商也无法有效地运用合同武器维护自己的权益，向业主进行正当的变更索赔。

3. 负责标段交界面协调的风险

若在项目涉及多个工程标段，业主通过修改合同条件将与其他标段的所有协调、沟通和交界面工作交由承包商负责，将由承包商与其他标段交界、协调和沟通所产生的任何延误和损失的风险转移到承包商的合同范围内。

在工程管理过程中，如果施工现场发生由于其他标段进度缓慢或交界面验收不及时而导致承包商蒙受损失，并产生现场窝工的现象，则按照修改的合同条款，承包商将无权进行工期和费用的索赔，加大了合同管理难度。

4. 约束工程师权力进而限制承包商的变更和索赔

按照 FIDIC 新红皮书 3.1 条款规定：雇主应任命工程师，工程师应履行合同中指定派给他的任务。工程师的职员应包括具有适当资质的工程师和能承担这些任务的其他专业人员。每当本条件规定工程师应按照第 3.5 款对任何事项进行商定或决定时，工程师应与每一方协商，尽量达成协议。如达不成协议，工程师应对所有有关情况给予应有考虑后，按照合同作出公正的决定。

然而，业主通常对此条款进行相应的修改，如限制工程师进行结算审批的权力；限制工程师对变更索赔审批的权力；针对要求工程师按照第 3.5 款下发决定的事件，工程师须事先获得业主的批准后才能下发给承包商；限制工程师对承包商分包商确定的权力等。此类条款的修改将极大地限制工程师的权力，由此造成的结果是，工程师在进行任何费用、工期及单价决定的时候，首先需获得业主的同意。而业主的工作效率特别低，很多单价及费用的决定需要很长时间才能给出回复或者不给予回复。涉及变更的项目，业主迟迟不给出价格或同意，等现场对某个变更项目施工完成后，业主将工程师的单价或变更进行扣减，造成最终批复的变更或单价远远低于前期与工程师商谈的单价费用。还有一种情况，对于合同无单价的变更项目，由于工程师没及时给出新的单价或新单价正等待业主的批准，导致现场完成的施工项目无法结算，严重影响了承包商的资金流。

5. 增加强制要求承包商执行指令的条款

在合同条款中，业主通过添加类似于“承包人不能因等待业主的回复而拖延工程，在接到工程师的指令后应立即执行，包括含在指令中的施工描述和计划，不考虑工程师是否与承包商变更项目的新价格达成一致”的条款，来强制承包商执行工程师的指令。

此条款的规定要求承包商接到工程师的指令后立即执行。针对额外变更的项目，即使在还没有确定新单价的情况下，承包商也必须立即执行。这样造成的结果是，涉及合同变更的新项目，业主迟迟不对工程师与承包商确定的变更项目新价格进行回复，等到现场的施工完成后，业主则对工程师与承包商确定的新价格进行扣减或否定，造成最终业主批复的变更单价远远低于施工所发生的实际费用。这个合同条款的修改直接体现了业主的一种恶意因素，从而增加了承包商的风险。

6. 合同条款中新增油料供应的条款

在合同条款中，业主通过添加类似于“如果由于尼泊尔油料公司的原因导致油料短缺，进而影响到项目施工进度，承包商将无权进行任何工期和费用方面的索赔”的条款，来转嫁由于国家油料短缺而造成的损失。

由于尼泊尔不生产油料，所有的油料都是从印度进口。而尼泊尔的人均工资比较低，消费水平也比较低，如果油料公司的油料价格过高，尼泊尔人便会举行罢工活动。在这种情况下，尼泊尔政府需要对油料公司进行宏观调控，控制油料价格，导致油料公司的利润大大降低，因此尼泊尔的油料公司经常性停止整个尼泊尔的油料供应，发生油料短缺的现象。此条款的规定使业主将此项风险转嫁给了承包商，致使承包商无法针对此事件进行索赔。

7. 合同条款中新增材料储存条款

在合同条款中，业主通过添加类似于“承包商应始终安排现场材料的充足库存，且不得由于材料不足而要求延长工期或进行费用索赔”的条款，来转嫁由于物资短缺而造成的损失。

由于尼泊尔的工业比较少，大部分施工物资需从印度进口供货，少量物资需从中国进口。在实际施工过程中，经常遭遇各种因素引起的罢工、政府放假、道路封堵或塌方等现象，这些事件影响严重物资的供货和运输，导致物资无法正常按时进场，影响施工进度。但合同中业主将此项风险同样转嫁给了承包商，从而免除承包商对由于不可抗力因素而导致的材料短缺进行索赔的权利。

[案例 5-4]

尼泊尔某水电站工程位于尼泊尔拉苏瓦和努瓦科特交会处的巴格马蒂。中国进出口银行对尼泊尔提供的第一个优惠贷款项目，也是尼泊尔政府第一个水电工程 EPC 项目，业主为尼泊尔某政府部门，水电站项目 EPC 承包商为中国某水电集团，咨询监理方为中国某勘测设计研究院。

鉴于尼泊尔的特殊性，施工招投标工作先于咨询监理招投标工作，业主为简化招投标工作和降低投资风险，采用的是国际上流行的 FIDIC 合同条件：《设计采购施工（EPC）/交钥匙工程合同条件》(1999 年第 1 版，即银皮书)。

然而，该项目的专用合同条款和雇主要求事项直接套用了以往已实施项目的合同文件，致使 EPC 施工合同中部分内容与 FIDIC 银皮书的精神存在矛盾。

因此，从开工之时起，EPC 合同双方主要在设计及施工文件的审查、工程过程控制、工序及中间验收等方面存在很大的分歧。为解决此问题，咨询监理方多次组织会议进行协商、讨论，并提出了在不违背 EPC 合同条款和保证工程建设质量的前提下，尽可能减少对承包商施工过程干预的建议，但是承包商必须严格按照合同要求报送承包商文件（包括设计文件及施工组织设计），现场咨询监理工程师也需加强原材料的控制、参与各种见证试验、参加隐蔽工程及关键部位的验收等必要的过程控制。这些建议得到了 EPC 合同双方的一致认同，咨询监理方据此专门编制了咨询监理工作程序，经业主批准后执行，较好地解决了 EPC 合同管理模式问题。

点评：

尼泊尔地理位置优越，水能资源丰富，在水电开发行业吸引了众多国际工程承包企业。作为一个有经验的承包商应配备得力人员认真研究合同，管好用好合同，规避履约风险，摆脱中标靠低价、盈利靠索赔的传统观念，充分做好合同管理工作，以满足在日益开放的国内市场和走向国际市场实施国际工程项目时的需要。

通过尼泊尔某水电工程项目施工过程中的合同管理，总结出以下几点在海外EPC合同投标和合同执行中应注意的问题。

（1）合理进行投标报价，投标时应仔细分析工程所在国的施工及社会环境，再决定是否将价值工程所获得收益考虑到投标战略中。

（2）在设计工作进度计划编排时，应根据工程特性充分考虑对业主提供相关资料复核及补充勘探所占用的直线工期。

（3）对项目中可能提出的价值工程、设计变更，尽量在投标文件中进行反映，以便为施工过程中的实施留有充分依据。

（4）在签订EPC前的合同谈判中也应做好足够的准备工作，对招投标文中不合理及不明确的合同条款进行深入的商谈。

（5）应高度重视合同中规定提交的相关文件及资料，并在合同规定的时间内提交，履行好其合同义务，以确保后续索赔工作的顺利进行。

（二）对外承包工程资质及工程许可

1. 中国对外承包工程资质

现在我国对外承包工程的相关国家规定是《对外承包工程管理条例》2017年修订版。修订版中将原来《对外承包工程管理条例》第二章“对外承包工程资格”全部删除。这意味着民营建筑企业与央企一样，不受对外承包工程资质的限制。

根据2017年修订的《对外承包工程管理条例》第十六条规定，对外承包工程的单位与境外工程项目发包人订立合同后，应当及时向中国驻该工程项目所在国使馆（领馆）报告。

根据对外承包工程项目备案管理规定，在境外工程项目投（议）标前，中企需要向国内商务主管部门（中国驻尼泊尔大使馆经商处）

办理项目备案手续；在订立合同后，及时向中国驻尼泊尔大使馆经商处报告。报告须书面提交项目具体信息，包括但不限于项目名称、金额、资金来源、业主、地点、签约日期、开工日期、工期、项目内容、中外员工数量等，并附“对外承包工程项目备案表”，对于未按规定进行报告的，记入负面清单。

2. 尼泊尔工程承包资质

尼泊尔对承揽工程承包项目一般都有建设资质及业绩要求，尼泊尔招标单位一般看重承包商历史上的业绩，是否曾经做过类似或更大规模的工程招标项目是评估承包公司资质的重要依据。尼泊尔法律不允许外国自然人在当地承揽工程承包项目。

在尼泊尔工程建设项目技术评标时，《工程采购标准招标文件》（SBD）中关于两百万卢比以上工程的供应商资格审查有以下因素：资格认证、未决诉讼情况、财务状况、历史财务业绩、年平均建筑营业额、所需投标能力、建筑经验、类似规模和性质的合同、关键人力人员、机械设备清单等。

根据尼泊尔《建筑业法》，有意进行承揽公共工程业务的工程企业应向政府的建筑施工拨款合并委员会提交申请，以获得进行公共建设工程的许可证。

3. 尼泊尔工程许可

在尼泊尔开展工程项目有不同的许可要求，具体取决于项目类型。对于常规工程项目，在工程建设项目开工前，各方必须首先获得建筑许可证。高层建筑的建筑许可期限为两年。如果建筑在两年内未完工，尼泊尔当地市政当局在收到延期申请并支付5%的额外税款后，可延长两年期限。

在工程建设项目实施期间，市政当局将对建筑施工进行三次中期检查和一次最终检查，以确保其符合建筑细则和规范。监理工程师应代表业主申请每次检查并附监理报告。

在工程建设项目完成后，业主需要获得临时检验证书，才能从市政府获得永久建筑许可证和最终竣工证书。业主需要落实解决市政技术人员在中期检查中发现的工程问题。市政公共基础设施（如排水沟、下水管道、供水管道、人行道等）如果在建筑施工过程中受到损坏，应予以修复和维护，才能获得建筑竣工证书。

（三）工程规范和设计标准

尼泊尔工程的设计标准通常来自以下几方面：

一是印度及英国标准。尼泊尔工程建设受印度及英国的影响很大。尼泊尔工程教育主要延续自印度，很多工程师毕业于印度的大学，并且有很多尼泊尔大学的教师来自印度。因此通常情况下尼泊尔的工程标准采用印度的标准或者对印度的标准作一些调整。

二是尼泊尔本国标准。由于尼泊尔本国工业水平限制，或者扶持本国企业的需要，或者一些当地材料无法满足其他标准的要求，尼泊尔根据本国实际情况和传统制定了一些标准来满足本国的经济社会生产需要。

三是国际标准和规范。尼泊尔在工程验收中也广泛采用一些国际标准和规范，如国际标准化组织（ISO）的相关标准、国际电工委员会（IEC）的标准、美国标准协会（ANSI）的标准、国际工程常用国际标准系列（ASTM）等。这些国际标准被用作参考，以确保工程项目达到国际水平的质量要求。

（四）工程项目设计与项目计划

工程设计成果直接决定着项目约80%的成本，而且设计又位于项目执行的最前沿，其重要意义不言而喻。伴随着我国企业逐步走向海外，企业自身设计管理存在的问题日益凸显，设计图审批往往会遇到技术标准不统一、设计理念不一致、计算参数选择理解不一样等诸多问题，必然会导致设计进度大大延误。设计管理在整个工程建设环节中起着至关重要的作用。

在尼泊尔承包工程，在开展设计时需要注意以下几点。

第一，事前了解尼泊尔的相关设计规定和标准，明确设计规范，在合同谈判阶段尽可能争取中方熟悉的设计标准。拟采用的设计标准和规范，应在合同文件中明确规定，并且要就标准的版本、技术清单与业主方进行沟通确认。如果合同文件中没有相应的标准、规范清单则应在设计正式启动前，由项目公司、项目部组织编制一份设计采用的标准、规范清单，并送业主确认后发布执行。

[案例 5-5]

2010 年印度 RITES 公司与尼泊尔 SILT 公司联合体完成了梅吉至马哈卡利铁路（简称梅马铁路）可行性研究报告，在此基础上尼泊尔铁路局于 2012 年开始分段开展梅马铁路详细设计招标工作。中铁第四勘察设计院中标梅马铁路两个标段。

因铁路建设经验极度欠缺，尼泊尔无铁路建设管理标准体系及设计规范，在工程建设领域大多采用印度及英国标准；该项目招标文件中要求采用国际铁路联盟或相邻国家成熟的铁路技术标准。因此，该项目在中外技术标准选择使用方面有一定的灵活性，但需要取得业主的同意。

第二，业主的要求和现场资料是开展设计的基础。在开展设计前，务必做好设计前的调查，确保相关资料的准确、完整。

[**案例 5-6**]

尼泊尔上波迪·科西水电站项目中，作为承包商的葛洲坝集团为等甲方的大坝设计图纸耽误了半年工期；厂房总布置图图纸设计前后提交了60多稿；设计的10万立方米混凝土飙升到20万立方米；类似的情况给项目造成了极大的不良影响。

点评：

在开展设计前，有以下建议：

（1）要求并配合设计人员提前做好充分准备，仔细研读已有的招标文件/合同文件，充分参考类似工程的设计经验，参考其他工程的算稿和国际上发表的论文。

（2）委派有类似项目经验的单位和专家赴现场进行考察，通过研究已有数据，提出专业意见。

（3）整合全球资源，特别是寻找外部专家资源，如尼泊尔当地知名的设计公司、海外工程咨询公司等。

第三，调查尼泊尔当地的物资供应条件。在满足规范及使用要求的情况下，尽可能使用当地能便利采购的材料和施工机械。

第四，考虑当地的使用环境。尼泊尔当地的使用环境和我们国内常规项目有很大的区别，在考察时充分掌握当地情况，设计过程中要充分了解工程所在地的各种条件，设计和当地自然条件和风土人情融为一体。

第五，加强与业主的设计沟通，重视语言学习以更好地与业主沟通和准确理解业主意图，加快设计图报批。

点评：

设计咨询项目直接面对业主，需全面考虑业主的实际需求及项目的可实施性，需与业主进行充分的沟通，推动项目的顺利实施。

（五）项目用地

工程建设项目征地一般由业主负责。如，大部分的尼泊尔水电项目在项目正式开工之前业主已经完成了项目的征地工作，并在招标文件中明确标明工程施工区域及料场、渣场等。对于一些有特殊要求的设施（如炸药库等），业主一般另外提供土地给承包商修建相关设施。

对于大型基础设施工程，尼泊尔国有土地征收一般采取向政府租赁的方式获得土地使用权，项目法人承担土地的租赁费用和附着物的补偿费用。其中土地租赁费用通常被纳入签订合作开发协议的谈判条件，基本上可获得免费使用许可的权利。私有土地征收通常采用政府主导和企业主导两种模式。在政府主导模式下，地区行政部门按照《土地征收法》执行通知、调查、公示和协商等土地征收程序，土地征收过程中政府与土地权属人协商解决补偿标准这一核心问题。政府主导模式具有一定的强制性，能够保障征地的顺利实施和相对合理的补偿标准；但是征地过程较为复杂，通常需要经过多轮次协商，效率低，耗时较长。在企业主导模式下，居民以乡村发展委员会（类似村或社区）为单元自发组织成立委员会，项目法人直接与委员会就土地补偿标准、征用手续等问题进行谈判。首先，确定绝大多数土地权属人接受的土地补偿单价；其次，通过私下协商的方式确定少部分权属人的土地补偿单价；最后，对于极少数不合作的土地权属人，则向当地政府申请强制介入。企业主导模式程序简单、效率较高、工作量较大，但征地过程中会遇到哄抬地价等问题，通常需结合政府主导模式来实施。

点评：

在征地方面，常常存在由于业主履职不力、审批手续烦琐冗长等原因导致难以按照约定移交期限完成征地，常导致工期严重滞后，企业索赔的结果为业主仅对工期进行补偿。

（六）工程项目招投标

1. 尼泊尔招投标法律法规

尼泊尔制定了2007年《公共采购法》和历年公共采购条例修正案，并成立了公共采购监督办公室，由总理直接领导，负责确保公共采购领域透明、有效，避免产生腐败。

《工程采购标准招标文件》由尼泊尔政府公共采购监督办公室编制，旨在为通过国际竞争性招标进行工程采购的招标程序提供参考，包括招标格式、投标程序、合同要求和条件以及合同表格。

2. 招标信息获取的途径

尼泊尔国际公开招标信息在尼泊尔当地英文报刊上刊登。目前，《新兴尼泊尔报》（Rising Nepal）、《加德满都邮报》（Kathmandu Post）、《喜马拉雅时报》（Himalaya News）。这3种报刊是了解工程招标信息的一个主要窗口。

另外，尼泊尔政府各部门的网站也是了解工程项目招标信息的一个主要途径，如尼泊尔电力局、尼泊尔灌溉局、尼泊尔电力发展局等政府部门的网站上就会同时将刊登在报刊上的招标信息更新在各自网站上。这是未在尼泊尔设立办事处的中国公司了解尼泊尔项目招标信息的一个主要途径。邀请招标的信息主要来自各公司的信息和关系网，可通过聘请的当地代理、当地的合作伙伴等途径了解相关信息。

点评：

某些项目也会采用“资格后审”的方式进行招标，将资格审查文件与投标文件一起提交，在开标后对投标人进行资格审查。

采取资格后审的，招标人会在招标文件中载明对投标人资格要求的条件、标准和方法。经资格后审不合格的投标人的投标应作废标处理。

[**案例** 5-7]

2016 年 3 月，中铁第一勘察设计院（简称铁一院）以技术标第四的成绩与尼泊尔东西铁路东段失之交臂。一年之后，全线最后 4 个标段再次向全球招标。

为顺利拿下这一项目，铁一院投标团队针对业主需求，对之前的失利进行认真梳理和总结。他们认为，"超过 12 年海外工作经验的国际工程师短缺"是制约该院中标尼泊尔东西铁路东段项目的最主要因素。特别是业主还将工程师在尼泊尔当地办公出勤时间列入评价范围。

经多方考察，铁一院决定与两家韩国公司合作，由铁一院牵头并派人担任项目经理及技术组长，负责整个项目的组织管理以及投入时间相对较短的站后专业设计；韩国公司负责站前专业设计。他们还选择尼泊尔当地公司提供部分专业工程师，并全面负责日常办公运营及勘察、钻探等外业工作。

最终，依托铁一院在铁路设计领域的强大技术优势和韩国公司丰富的国际化经验，再结合尼泊尔当地公司不可取代的本土化和灵活性优势，这个"1+1+1"的国际组合发挥出远远大于"3"的活力与能量，以绝对优势一举拿下了所投的两个标段。

（七）建设设备及材料的采购及运输

国际项目的物资管理包括采购、集港发运（报关）、国际物流及项目所在国清关、内陆运输、现场储管等一系列事务，是工程管理的重要组成部分，与工程项目建设全过程有着密切的联系。根据国内外工程项目合同价款构成分析，设备、材料在总合同价款中所占比例一般都将达到50%~60%，国际项目施工物资种类繁多、质量标准规范复杂，对成本和到场时间要求严格，且由于工程周期长、运输路途远，更见其物资管控的重要性。

1. 设备及材料采购

工程中的采购策划是整个项目的关键环节，构成项目执行的物质基础和关键。规范的项目采购要兼顾经济性和有效性，从而达到有效降低项目成本、促进项目顺利实施和按期完成的目的。

采购工作要与设计紧密结合，确保选购产品的制造标准、材料标准符合设计要求，采购部门根据初步设计出具的图纸和技术资料等，可先咨询各类供应商、厂商，在满足物资技术质量安全可靠的同时，从经济角度对其进行优选，尤其是涉及定制的机械设备、电仪控制成套设备等，在其功能实现、品牌以及材料的选用上，提出合理化的建议，并将性价比高的物资的技术和验收等条件反馈给设计，进行深化融合，达到降本增效的目的。

国际工程中供货商的选择一般有以下几种方式：

一是框架采购协议：选择与长期供应商在财务年度初期签订框架采购协议，对本年度采购物资或服务进行打包管理。

二是招标方式：国际采购优先采用网络邀请招标方式，主要选择符合工程项目要求及业主品牌档次要求的供货厂商，综合考虑技术水平和价格因素，选择合适的供应商。

三是属地化采购：在项目国及其周边市场，通过实地勘察调研，确定符合项目供货要求的合格供应商。

四是竞争性谈判：直接邀请一家以上供应商就采购事宜进行谈判。

由于工业基础比较差，尼泊尔本地原材料资源较为缺乏且质量参差不齐，供应缺乏保障。此外，由于货物交通运输所带来的不便，尼泊尔国际商品贸易主要通过印度加尔各答港，对外贸易严重依赖印度。项目施工所需的主要大宗材料，如钢筋、水泥、柴油、炸药等，均从印度进口，存在一定风险。

[案例 5-8]

巴瑞巴贝引水隧道项目开展时，面对当地砂石料质量差、价格高、供应无保障的现状，中国中铁项目部积极协调当地政府，取得就近开采河滩料权限，只需缴纳较低的资源税（折合约 3 元/立方米）即可获取原料，较完全采购当地砂石料相比，能够节约较多成本。协调当地政府变更取料场地，将砂石料原材的单次运距缩短 3200 米，整个项目累计可节省砂石料运距 1.1 万千米。利用国内设备供应商亟须打开尼泊尔市场的有利契机，购置一套远低于市场价的生产设备，通过自行加工中间料仓、配电系统，自行设置冲洗装置等措施，节约设备及运输成本。

2. 物流管理

境外投资建设项目采购和物流管理尤为重要，尤其是投资体量大的项目，物资需求量巨大，货物运输过程涉及制造、加工、验收、适运包装、长短途交货运输、装卸、集港、订舱、装卸船、海运、理货、检验、出口报关、保险、出口退税、贸易单证、目的地国清关等诸多环节，时间跨度大、跨境距离远、影响因素多，加之台风、海外政商环境、人文环境、国际政治环境、流行疾病等多项不可控因素影响，发生风险的概率非常大，物流成本比国内项目高很多。为此，项目需要成立专业化物流管理团队，制定采购、物流总体方案，统筹规划、统一协调管理项目所有相关方物资采购与物流工作，形成制造、催交、包装、物流、仓储、现场、接卸等环节一体化管控。

尼泊尔的物流基础设施较差，由于地形崎岖多山，使得问题更加复杂。在世界银行公布的2018年物流绩效指数[1]中，尼泊尔的物流绩效指数得分为2.51，在167个国家中排名第114位。该分数在南亚国家中排名倒数第四。2018年物流绩效指数从贸易的六个核心方面对各国进行排名，即海关绩效、基础设施质量、安排运输的便利性、物流服务质量、跟踪和追踪能力以及运输的及时性。在评估各国贸易和运输相关基础设施质量的指标方面，尼泊尔的得分为2.19，排名降至第123位。

建议物流方案包括国内外物资集散方案、海陆空运输方案、大件设备运输方案、物流操作流程和应急预案，统一组织项目集港、船舶安排、码头、装卸、清报关等物流环节工作，根据工程建设进度计划组织发运，并在物流管理上采取以下措施：

第一，选择有经验的物流代理商。对超大物流量的项目应选择两家或以上有广泛的全球货运网络、丰富的国际工程物流人力和设备资源、成熟的工程物流管理经验、雄厚的财力支持等软、硬实力的物流供应商，与多家外贸港口建立伙伴关系，为工程高峰期大量物资发运奠定基础，降低物流风险。

第二，在采购合同中明确交货条件。一是确定多个有效装运港，以便交货时根据物资生产和货量情况、港口和船期等因素来选择最终装运港，避免实际发运时由于港口、船期等衔接问题而产生争议或额外费用，影响物资发运；二是在采购和物流合同中明确大件吊装、自

[1] 2023年4月21日，世界银行发布了继2018年之后最新版物流绩效指数报告，即《连接竞争：全球经济中的贸易物流》第七版。但该年报告并未涵盖尼泊尔。

卸鞍座的匹配、船型选择、大件设备本体绑扎等特殊运输要求；三是划分因设备出厂延误、船期延误导致滞港、亏舱或者滞期等问题的责任。四是对无外贸出口经验的设备材料供应商提前指导货物出口准备和手续办理。

第三，动态管理物资发运计划。重点关注大件物资发运计划执行，建立物流问题反馈和纠错整改机制，及时调整计划。

第四，统一项目物流管理体系。明确发运申请、集港、订舱、装卸船和交货流程、紧急物资申请和发运流程和责任界面，统一调配物流资源和运力匹配。

第五，采取灵活、便捷的运输方式。对于精密仪器或贵重设备、危险品，可根据重量、危险级别、紧急程度，优先考虑航空运输或集装箱海运，以确保安全；材料、设备采用搭配组合散杂货船发运方式，对不便配载散杂货船的物资采用集装箱或拼箱、中转等多种方式发运，合理安排船舶运力。

第六，超大件设备专门制定发运方案。超大、超重、超长、超高等大型设备应根据大件设备的具体情况专门编制物流发运方案，并确保每个节点按照方案实施，确保发运安全。

第七，明确跨境物资物流包装要求。由于跨境海运需要多次装卸，同时受到同船物资堆码积压、台风等恶劣天气影响，包装是物资安全的重要保证，需要制定统一的物资包装规定。针对特殊物资或大件设备，需要制定专门物流包装方案。

第八，制定物流应急预案。海外项目工程物资跨境物流具有相当大的不可控风险，极易发生突发情况。应基于各种不确定风险，对物流各流程环节进行风险评估，包括供货中断风险、运力不足风险、经济环境风险、政治环境风险、恶劣天气风险、货差货损风险等，针对各类风险问题制定物流应急预案和规避措施，同时完善供应链全程的保险方案、保险索赔方案。

点评：

尼泊尔政府计划出台贸易物流政策，对于尼泊尔这样一个贸易成本高昂的内陆国家来说，贸易物流政策非常重要。政策目的是发展有针对性的综合商业物流基础设施，组织供应链系统，加强与商业物流相关的良好治理和研究。该政策包括如何组织运输、海关、到港口的运输安排、保险、检疫检验、仓库、储存、分销和进出口货物的运输。根据新政策，通过航空出口货物的成本将降到最低，使其具有竞争力，而与贸易物流相关的服务，如邮政服务、保险、银行和监管机构服务等，也将变得贸易友好。

2022 年 3 月，政府就贸易物流发展政策征求了政策研究基金会的建议。2022 年 6 月 7 日，该基金会与工业部下属的出口促进与贸易便利化处协商后提出了建议。然而，截至 2023 年 10 月，尼泊尔政府尚未出台该政策。将来政策若是顺利实施，可能将会提升尼泊尔的贸易物流效率，节约贸易成本。

(八) 尼泊尔工程成本

1. 电价

尼泊尔由于缺电严重，实行差别电价制度。供电企业根据企业用户和居民对电能需求的具体情况，适当修正基础价格出售电能商品。

一是企业用电。据中国驻尼泊尔大使馆经济商务处 2022 年数据，企业单位用三相电表接线，根据批准的瓦数收取三相电线路费。10 千伏安以下，收取服务费 1100 卢比，400 千瓦·时以内每千瓦·时电价为 12.5 卢比，超过 400 千瓦·时每千瓦·时电价为 13.5 卢比；10~25

千伏安，收取服务费 1800 卢比，400 千瓦·时以内每千瓦·时电价为 12.5 卢比，超过 400 千瓦·时每千瓦·时电价为 13.5 卢比。

二是居民用电。据中国驻尼泊尔大使馆经济商务处 2022 年数据，每月 20 千瓦·时以下收费 3 卢比/（千瓦·时），但每月最低需支付 80 卢比；21~30 千瓦·时的价格为 7 卢比/（千瓦·时），31~50 千瓦·时的价格为 8.5 卢比/（千瓦·时），51~150 千瓦·时的价格为 10 卢比/（千瓦·时），151~250 千瓦·时的价格为 11 卢比/（千瓦·时），251~400 千瓦·时的价格为 12 卢比/（千瓦·时），401 千瓦·时以上价格为 13 卢比/（千瓦·时）。

2. **水价**

尽管水资源丰富，但尼泊尔的水并不安全。根据 2019 年供水部的数据，只有 51.69%的人口拥有自来水，而 48.31%的人口依赖非管道的本地或私人供水管理系统集中供水。尼泊尔各地集中供水点每天供水时间从 1 小时到 24 小时不等，缺水季节不能保证每天供水。据中国驻尼泊尔大使馆经济商务处 2022 年数据，水价如下。

对于企业用水，中资企业普遍购买水车的水，每车水 10~17 吨，费用为 3200 卢比左右，具体价格视供需和柴油供应紧俏情况而定。

居民生活用水约 32 卢比/吨，桶装水为 135 卢比/桶（20 升）。

3. **油气价格**

尼泊尔使用的是自印度进口的液化石油气。2022 年 6 月，居民使用的液化石油气每罐（14 千克）的官方价格为 1800 卢比。

尼泊尔汽油、柴油供应也依赖印度，供需矛盾突出。2022 年 6 月，汽油零售价为 199 卢比/升，柴油零售价格为 192 卢比/升。

4. **劳动力工薪及供需**

尼泊尔劳动力成本呈逐年上升趋势。根据现行规定，最低工资标准每两年调整一次。2023 年 8 月，根据 2017 年劳动法，劳动、就业和社会保障部已将除茶园工人外的工人月最低工资标准固定为 17300 卢比（人民币约 960 元）。工人每月基本工资固定为 10820 卢比；家庭津贴为 6480 卢比；日工资固定为每天 668 卢比，每小时 89 卢比。兼职工人的时薪也固定为每小时 95 卢比。

目前，一般技术员工资为 2 万卢比/月，技工（瓦、木、电工）为 2 万~3.5 万卢比/月，普工为 1.3 万~1.7 万卢比/月，司机为 1.8~2.5 万卢比/月，保安为 1.2~1.5 万卢比/月。

点评：

工程承包公司不承担尼方劳务人员的社保和劳务人员的税务。因尼泊尔社会保障制度尚在完善之中，中资企业一般在签订劳务合同时，都要求受雇人员自己解决社保等问题，或签订短期劳务合同，不带社保条款。未来尼泊尔社保要求更加明确并强制企业执行后，有可能会增加投资企业的成本。

由于尼泊尔是最不发达国家之一，该国有庞大的国外劳务人员数量。根据 2021 年人口普查情况，目前有 210 万尼泊尔人在海外务工，主要集中在印度、卡塔尔、马来西亚、阿联酋、沙特阿拉伯和科威特。尼泊尔国内除了一些外语教员或特殊职业（指尼泊尔政府利用外国政府或国际机构的援助聘请外国专家到尼泊尔进行项目咨询服务等），对外籍劳务的需求很少。

5. **土地及房屋价格**

尼泊尔的土地仅可由本国人购买，外国人只能租赁或开发，没有土地的所有权。市中心每平方米房价 5 万~8 万卢比（500~800 美元），非市中心每平方米房价 3 万~4.8 万卢比（300~480 美元）。供外国公司租用的写字楼不多，企业可租用住宅来办公。市中心一套（至少三室）每月租金 15 万~30 万卢比（1500~3000 美元），非市中心一套（至少三室）每月租金 5 万~10 万卢比（500~1000 美元）。上述价格为尼泊尔政府公布的价格，但在实际过程中，由于地区和房屋状况不同价格波动较大。居民自建房屋可出租，租金较便宜，但内部配置不够完备。

工业厂房一般都是私人产业，需要同业主谈判租金。不同地区、交通、水电供应便利与否，以及市场需求情况紧缺与否对价格都有影响。在工业开发区，一般 100 平方米的厂房需要 1.5 万~3 万卢比/月。偏远地区的租金略低。

6. 建筑成本

尼泊尔的工业不发达，当地仅有少数小规模的水泥与钢筋生产厂家，其产品质量不稳定、价格波动较大，远远满足不了本国需求，主要建筑材料基本依靠进口。

三、第三阶段：建设实施

（一）劳动用工

尼泊尔的失业人口较多，劳动力主要以农民从事重体力劳动为主。有些经过长期工作，积累了一些专业技能，如建筑行业的瓦工、木工、小工等；还有一些特殊工种，如铲车、吊车、起重机司机等。中资企业在尼泊尔一般从事水电站、房屋、筑路、机场等建筑工程，聘请一般工人比较容易，但技术工尤其是高级技术工人稀缺。

与此同时，尼泊尔《劳动法》和《劳动条例》限制了公司可以雇用的外籍员工人数以及外籍员工可以在尼泊尔停留的时间长度。对于非专业技能的人员为3年，对于具有技术专长的人员为5年。可以续签，但前提是员工离开尼泊尔至少一年，这严重扰乱关键人员持续为项目完成提供服务的能力。

通常来说，中资企业在尼泊尔开展工程承包项目，除主要岗位和管理人员外，基本使用当地雇员，在控制项目人工成本的同时，也促进了当地经济的发展、人员的交流等，提升了企业形象。同时，为提高当地雇员的使用率，有效规避劳动用工的风险，项目部应根据尼泊尔《劳动法》等相关法律法规并结合项目实际情况，制定当地雇员管理制度和规章制度等。

[**案例** 5-9]

2019年7月美国《工程新闻纪录》评定尼泊尔巴瑞巴贝引水隧道项目为第七届“全球最佳工程项目”水资源类优秀奖，该项目是尼泊尔境内首个跨流域调水工程，由中国中铁旗下中国海外工程有限责任公司（以下简称中海外）总承包。

在项目管理过程中，项目部积极推行“以我为主、全面管控、全自营”模式，探索并形成了“项目部管、中国人带、当地人干”的管理方式。配置中方管理人员45人，在自创独具“尼泊尔特色”尼籍工人管理制度、人才库和有针对性技能培训基础上，培养了2000余名尼籍全断面隧道掘进机（TBM）及配套施工作业人才。值得一提的是，TBM正常施工期间整个TBM工区总人数212人，其中尼泊尔当地劳工170人，占比高达80%。这些劳工全部是从零基础、零经验培养起来的，对于技术要求高、操作岗位多的TBM施工实属不易。项目为国内引进的TBM专业技术人员制定了专门的薪酬体系，并推行一系列奖罚措施，促进形成了“天天都大干、月月掀高潮”的施工生产氛围，实现了员工高薪、项目高效的良性循环。据测算，员工高薪不但未造成项目成本超支，高效的施工生产反而显著降低了综合管理成本。

（二）工程质量

和国内一样，业主对质量的监管采用监理形式。尼泊尔对工程建设过程的监理、工程验收的监理，均依据国际招标项目通用国际标准；严格按照合同内容执行项目，业主会按照合同条款或委托专业的咨询公司对项目进行验收。

尼泊尔当地工程公司在对质量及安全问题及事故处理上的态度比较表面化，以恢复正常生产为主要诉求，忽视对深层次原因分析和从根底上去解决问题。

[案例 5-10]

上马相迪 A 项目公司的质量/安全管理理念和尼泊尔调度中心存在着较大差别。例如，在电网系统发生事故后，按照我国国内的电力生产规定，必须按照“四不放过”原则，将事故的原因查清楚，在防范措施到位之后，相关设备才可以投运恢复，事后还会对事故责任进行追究处罚。但尼泊尔 LDC 处理系统事故的原则不同，在系统发生事故之后，首先是恢复系统，要求各个电站尽快恢复发电运行，根本不去分析和查清事故的原因，事后也没有事故考核处罚，这也是尼泊尔电网发生事故频繁的原因之一。

上马相迪 A 项目公司一贯坚持的原则是：一旦系统事故对电站的设备带来影响，一定要组织相关人员进行分析，并对设备进行试验、检查，在查清没有问题后，才可再投入运行。而这种情况常常得不到尼泊尔调度人员的理解，甚至认为中国人工作效率低。对此，上马相迪 A 项目公司加强了与调度人员的沟通及解释，并用项目公司的安全理念去影响尼方的人员，直至让其逐步理解和支持，最终确保了上马相迪 A 水电站机组的高可靠性并具备了电网调度命令的能力，成为尼泊尔电网核心的支撑电源，保障了加德满都的供电。

（三）工程变更

中国企业在尼泊尔进行工程项目承包过程中，一旦发生工程变更，承包商和业主首先应该进行充分的沟通和协商，就变更的工程范围、工程量、工程质量、工程进度、工程费用等方面达成一致。如果变更内容超出了合同规定的范围，承包商和业主应该签署合同变更协议，明确变更的内容和费用。需要注意的是，如果工程的增加量超过 20%，或者变更的工程范围、工程质量等方面对工程的影响较大，承包商和业主应该重新签订合同。如果工程量将达到合同原始总量，承包商应尽可能提前 30 天通知业主。

[**案例** 5-11]

某公司在尼泊尔承揽了一座大型的水利枢纽土建项目。2015 年尼泊尔 8.1 级大地震发生后，面对这突如其来的不可抗力事件，承包商在请示上级领导同意后，及时根据不可抗力的相关条款向业主上报了相关通知，通知中明确了不可抗力的原因以及给未来履约所带来的影响，包括安全隐患、卫生隐患和经营成本方面，提出了为保证安全遣返中方人员及尼籍劳务人员，暂停施工直至不可抗力结束。随后，该公司有条不紊地对所有中方人员进行了有序撤离。

根据所签合同条件第 19 款的相关规定，如果不可抗力事件的影响达到 84 天，则合同双方可以自主选择终止合同，另一方接到通知7天后合同自动解除。承包商从项目的实际情况考虑，认为可利用本次不可抗力事件与业主展开合同谈判，若所洽谈的条件能够达到项目扭亏的目的，则可选择继续执行合同，反之，则选择终止合同，从而达到止亏的目的。

经过多次的谈判与论证，业主单位最终同意：放弃原合同的节点要求，在考虑所有工期事件的基础上，计算得出新的完工日期；同意在复工前对地震之前对已完工程进行清理和支付；同意对未决索赔变更事件进行处理；若复工后，由于地震原因产生新的施工项目，双方将在开始之前确定单价；同意对争议裁决委员会已裁定事件支付费用；同意对原合同中比较苛刻的条款进行修改，其中包括对原合同条款中工程延期无费用的条款进行修改；为尽快复工，业主将支付200万美元作为复工动员费。在大部分诉求得到解决的情况下，为继续站稳尼泊尔的水电市场，承包商与业主最终达成一致，继续项目建设。

点评：

根据建设项目的大小、难度、周期等因素的影响，工程项目经常会遇到需要变更的情况，如果遇到需要工程变更的情况，应该注意以下细节：

首先，要及时与业主和设计方进行沟通和协商，明确变更的具体内容和原因。其次，根据合同约定和相关法律法规，制定变更方案和变更合同，明确变更的责任和义务。随后要及时向相关部门申请变更许可证或审批文件，确保变更符合法律法规和安全标准。最后，根据实际情况及时调整施工计划和进度安排，确保变更不影响工程质量和工期。

如果外国企业在尼泊尔承包工程时遇到需要工程变更的情况，

可以向业主或相关部门寻求帮助，或者咨询专业的律师或顾问。同时，应该及时向保险公司报告，确保工程变更符合保险条款和要求。

（四）境外职业安全和健康管理规范

1. 尼泊尔主要职业安全和健康法律法规

尼泊尔 2017 年《劳动法》中有一章关于职业安全和健康的规定，这是迄今为止纳入工人安全和健康问题的主要国家立法。其他一些涉及安全与健康的现行国家法案、法规和指导方针也与职业安全和健康问题有关。包括《宪法》《公共卫生服务法》《灾害管理法》《环境保护法》《固体废物管理法》《建筑法》以及《劳动规则》《矿山和矿产规则》《环境保护规则》等。

《劳动法》中雇员的责任包括：雇员和工人有责任实现工作场所的安全和健康，包括不从事任何可能影响工作场所任何个人的安全和健康的活动；与雇主合作妥善落实健康和安全措施，使用雇主提供的个人安全装置等。

该法授权工人在工作场所受到任何伤害或不良健康影响或设备损坏的直接威胁时随时停止工作。该法还禁止患有任何传染病的雇员在治疗结束前开展工作。该法的赔偿条款规定，雇主应承担调查和治疗雇员任何与工作有关的疾病的所有费用，如果此类疾病无法治愈，则应按照规定向工人提供赔偿。

（3）《公共卫生服务法》中的职业安全和健康要求

2018 年《公共卫生服务法》第 44 条涉及卫生工作者在危险地区的安全问题，并鼓励他们采取安全措施。该条款还要求雇主为保健工作者投保。该法还赞同向工作人员提供风险津贴，并建议在发生严重感染、受伤或死亡的情况下给予必要的赔偿。

（4）《灾害管理法》中的职业安全和健康要求

2017 年《灾害管理法》第 8 条要求在政府层面成立执行委员会，该委员会负责指导任何公共或私营实体和/或组织制定灾害管理政策、计划和减灾活动。该法还设想通过制定和执行应急计划来减少风险。该法赋予省级灾害管理委员会监测和监督的自主权，并向既定的联邦机构报告。该法规定，公共和私营组织有责任通过实践安全行为、适当储存和使用安全设备来减少灾害。该法设想通过培训和增强意识来发展所有相关工作人员和工人的能力。该法还规定了正确处理废物的要求，以尽量减少不利后果和相关污染。

（5）《环境保护法》中的职业安全和健康要求

2019 年《环境保护法》第 3 章对污染控制作出了规定，指出政府可以制定减少废物、污染和有害物质管理的准则。该章第 2 条明确规定，禁止不遵守所制定的准则而导致公共健康和环境恶化的污染活动。该章第 5 条规定，任何源于机械的有害废料排放造成环境破坏的行为都将受到惩罚。

（6）《固体废物管理法》中的职业安全和健康要求

2011 年《固体废物管理法》在第 7 条第 2 款中规定了任何产生有害废物的个人、组织或机构都有责任按规定管理此类废物。

（7）《建筑法》中的职业安全和健康要求

1998 年《建筑法》授权成立建筑施工系统改进委员会，该委员会于 2006 年制定了《尼泊尔国家建筑规范》（NBC）。NBC 114 标准涵盖了根据雇主与承包商之间的正式合同进行的建筑施工/拆除工程中工人的安全和健康规定。同样，NBC 107 规定了商业、官方或普通住宅建筑的消防安全基本要求。

2. **尼泊尔针对危险职业的职业安全和健康政策**

尼泊尔建筑业一个常见做法是以最少的投资按时完成项目，这导致建筑工地的安全问题更加严重。《尼泊尔劳动力调查》指出，该行业报告的大多数死亡事故都是由于疏忽、工地安全状况不佳、劳动力技能缺乏等原因造成的。尽管尼泊尔已经启动了营造更安全的建筑工作环境的程序，但目前还没有该行业的具体指导方针。

采矿业被认为是危险行业之一。尼泊尔法律规定，该国发现的所有矿产资源均为国有。过去 50 年来，工业局下属的矿产和地质局是负责在全国各地进行系统地质测绘和矿产勘探活动的政府机构。私营组织在获得矿业地质部颁发的采矿许可证后，才能开展采矿活动。《矿山和矿产法》和第 2056 号条例对采矿过程中应采取的职业安全和健康规定未作规定。不过，在获得有关部委的项目批准时，采矿业必须在初步环境审查或环境影响评估期间制订职业安全和健康计划。同时，也需符合 2017 年《劳动法》第 13 章中提到的职业安全和健康规定作为任何行业类型的一般和强制性规定的要求。

尼泊尔的《矿山和矿产法》和《矿山和矿产规则》对加强矿山和相关工人的安全保障、土地的合理使用以及以对环境负责的方式开展采矿活动作出了后续规定。此外，尽管矿业被视为危险行业之一，但尼泊尔政府尚未制定和拟定任何与矿山和矿物开采以及进一步加工有关的准则和行为守则。

在尼泊尔，农业部门被定义为非正规部门工作。农业是最危险的工作部门之一，需要特别关注。这个部门的安全和健康风险很多，而且多种多样，不仅限于手工搬运重型材料和货物、费力的工作姿势、长期且不规则的工作时间、暴露于极端天气条件、受杀虫剂和其他农用化学品侵害，农场还存在寄生虫感染和动物或昆虫叮咬的风险，且农场往往缺乏基本的卫生和福利设施。由于农业工作场所往往与家庭住所重叠，所有这些危害都在不断增加。在农户家中经常可以看到工具、化肥和杀虫剂，这增加了所有家庭成员，尤其是儿童接触这些物质的风险。

尼泊尔政府尚未对使用危险物质和化学品的行业进行分类。不过，《环境保护法》列出了55种不同类型的工业，必须根据规模和投资情况进行初步环境审查或环境影响评估。

[**案例**5-12]

上马相迪A水电站项目的建设和生产运营过程中，一旦尼方工作人员经招聘进入公司之后，要进行入场安全教育培训，熟悉项目公司的劳动纪律、安全管理规定等，对生产值班人员还要进行安全业务培训，让其了解厂区存在的危险源、职业危害因素，以及相关防范措施和安全标志。

此外，项目公司每年还会组织尼方人员进行健康体检并建立档案。2017年“职业健康周”期间，项目公司组织尼方人员进行了职业健康知识答题活动，让其了解相关职业健康方面的知识。

在日常的安全管理过程中，项目公司面临最大的挑战是境外非传统安全问题。由于文化的差异、观念的不同，以及当地政治形势的影响，外资公司有时会受到一定非传统安全的威胁。例如，周边村民阻工滋事，以及尼泊尔大选期间村民游行闹事，都给公司安全带来了影响。针对阻工滋事现象，上马相迪A项目公司采取了以下措施进行预防和把控：通过与当地政府的沟通交流，得到了当地政府的支持，当地政府派出工作人员对当地员工、村民进行了安全教育与法律宣传工作；积极与当地各党派加强联系与沟通，通过党派的力量监管当地员工；根据尼泊尔劳动法，积极配合当地员工工会工作，与其建立互信、互尊的友好关系，得到了工会组织的大力支持与帮助；利用当地社会力量成立社会关系协调委员会，委托其妥善处理应对建设过程中所发生的阻工、罢工及社会治安安全等事件；加强与当地警察局的联系，建立联防工作机制，提高当地警察队伍的办案能力、出警效率，有效打击当地违法犯罪活动；根据尼泊尔相关法律要求，建立火工材料存储仓库，委托尼泊尔军队保管、运送和使用，确保了火工材料的安全性，同时当地军队入驻上马相迪 A 现场，对当地社会治安起到积极作用；设置了公共关系专员一职，主要工作职责是加强与当地社会的联系及应对与处理各类社会关系、社会事件、治安事件。

点评：

尽管尼泊尔当地的职业安全和健康法律法规存在一定的不完善之处，我们可以借鉴和运用我国在职业安全和健康领域的先进经验和成功实践，以提高尼泊尔当地项目的职业安全和健康管理水平。同时，应积极与当地政府、企业、工会和相关机构合作，共同制定和实施有效的安全生产措施，以确保员工和社会大众的安全与健康。此外，还可以通过培训和教育，增强当地员工的安全意识和技能，从而建立起一个安全、健康的工作环境，为当地的安全生产和社会稳定作出贡献。

4. 我国商务部和生态环境部对境外投资合作有关环保的指引

目前，规范我国海外投资环境保护的主要政策是《对外投资合作建设项目生态环境保护指南》，是由生态环境部、商务部在 2022 年 1 月联合发布的指导性文件，是对原有《对外投资合作环境保护指南》（商合函〔2013〕74 号）进行的修订。目的是进一步做好对外投资建设项目生态环境保护工作，高质量推动对外投资项目建设。

《对外投资合作建设项目生态环境保护指南》（以下简称《指南》）在以下几方面进一步优化对外投资合作建设项目环境管理：一是进一步明确适用范围。《指南》适用于中国企业在境外开展投资建设的新建（含改建、扩建）类项目、收购并购类项目以及承包工程项目。上述类型的项目在开展生态环境管理工作时，均可参考《指南》。二是进一步丰富内涵。《指南》针对污染防治、应对气候变化、生态系统和生物多样性保护等多个领域提出对外投资合作建设项目工作指引。三是理顺项目全生命周期管理流程。根据项目投资建设前、施工期、运营期、关闭退出等主要环节，《指南》调整并补充完善了相关规定。四是进一步提高境外项目环境管理水平，《指南》鼓励项目采用国际通行标准或中国更严标准开展生态环境保护相关工作，并对企业提出完善内部环境管理体系、鼓励开展清洁生产、加强信息发布等要求，强调企业环境管理主体责任。

5. 我国商务部对境外投资合作有关安全管理的指引

中国商务部对外投资和经济合作司发布的《境外中资企业机构和人员安全管理指南》为境外企业和对外投资的安全保护工作提供了全面的指导。

四、第四阶段：竣工验收

竣工验收是在分项、分部和单位工程验收完成的基础上进行的，是全面考核项目建设工作，检查是否符合设计及合同要求的必要环节。

（一）竣工验收条件

竣工验收条件是指外国公司在尼泊尔承包的项目在竣工验收阶段

需要满足的条件，包括建筑质量、安全、环保等方面的要求，将工程项目按不同的分部工程分成若干里程碑，按里程碑进行结算，当一个里程碑的所有单项工程验收完毕并且所有不合格报告都关闭则认为完成该里程碑。除另有协议以外，所有里程碑完成则认为主体工程具备竣工验收条件，此外还涉及竣工档案以及资料等。

[**案例** 5-13]

上马相迪 A 水电站 2017 年 1 月 31 日完成分部、单位工程验收及移交，2017 年 4 月合同完工验收完成，2020 年 12 月完成竣工验收。竣工验收条件如下：

（1）完成了工程设计和合同约定的各项内容。

（2）参建各方对竣工工程质量进行了检查。

（3）竣工验收各项资料完整。

（4）监理单位具有完整的监理资料，监理单位提出工程质量评估报告，并审核签字。

（5）设计单位对勘察、设计文件及施工过程中由设计单位签署的设计变更通知书进行检查，并提出质量检查报告。

（6）有建设单位与施工单位签署的工程质量保修书。所有分部分项、单位工程完成验收，合同完工验收完成，竣工图纸完成。

（二）竣工验收准备

在竣工验收阶段，外国公司在尼泊尔承包的项目需要进行验收准备，以确保项目的顺利验收。验收准备包括以下几个方面：

一是准备相关的文件和资料，包括项目的设计文件、施工图纸、验收标准、质量检测报告、安全检查报告、环保检查报告等。

二是准备相关的证明材料，包括建筑质量证明、安全证明、环保证明等。这些证明材料需要由当地的相关部门进行审核和认证。

三是进行内部验收，对项目进行全面检查和评估，确保项目的质量、安全和环保符合要求。

四是需要邀请当地的相关部门进行外部验收，对项目进行全面检查和评估，确保项目的质量、安全和环保符合当地的标准和规定。

如果项目存在质量、安全和环保方面的问题，外国公司需要进行整改，确保项目符合要求。

验收前，项目公司/项目部应与业主进行充分的沟通，明确项目验收要求，包括需要业主参与的验收项（如隐蔽工程等）及最终的移交标准等，并将相关要求准确反馈至各分包单位。项目公司/项目部须严格依据设计图纸和有关国家规范标准的要求执行分项、分部和单位工程验收。对于工程隐蔽部分和其他需要中间验收的部位，项目公司/项目部应通知监理在施工过程中进行验收，要注意验收前通知时限。提前通知监理，避开周末、节假日等不利因素。

（三）竣工验收的程序

在尼泊尔开展建设工程，需要遵循《建筑施工工作程序》。在《建筑施工工作程序》中，对建造建筑物的步骤（从向市政当局申请建筑许可证到获得竣工证书）进行了说明。

五、第五阶段：投产运营

（一）项目运营

如果合同中约定由中方公司负责运维，则在验收合格进入投产后，中方公司应立即组织人员开始项目运维工作。而在验收前期，中方公司就应做好相应的运营前期准备工作，如提前招募并培训当地运维人员，管理人员提前进场，提前购置办公和生活家具，做好技术交接等工作。

对于运维模式选择，实践中通常有业主自行运营维护和外部运维商运营维护两种模式。考虑到我国承包企业大多不具备专业的运营维护能力，如果我国承包企业运作投融建营一体化项目，建议承包企业就项目的运营维护聘用有经验的运维商作为自己的运营维护分包商，或者由项目公司直接聘用外部专业运维商对项目进行运营维护，以确保项目在运营期内得到有效的运营、检修和维护，保持项目的持续可用性，进而保障项目投资成本和收益的回收。

（二）保修

由于项目地处国外，工程施工完成交付生产运营后，多数承包商需要撤回国内，保修和后续服务的方式、责任与期限需要在工程合同中明确细化。

在保修期内，承包商方应根据合同约定，成立工程保修组，指定熟悉本工程的技术、施工管理人员作为保修组负责人，配留足够原项目部工作认真、经验丰富、技术能力强、专业齐全的管理人员和作业人员及施工机具，建立工程保修管理制度，及时快捷处理运行中的问题，并做好保修记录。

尼泊尔的工程项目一般按照合同规定，执行相关国际标准。以水利水电项目为例，通用缺陷责任期一般为 1~2 年。缺陷责任期开始前需成立项目质保管理小组，确定责任人，与业主召开质保启动会，介绍双方主要责任人、缺陷处理流程、现有缺陷/未完工作清单以及后续售后服务联系人等，质保小组负责对业主人员日常运行维护工作进行监督管理，并定期组织设备状态分析，判断机组运行状态，对业主人员操作不当可能造成的不良后果，给予及时提醒并做好记录。质保期内发生的问题主要由现场质保小组处理，进行缺陷原因分析及责任界定，属于承包商责任范畴的问题，由现场质保小组直接实施处理；重大问题可根据中资企业相关规定，上报总部组织相关资源处理。对于非承包商原因造成的问题，可根据业主实际需求提供协助服务，与业主签订有偿合同，承包商自己或委托当地分包单位完成处理。

（三）项目后评价

项目后评价阶段是指工程项目的后评价是工程项目竣工投产、生产运营一段时间后，对项目进行系统评价的一种技术经济活动。项目后评价内容主要包括：

第一，影响评价——对项目投产后各方面的影响进行评价。

第二，经济效益评价——对项目投资、国民经济效益、财务效益、技术进步和规模效益、可行性研究深度等进行评价。

第三，过程评价——对项目的立项决策、设计施工、竣工投产、生产运营等全过程进行评价。

中国国内项目后评价一般按三个层次组织实施，即项目法人的自我评价、项目所在行业评价和各级发展计划部门（或主要投资方）的评价。

在尼泊尔投资项目首先应进行项目法人的自我评价，组织项目相关部门编写项目总结，从项目的前期准备到竣工验收，全面系统地总结各个阶段的实施过程，查找问题，分析原因；对项目的工程技术效果、财务效益、经济效益、环境影响、社会影响等进行分析评价，对照项目可研评估结论和主要指标找出变化与区别；对项目目标的实现程度及适应性、项目的持续发展能力及问题进行分析评估，得出项目评估结论，总结经验教训，提出对策。

六、在尼泊尔开展工程的其他注意事项

（一）处理与政府和议会的关系

中资企业与尼泊尔政府和议会沟通中的注意事项如下：

一是遵守尼泊尔国家和地方各项法律法规、各行各业的规章制度、民族和社团的风俗习惯，做到合法注册，守法经营，显示出中资企业和投资者的良好风范。

二是把自己的事情办好，把企业经营好，依法纳税，为当地作出应有的贡献。

三是在上述基础上，与尼泊尔政府、议会有关部门和机构建立正常、友好的关系，以利于更好地调查研究，拓展业务。

[**案例** 5-14]

某中资企业在尼泊尔开展水电站投资项目过程中，十分注意处理好与当地政府的关系。在项目发生自然灾害、出现人员伤亡的情况下，当地警察积极协助维护现场秩序，当地政府协助企业做好善后事宜，事故得到了快速、妥善处理。

（二）妥善处理与工会的关系

尼泊尔党派众多，主要党派均建有所属工会组织。主要党派在外资项目执行过程中实际影响较大。中资企业向来重视妥善处理与尼泊尔各党派的关系。

首先，在选择合作伙伴时，尽量选择有经济实力的合作伙伴，通过利益捆绑实现合作共赢。

其次，在项目执行前，充分了解项目所在地党派（工会）情况，提前做好工作；雇用尼泊尔员工应签订符合法律的合同和协议；在日常的生产经营中要与雇员和工会保持沟通，了解雇员的思想动态，进行必要的疏导，发现问题苗头及时采取有效措施解决；与工会和员工发生矛盾时，应及时沟通，通过直接谈判，解决争端，维护企业正常经营。

[**案例** 5-15]

尼泊尔党派（工会）在当地民众中一般影响较大。某中资企业在项目发生纠纷后，及时通过当地党派（工会）做工作，有效避免了当地劳工的排外心理，纠纷得到了快速解决。

（三）密切与当地居民的关系

发展经济已成为尼泊尔政府和人民的共识，因此当地居民对外国企业总体持欢迎态度。由于地缘、历史、政治、经济、文化、风俗和习惯的关系，尼泊尔政府和人民对中国政府和人民一直怀有深厚的感情，他们认为中国始终奉行平等互利、互通有无、互不干涉内政的原则，是一个值得尊敬的大国。中国人在尼泊尔普遍受到尊敬和支持，和当地人很容易相处。

中国人对尼泊尔人应保持平等和互敬的态度，和平相处，相互支持，合理应对当地居民诉求，维护和发展中尼友谊，促进两国经济的发展。目前，部分在尼泊尔中资企业通过雇用当地人参与在建项目、帮助当地修建道路、组织当地居民与企业人员联欢等方式，为当地居民提供福利，与当地居民建立了良好的关系。

[**案例** 5–16]

2018 年 11 月 23 日，中建七局中标尼泊尔公路改建工程。项目部始终秉持着“品质保障 价值创造”的核心价值观，践行着“诚信 创新 超越 共赢”企业精神，以“拓展幸福空间”为使命，以推动尼泊尔经济发展和改善人民生活为美好愿景，匠心打造、精益求精。项目建成后，将打通城市发展的大动脉，原需 3 个半小时的公路将缩短至 1 小时 45 分钟，便利当地居民交通条件，造福当地百姓。

入驻尼泊尔两年多来，中建七局积极履行社会责任、关爱当地儿童，搭建起共建“一带一路”上的爱心桥。尼泊尔每年都有很多儿童感染登革热等病症，2019 年 11 月起，项目部联合当地红十字会和社区医院，在包括加纳克小学在内的当地学校开展“爱心义诊进校园”活动。活动中，项目部累计帮助 350 余名当地儿童进行了健康体检，并为当地学校捐赠了医疗急救箱和常用药品。

公益活动受到了尼泊尔当地两个国家级电视台的关注，并得到两家电视台的相继报道。参与报道的记者感慨，中建七局不仅带来了优质的基础设施工程，更带来了来自中国的深厚情谊，令人难忘。该事件同时被《人民日报》专题报道。

（四）尊重当地风俗习惯

黄牛、乌鸦、狗、蛇、猴子等许多动物在尼泊尔是神的化身，无论有意无意，伤害了某些动物，都可能导致惩罚。尤其是黄牛，即便阻碍了过往车辆，也不可伤害它们。

尼泊尔存在多种宗教信仰，不同的教徒有不同的饮食习惯，请客吃饭时要注意这一点，避免忌口的饭菜上桌。例如，伊斯兰教徒不吃猪肉，也忌谈猪，在斋月里日出之后、日落之前不能吃喝；佛教徒不吃荤；印度教徒不吃牛肉。

尼泊尔许多家庭都有进屋脱鞋的习惯，到尼泊尔家庭做客，应尊重这一习惯。

不要在当地人面前评论该国政府和人民的弱点，以免伤害他们的自尊心。由于尼泊尔受印度政治、经济和文化的影响较大，涉印的言论应慎重。

（五）承担必要的社会责任

根据尼泊尔法律法规和中尼两国经贸关系现状，中资企业在尼泊尔应承担的社会责任有很多，例如：依法经营，依法纳税，根据不同时期的规定缴纳各种规费；生产和提供消费者满意的产品，不经营假冒伪劣产品；保证雇员工时、安全生产和待遇，不雇用童工；通过培训雇员，为社会培养专业人才；参加各种公益活动，敬老爱幼，扶贫救灾；维护社会秩序、治安，保持良好风气和环境卫生；尊重当地规则、风俗和习惯；为政府提出各种合理化建议。

[案例 5-17]

2014 年 1 月 24 日，尼泊尔中资企业协会组织成员单位为加德满都某高中举办了慈善捐助活动，捐赠物资价值逾 50 万卢比。2017 年 4 月，在尼泊尔发生地震两周年之际，尼泊尔中资企业协会组织成员单位赴地震灾区举办捐赠活动。上述捐助活动在当地均获得了广泛好评，提高了中资企业在尼泊尔良好形象。

新冠疫情暴发后，中资企业积极为尼泊尔捐赠各类防疫物资，提供抗疫基金，为尼泊尔抗疫提供了必要帮助，获得当地广泛好评。

点评：

处理好地方关系是项目得以顺利进行的关键。中资企业要通过梳理社会关系，逐渐与当地社会各主要力量建立良好的沟通机制，并引导他们把自身力量转化为推进项目实施的支持力量，逐渐将形势发展方向牢牢掌控到自己手中。积极履行社会责任就是引导形势转化的有效办法之一。

（六）依法保护生态环境

中资企业在尼泊尔应采取的环保措施有以下几方面：

第一，开办工业企业要主动配合政府进行初步环境审查或环境影响评估；

第二，企业从建立起，就应符合尼泊尔政府的各项环保要求，试图使政府官员降低“门槛”的做法是不可取的；

第三，尼泊尔市区汽车尾气污染严重，企业选址宜远离马路，或采取相应封闭或防护措施；

第四，如果企业设在加德满都等水质不好的地区，应配备水处理设施，或外购饮用水；

第五，根据尼泊尔劳动法要求，要保证企业生产环境符合相关环保要求。

（七）懂得与媒体打交道

尼泊尔媒体五花八门、种类繁多，主流媒体中有代表尼泊尔政府利益的、代表印度等国家利益的，也有代表某些组织利益的。中资企业应充分利用当地媒体的宣传作用，采取积极主动的态度，通过多种媒体渠道宣传企业形象和品牌形象：一是在当地有影响的报纸和杂志上刊登广告。二是针对企业正在发生的重大事件，召开媒体发布会或邀请媒体参与。三是对媒体的询问作出积极的反应，与他们公开坦诚地交流。四是要与媒体和记者、编辑等保持良好的沟通。媒体发布对本企业不利的消息时，最好能事先知道，采取相关预防措施，事后要进行必要的弥补和沟通。

目前，尼泊尔中资企业协会已经与驻尼泊尔新华社、中新社、中国国际广播电台等媒体建立了良好的合作关系，通过多种媒体渠道向尼泊尔社会宣传中资企业形象。

（八）与执法人员打交道

中资企业项目或人员如遇执法部门搜查或拘捕，要保持冷静，不要与执法人员发生争执或冲突，注意保存有关证据，并积极通过法律途径维护合法权益。

尼泊尔中资企业协会自成立以来，多次邀请尼泊尔工业局、劳动局、移民局、税务局等有关执法部门面向中资企业开展讲座、交流等活动，加强中资企业与执法部门之间的沟通与联系，建立了良好关系。

（九）传播中国传统文化

中国传统文化是世界优秀文化百花齐放大花园中的一朵鲜花。随着越来越多中资企业赴尼泊尔开展投资合作，中国传统文化也随之走进尼泊尔。中资企业和人员在尼泊尔开展投资合作过程中应当注重弘扬中国传统文化，与当地开展文化交流。

[**案例** 5-18]

2015 年春节前，中资企业协会组织成员单位制作了精美台历、企业宣传册等，向尼泊尔政府、各个党派以及当地企业发放，宣传企业、送去祝福的同时也弘扬了中国的传统文化。

（十）其他

中资企业在尼泊尔发展和经营还要注意：

第一，如果因为投资可能导致当地同行业企业亏损或破产，最好放弃这一投资，否则可能面临当地同行的排挤和打压；

第二，不要用不正当竞争方式侵犯当地企业利益，否则可能导致对手的报复；

第三，通过合理合法途径降低风险。

Chapter 6

第六章

尼泊尔投资风险和机会分析

一、尼泊尔整体营商环境

近年来，尼泊尔政府着力吸引外资，促进本国经济增长。尼泊尔工业局2019—2020财年统计数据显示，尼泊尔外国直接投资情况有所改善，中国是外国直接投资的最大来源国，其次是印度、英国、韩国和美国。但总体上，尼泊尔仍未能获得大量投资，整体水平疲软。

尼泊尔将付出更多努力来实现吸引外资增长目标。目前在尼泊尔，投资潜力和优先领域是能源、交通、农业、旅游、信息通信技术、采矿、卫生和教育、制造业和金融机构。世界经济论坛《2019年全球竞争力报告》[1] 显示，尼泊尔在全球最具竞争力的141个国家和地区中，排第108位，在南亚地区排名第4位。世界银行《2020年营商环境报告》[2] 及有关数据统计显示，尼泊尔在全球190个经济体中排第94位，南亚地区排名第3位。

尼泊尔总体数字化管理和服务水平较低，政府审批事项大多无法线上办理。

（一）外商投资情况

1. 贸易情况

尼泊尔是世界贸易组织、南亚区域合作联盟、南亚自由贸易区、

[1] 世界经济论坛认为在新冠疫情影响下，更需要对各国如何创新性地构建长期发展的健康经济生态提供新的方法论和指标，因此从2020年起暂停更新《全球竞争力报告》。

[2] 世界银行2021年9月宣布停止更新《营商环境报告》，将研发一个新的投资与营商环境评价体系。

孟印缅斯泰经济合作组织以及其他联合国和国际组织成员，这已使尼泊尔在经济和贸易方面并入世界经济主流。

尼泊尔政府正计划与包括中国和卡塔尔在内的5个国家签署双边投资保护和促进协议，这是尼泊尔政府首次主动提出与其他国家签订双边投资保护和促进协议。此前，尼泊尔已与印度、英国、法国、德国、毛里求斯、芬兰等6国签订该协议。

2. 贸易规模和贸易伙伴

2022—2023财年前11个月，尼泊尔商品出口下降22.7%，至1435.9亿卢比，比上年同期增长53.3%。从目的地看，对印度出口下降32.2%，对中国和其他国家出口分别增长106.7%和9.9%。

2022—2023财年前11个月，尼泊尔商品进口下降16%，至14809.8亿卢比，比上年同期增长27.5%。从目的地看，来自印度、中国等国家的进口分别下降14.8%、17.1%和18.5%。

2022—2023财年前11个月，尼泊尔贸易逆差总额下降15.2%，至13373.9亿卢比。这一赤字比上年同期增加了25%。进出口比率由上年同期的10.5%下降至9.7%。通过可兑换外币从印度进口的商品总额为1384.7亿卢比。上年同期这一金额为2008.8亿卢比。

3. 贸易商品结构

尼泊尔主要出口商品有大豆油、纱线（涤纶、棉等）、羊毛地毯、小豆蔻、黄麻制品、成衣服装等；主要进口商品有石油产品、钢铁及其制品、车辆、机械及配件、电子电气设备、通信设备及配件、黄金、药品等。

4. 吸收外资情况

自20世纪90年代初实行市场经济以来，尼泊尔政府颁布了《外国投资和技术转让法》《工业企业法》《公司法》《投资委员会法案》

等法案，为吸引国外投资提供了依据。根据法令，取消外资最低投资额度限制；允许建立外商独资企业；除个别规定区域外，允许外资在任何区域投资。

根据尼泊尔央行数据，截至2021—2022财年末，尼泊尔FDI存量增长了14.8%，达到2279亿卢比。实收资本是FDI存量的主要组成部分，占FDI存量总额的53.9%，而准备金和贷款分别占FDI存量的31.6%和14.5%。

在尼泊尔FDI存量中，印度以758亿卢比位居榜首，其次是中国（330亿卢比）、爱尔兰（165亿卢比）、新加坡（155亿卢比）、圣基茨和尼维斯联邦（145亿卢比）。

（二）尼泊尔营商环境分析

尼泊尔政府正致力于改善营商环境，健全投资法律体系和规章制度，增强法律程序透明度，落实投资优惠政策，希望吸引更多外国投资。

近年来，尼泊尔优化营商环境最重要的两方面措施是促进跨境贸易进一步发展和推行法规吸引外国直接投资。

1. 促进跨境贸易进一步发展

尼泊尔政府充分理解跨境贸易的重要性，通过增加新的边境口岸和商事制度改革，大幅降低了商品和服务的出入境时间。

尼泊尔正积极推动跨境经济特区的建设，计划自2021—2022财年开始，在毗邻印度的边境地区建立两个跨境经济特区，在与中国接壤的北部地区建立两个跨境经济特区，以构建一个间接促使中国和印度互联互通的经济走廊。

与印度相连的经济特区已经在坎尚普尔的多达拉—柴达里和马朗

的基百里启动了初期工作。在尼泊尔北部，预计的两个与中国相关的经济特区将设立在木斯塘的科拉拉和桑胡瓦萨卜哈的基马森卡。木斯塘的科拉拉位于尼泊尔西北部，对应中国西藏自治区仲巴县里孜口岸。历史上，这里曾经是尼泊尔和西藏的重要往来地之一。基马森卡位于尼泊尔东北部，临近中国西藏自治区定结县。西藏自治区计划将定结县陈塘口岸与69千米外的日屋口岸统筹规划建设，形成“一口岸两通道”的发展模式。

2. 推行法规吸引外国直接投资

近年来，尼泊尔颁布了有利于营商的政策和法律，目的就是充分利用国家和平稳定的政治气氛所创造的机会。政府已经实施了2019年《外国投资和技术转让法》、2019年《公私合作和外国投资法》、2020年《工业企业法》和2019年《经济特区法》，以及其他更多的与投资相关的法律制度和文件，旨在为投资者提供便利化服务并加快其在尼泊尔的投资。现在，与邻近的其他南亚国家相比，尼泊尔在营商环境报告中的排名是令人满意的。

尼泊尔政府修改《外来投资和技术转让法》，拓宽外商在尼泊尔的投资领域，取消外商在投资额度、用地等方面的部分限制，政府期待借助进一步改善投资环境来吸引更多外国投资。

修改后的法案明确水电、交通基础设施、农业、旅游业和民航业为吸引外资的五大重点领域，传统棉纺织业、武器和军火、房地产、网络和媒体等13个行业则禁止外资进入。

海外投资者今后可以投资二级市场，发行债券，进行产权投资，也可以通过扩大在尼泊尔的分支机构进行投资，并允许外资收购在尼泊尔的外资经济实体。

新法案还取消了对外资获得土地面积的限制。对于电力和基础设施等领域的外商投资，政府将提供一定的补助；对在矿产、旅游和民航等行业投资超过 5 年的外商投资，政府将减免一定的所得税。

3. 改善营商环境的其他措施

政府在一系列具体的经济部门都建立了强有力的监管框架并颁布了扶持政策。尼泊尔政府正在积极进行和加强机构改革。工业局设立了“一站式”服务中心，可以从单一窗口为投资者提供便利化的服务。同样，尼泊尔投资委员会在成立后也一直积极努力，通过快速通道模式促进优先领域的外国投资。

一是办理施工许可证。通过简化手续，降低许可证收费，延长在线提交平台的工作时间，使施工许可证办理更简便。

二是获取信贷。通过增设信贷机构的营业网点，使企业更便捷地享受信贷服务。

三是执行合同。采用了新的民事程序法规，该法规确定了法院作出裁决的时间。

（三）外国援助

尼泊尔是世界上最不发达国家之一，多年以来外国援助对尼泊尔经济社会发展一直起着十分重要的作用。目前，尼泊尔近 1/4 的财政预算支出来自国外援款（包括无偿援助和优惠贷款），此外还有大量游离于国家预算之外的非官方援助。尼泊尔接受的外援主要集中在灾后重建、教育、地方发展、医疗、能源、道路交通、饮用水、农业等领域。

为了提高援助效果和促进经济发展，尼泊尔政府要求各援助机构尽量将援助项目纳入尼方财政预算，援助领域与尼方重点发展领域相一致，鼓励各援助机构把更多援助资金用于建设道路基础设施、水电能源开发、建设学校医院及地方政府办公设施等。

尼泊尔财政部发布的《2022—2023财年技术援助声明（双边和多边来源）》报告显示，该财年尼泊尔政府接受的外部援助集中于政策与战略（如财政改革）、医疗卫生、教育、能源电力等四大领域，以及社会建设、地震灾后重建、住房、饮用水、农业、地方发展、道路运输、城市发展等其他领域。

（四）中尼经贸关系

1. 总体情况

中尼建交60多年来长期保持互利友好的经贸关系。双方在贸易、投资、工程承包、经济技术交流等方面积极合作，成绩斐然。

特别是对中国企业来说，尼泊尔是一个非常有吸引力的投资目的地。在政治、经济和文化等各个领域的良好的双边关系是进一步加强两国经济联系和交流的坚实基础。建立在古代联系和现代需求基础上的堪称典范的、顺畅的政治和外交关系，也是扩大双方之间经济合作和关系的有力保障。中国是对尼泊尔直接投资最多的国家，也是尼泊尔的第二大贸易伙伴和第二大旅游来源国。中国的大部分投资都集中在水电、旅游、基础设施和制造业等优先领域，帮助尼泊尔实质性地提高了生产能力。

国有企业是中国企业对尼泊尔直接投资的主导力量，近年来直接投资规模不断扩大，投资总额增长迅速，投资领域也在不断扩大。

2. 双边贸易情况

据中国海关统计，2021年中尼双边货物贸易额19.77亿美元，同比增长67%。其中，中方出口额19.5亿美元，同比增长67.1%；中方进口额0.27亿美元，同比增长63%。但中尼双边贸易额波动较大，双边贸易总额总体呈下降态势。根据中国海关公布的《2023年5月进出口商品国别（地区）总值表》，2023 年 1—5 月，中尼双边货物贸易额 6. 62 亿美元，同比下降 9. 6%。其中，中方出口额 6. 49 亿美元，同比下降 10. 2%；中方进口额 0. 12 亿美元，同比增长 47. 2%。整体来说，中尼双边贸易要实现平稳增长，还需要中尼双方继续深化合作，探索更多增长点。

3. 双向投资

据中国商务部统计，2021 年中国对尼泊尔直接投资流量 4996 万美元。截至 2021 年末，中国对尼泊尔直接投资存量 4. 63 亿美元（见表 6-1）。

表 6-1　2017—2021 年中国对尼泊尔直接投资情况

指　标	2017 年	2018 年	2019 年	2020 年	2021 年
年度流量	755	5122	20678	5226	4996
年末存量	22762	37919	53866	43470	46335

资料来源：中国商务部、国家统计局和国家外汇管理局。

目前，在尼泊尔投资的中资企业主要集中在水电站、水泥厂、饲料厂、家具厂、航空、餐饮、宾馆、矿产、中医诊所、食品加工等行业。由于尼泊尔投资环境存在诸多不稳定因素，中国对尼泊尔的投资尚处于起步阶段，大多数投资的企业是小型私营企业。

2012 年末，中国水电建设集团海外投资有限公司投资的上马相迪 A 水电站（总投资额 1. 6 亿美元，中方占比 90%）和中国水利电力对外公司投资的上马蒂水电站（总投资额 5830 万美元，中方占比 80%）项目在历经多年准备后先后开工，以及藏航与尼泊尔合资喜马拉雅航空公司成立，拉开了国内大型企业在尼泊尔投资的序幕。随着尼泊尔政局趋稳和经济的快速发展，中资企业在尼泊尔的投资规模逐步扩大。

4. 承包工程

据中国商务部统计，2021 年中国企业在尼泊尔新签承包工程合同 34 份，新签合同额 12. 82 亿美元，完成营业额 3. 95 亿美元。累计派出各类劳务人员 999 人，年末在尼泊尔劳务人员 2215 人。

[案例 6-1]

2021 年 7 月 5 日，由中国电建承建的被誉为尼泊尔“三峡工程”的最大水电站——上塔马克西水电站首台机组实现并网发电。该项目地处喜马拉雅山脉南麓海拔 2000 余米的尼泊尔中部，总装机 456 兆瓦，是尼泊尔最大的水电站工程，被誉为尼泊尔“三峡工程”。上塔马克西水电站完工后，将为尼泊尔国内生产总值贡献大约 1%的产值，供国内消费和出口。同时，为尼泊尔提升全国电气化水平和工业用电，推动国家实现绿色发展奠定了良好基础。

该项目于 2021 年 6 月 24 日完工移交。该水电站大坝为混凝土重力坝，坝高 27 米，坝堤总长 100 米，最大有效库容 120 万立方米，引水隧洞长度 8 千米。其中，上压力钢管竖井深 312 米，下压力钢管竖井深 372 米，其深度和难度在该国的水电工程中极为少见，创造了该国最深竖井施工纪录。

二、尼泊尔投资风险分析

得益于极具吸引力的投资政策、独特的战略位置优势以及丰富的自然资源和人力资源，尼泊尔是中国投资者的理想目的地之一。

尼泊尔政府正致力于精简政策、减少官僚障碍，营造有利于外国投资的营商环境。然而，中国企业在尼泊尔发展壮大也面临诸多风险。

以下从政治风险、经济风险、法律风险、社会风险等方面对尼泊尔投资风险进行分析。

（一）政治风险

所谓政治风险是指由于东道国国内政治、社会、法律等因素在国内或国际环境的影响下发生了难以预料的重大变动从而导致投资国企业的利润或经营目标无法持续的可能性。对于该类风险一般的防范措施为：特许权协议必须得到东道国政府的正式批准，并对项目付款义务提供担保；向国家出口信用保险公司投保政治保险。

尼泊尔在政治方面的风险主要表现在以下几方面。

1. 政局风险

尼泊尔三十余年的民主转型中政治稳定性欠佳，政权更迭频繁，十年内战、君主制的短暂复辟、马德西族群运动等对尼泊尔政治稳定造成了严重的负面影响，尽管2008年尼泊尔联邦民主共和国成立后政治体系相对稳定，但政局激烈动荡、政党分化组合致使政府权威和公信力严重受损，政治稳定性改善程度依然不容乐观。

尼泊尔2022年11月举行大选，没有一个政党在众议院获得多数席位。当年12月底，尼泊尔共产党（毛主义中心）主席普拉昌达在尼泊尔共产党（联合马列）等政党支持下就任联合政府总理。2023年2月底，尼泊尔共产党（联合马列）退出联合政府后，尼泊尔大会党加入联合政府。2024年3月初，普拉昌达中断与尼泊尔大会党合作，再次将尼泊尔共产党（联合马列）引入联合政府并改组内阁。

2024年7月1日，尼泊尔共产党（联合马列）与最大反对党尼泊尔大会党达成协议，同意联手组建新联合政府，两党领导人将轮流担任总理，直至2027年举行大选。尼泊尔共产党（联合马列）随后于3

日宣布退出由总理普拉昌达领导的联合政府，并宣布撤销对联合政府的支持。按照尼泊尔宪法规定，普拉昌达政府需在 30 日内重新赢得联邦议会众议院信任投票才能继续执政。12 日，普拉昌达未能赢得信任投票，从而丧失继续执政资格。7 月 14 日，尼泊尔总统鲍德尔任命尼泊尔共产党（联合马列）主席奥利为新联合政府总理，这是他第四次担任尼泊尔总理。

据悉，奥利将执政两年，余下任期由尼泊尔大会党主席德乌帕执政，两党已决定各省政府人员派遣情况。随着省级政府发生变动，反对党可能将在首都等地举行抗议活动，集会敏感高发地点包括狮子宫、议会大厦、杜巴广场、库拉曼奇露天礼堂附近和政党公署周边地区。

企业需要密切关注尼泊尔政局动态和前景，避免卷入政治斗争，尽量弱化政治因素对项目的影响。

2. 政策风险

尼泊尔经历了一段时间的无党派议会，这使得政府和领导层频繁更迭，政治极不稳定，政策制定缺乏连续性、连贯性。此外，决策过程缺乏透明度和问责制。在制定政策时，政府没有听取参与方意见，导致公众和其他参与方之间产生困惑和不确定性，影响政府政策的可信度，并使企业和投资者难以规划和作出正确决策。

尼泊尔不稳定的政治环境和决策缺乏连续性给在该国经营的企业带来了不确定性。政府最新政策动向可能对企业的投资行为造成较大影响，因此企业需要密切跟踪政府政策变化。

3. 地缘政治风险

对尼泊尔来说，对印关系是其最重要的双边关系之一。尼泊尔与印度的关系具有一定的特殊性和复杂性：两国在民族、文化、宗教等方面有很多共同之处，地缘相近，文化相通，但同时两国间又有着很多的矛盾和冲突，如政治上的控制与反控制、经济上的依赖性与自主倾向等。

尼泊尔经济发展落后，民众日常生活需要的大批物资需要大量进口。北面相邻的中国西藏地区工业比较落后，加上喜马拉雅山的阻隔，交通不便，使得印度成为尼泊尔最大的经济伙伴和进出口商品通道。封闭的地缘环境与落后的经济水平形成恶性循环，在一定程度上强化了尼泊尔人对印度的经济依赖。这种经济依赖使尼泊尔在面对印度的经济制裁时束手无策，成为尼泊尔在尼印关系中最大的掣肘因素。同时，印度的影响力在尼泊尔的国内政治斗争中常常起到举足轻重的作用，甚至决定尼泊尔的政局走向。

在全球层面，中美大国博弈背景下，以美国为首的西方国家加紧对尼泊尔进行全方位渗透，试图扰乱中国西南边陲的安全稳定，而在此过程中将无法避免地对尼泊尔政治稳定产生影响。

政治外交领域，美国政府在普拉昌达上台后便迫切释放友好信息以打消尼泊尔对美疑虑，接连派遣美负责政治事务的副国务卿维多利亚·纽兰、美国国际开发署署长萨曼莎·鲍尔访问尼泊尔，以表明对尼外交政策的稳定性和延续性，并在宣传美国价值观的同时敦促尼方在进行邻国外交时保持谨慎，意在拉尼疏华、拉尼制华。

经济领域，尼美 MCC 协议将在未来五年持续发挥作用，其以经济援助的名义推行美式民主，MCC 协议将定期审查受援国家的政策绩效，如若不达标，美国很可能暂停或中止尼美 MCC 协议。MCC 协议本身就是美国推行“反共产主义”政策的延续，在共产党重新执掌尼泊尔政坛的背景下，不排除美国未来以自由、民主和人权绩效未达标为由向尼泊尔政府施加压力的可能。

在军事安全领域，美国战略文件公开将尼泊尔作为其在包括南亚地区在内的亚洲地区推进印太战略的重点，2022 年 6 月，尼美“国家伙伴关系计划”合作协议草案被尼泊尔媒体曝光，根据这一草案，美国犹他州国民警卫队可在尼泊尔商定区域进行驻扎和活动，并与尼军进行一系列联合演练，其目的是使美国在尼泊尔“实现军事存在并扩大地区威慑力”。这一草案一经曝光便遭到尼泊尔朝野上下的一致反对，即使是亲美的德乌帕也决定停止推进该协议。但政府与军队之间协调机制的缺失，可能会使尼泊尔面临卷入美国军事安全联盟的风险。

除此之外，美西方国家及其培植的非政府组织在人权领域、地方选举、民主实践、新闻自由、司法改革等领域对尼泊尔施加影响，通过颁布所谓西藏政策法案、幕后支持“流亡藏人”活动、参观尼泊尔西藏难民营等挑战一个中国原则。

尽管新政府上台后，尼泊尔的对华政策不会发生太大改变，双方合作势头也难以逆转。但不可忽视的是，美国和印度可能通过干扰尼泊尔邻国的参与而对中国企业在尼泊尔的投资项目推进制造障碍。特别是中国在尼泊尔投资多涉及基础设施、能源、机械设备等重大项目的合作，此类项目均具有投资大、成本回收周期长的特点。同时，由于能源的“政治属性”以及基础设施项目具有一定程度上的政治敏感性，更容易受到政治因素的影响。

这都会对我国企业在尼泊尔开展投资产生较大影响，企业在尼泊尔投资或开展合作，应认真进行充分的市场调查和项目可行性研究，慎重决策。

[**案例** 6-2]

地缘政治竞争影响了项目建设进度。尼泊尔是个内陆国，只有中印两大邻国，对外交通运输条件极其有限。2015 年 9 月下旬，印度以安全为由关闭了与尼泊尔的边境口岸，中断物资供应，尼泊尔全国面临燃油等物资短缺的情况。在该国某项目中，作为承包商的上海建工无法再经由海路从印度运输建设器材以及从印度购买一些建设材料。尼泊尔与印度政府就相关问题的磋商与谈判进展缓慢，致使工程进度一再受阻。

4. 征收风险

为吸引外国直接投资，打造良好的营商环境，尼泊尔有着不对任何私人产业实行国有化的政策。该项风险较低。

5. 腐败风险

尼泊尔持续面临腐败挑战，腐败仍然是该国行政体系重要毒瘤。腐败广泛存在于社会各个部门，包括政府、企业和民间。

《2021 年清廉指数》显示尼泊尔良好治理情况在全球排名中相对靠后，尼泊尔滥用职权委员会在 2021—2022 财年收到万余起投诉，尼泊尔政策性腐败也正在上升。普拉昌达上台后，反腐倡廉也成为执政联盟的工作重点，但也被部分媒体认为是政府哗众取宠的政治噱头。

目前政府已采取措施解决腐败问题，例如建立反腐败机构、实施法律改革以及提高公共机构透明度。然而进展缓慢，腐败仍是该国经济发展的主要障碍。

6. 行政效率风险

就政府效能而言，多党执政联盟的公职-政策利益之争将有损政府职能效率，部长的缺席将对相关部门的日常办公和政策制定产生重大影响，下级干部难以在部长缺席的情况下作出重要决定。新政府执政初期接连发生的医生、公交行业大罢工，虽然导火索不一，但本质是政府效率低下，相关政策难以落实，各种问题积重难返所致。

政府机构的许可证和执照办理延误，致使审批流程过长，导致项目启动延迟。造成这种官僚主义的主要因素是尼泊尔复杂且经常重叠的监管环境。各种许可证和执照的审批流程涉及各级政府各个机构，导致企业重复工作、流程混乱和项目延误。

例如，工作签证申请流程漫长。由于参与项目开发工作的外籍人士需要获得多个政府部门许可才能获得工作签证，因此过程变得十分冗长。另外，尼泊尔政府为管理尼泊尔外国投资基础设施项目的外汇风险敞口而制定了对冲条例，由于条款不明确以及不同政府对其角色和责任的混淆，对冲体系仍未能有效建立。

不同政府部门之间缺乏跨部门协调，这是导致尼泊尔工程项目延误和成本超支的主要原因之一。每个政府部门都有各自优先事项、目标与程序要求，这使得基础设施项目在需要多部门审批时难以如期实施。

另外，由于现行法律存在冲突，地方政府和税务办公室经常出现重复要求缴纳房屋租金税的情况。

7. **政府违约风险**

由于频繁的政府更迭，尼泊尔政府不止一次撕毁和外国企业的合作协议，政府违约风险较高，对该国商业环境造成负面影响。

[**案例** 6-3]

2017 年 6 月，时任尼泊尔能源部长贾纳丹·夏尔马与中国葛洲坝集团签署了建设布迪甘大吉水电站项目的谅解备忘录，拟约定以“EPC+F”模式对项目进行研究，并提交技术方案与融资方案，经尼泊尔能源部审核后，与业主协商完成总承包合同的签订。11 月 13 日，在一次内阁会议上，尼方决定撤销该水电站项目。尼泊尔国副总理卡马尔·塔帕在推特上表示，将取消与中国葛洲坝集团合作的价值 25 亿美元的水电站建设项目。一方面，该项目遭遇的困难可能是尼泊尔当时正值大选将临之际，不同政党有各自的选民群体需要加以动员和巩固；另一方面，尼泊尔在大型水电项目建设方面还欠缺具有机制性和约束力的招投标及项目合同执行制度，在实践中容易由于人为因素而导致项目决策的失误，影响到外国投资者在尼泊尔的商业利益。

（二）经济风险

经济风险主要指所在国的经济发展形势、利率、汇率、外汇可兑换性等。该类风险一般的防范措施为：就目前国际金融状况而言，项目融资全部以美元或人民币进行贷款，通过远期外汇买卖、外汇买卖掉期、货币期权等金融工具进行汇率风险的规避。

1. 宏观经济风险

普拉昌达上台后，声称将把恢复经济置于首要位置，但由于对全球经济的负面影响以及尼泊尔国内内部原因带来的挑战，2022—2023财年初期各项经济指标仍然不容乐观，人民生活水平受到持续影响。政府提出保持预算平衡的政策，要在增加资本支出，减少非紧急情况下的支出，加快税收征管，控制税收流失。

2023年8月，尼泊尔央行发布最新宏观经济更新，强调该国经济正在逐步复苏。报告展示了各个部门的积极发展，包括汇款流入、国际收支、外汇储备总额和贸易赤字减少。与此同时，经常账户（包括该国货物和服务的进出口、外国投资者付款以及外国援助等转移）在审查期间录得721.6亿卢比的赤字。与上财年6233.8亿卢比赤字相比，已有很大提升。外汇储备总额显著增长23.1%，从2022年7月中旬的95.4亿美元增至2023年7月中旬的117.3亿美元。该项风险可控。

2. 通货膨胀风险

尼泊尔在2024财年的经济复苏之路可能会很坎坷。虽然旅游业的复苏、汇款的增加和外汇储备的补充对经济来说是个好兆头，但也有一些不利因素可能会抵消这些积极影响。通货膨胀加剧、全球食品价格飙升导致的高度进口依赖、出口下降以及外国直接投资流入减少对经济前景构成威胁。

据尼泊尔央行数据，2021—2022 财年尼泊尔通胀率为 6. 32%。截至 2023 年 6 月，尼泊尔通货膨胀率仍然保持在 6. 83%。2023 年 7 月，零售通胀同比从一个月前的 6. 83%升至 7. 4%，本财年平均通胀率升至 7. 7%，比央行 7%的目标高出 70 个基点。7 月份整体通胀的上升，主要是受蔬菜和蛋白质类食品推动的食品通胀带动。然而占 CPI（消费者价格指数）篮子 11%的“谷物及其制品”的通胀略有放缓。相比之下，7 月份非食品和服务价格同比涨幅从上月的 7. 8%降至 7. 5%。

在 2023 财年，谷物、乳制品、香料、家用消费品、进口商品和燃料价格的上涨以及卢比的贬值对通货膨胀产生了压力。展望未来，全球食品价格的上涨，尤其是食用油价格的上涨，以及原油价格的上涨，可能会对输入型通胀产生影响。该项风险偏高。

3. **外汇风险**

对外贸易与支付风险中很重要的一个风险是外汇风险，2016 年来，尼泊尔卢比兑美元汇率经历了先走高、再走低的震荡过程。

尼泊尔卢比实行的是与印度卢比挂钩的政策，具体表现为：100 印度卢比=160 尼泊尔卢比，因此，印度卢比与美元的汇率波动是影响尼泊尔卢比汇率贬值的主要原因。

首先，尼泊尔对外资的依赖较大，因此特别容易受到外部冲击影响。比如，2013 年 5 月，美联储的“量化宽松”政策使得印度、马来西亚等国的外汇市场大跌。因此，宏观市场环境的变化都会对尼泊尔的汇率造成影响。其次，尼泊尔实行严格的外汇管理制度，大额的用汇需要央行的审批，尤其是外汇汇出的限制较多，实体投资所获得利润汇出需要有工业局等相关部门出具的推荐信和央行的批准函才可以汇出。这些都会加剧投资尼泊尔的外汇风险。

[**案例** 6-4]

某国际公司于 1997 年签约尼泊尔河道防护工程项目，工期两年，合同金额 700 万美元，美元支付比例为 66%（支付外币只有一种），计划从印度进口材料，因此美元的价格指数选择的是印度价格指数，并且调价公式中含有汇率调整因子，签约时 1 美元 = 35.8 印度卢比。在项目实施过程中虽然印度价格指数增加，但由于印度卢比贬值到 1 美元≈40 印度卢比，汇率调整因子 = 35.8/40 = 0.895，公式中的材料调整项乘积结果小于 1，最终该项目调减 30 多万美元。此例业主利用选择指数来源转移风险，如果承包商选择的指数来源不恰当，则会造成汇率调整因子小于 1，出现价格调减的结果。因此，在考虑汇率调整时，承包商不仅要谨慎地选择价格指数来源，还要仔细分析出口国的货币汇率走势，保证价格调整公式计算的结果为调增。

点评：

上述案例可以看出，投标人对汇率的预测失效，导致价格调减。为应对价格调整的隐性风险，风险管理机构应有专人负责长期跟踪目标国的经济状况、政治体制及通货膨胀等影响价格和汇率波动的各个因素，建立价格和汇率风险的动态管理和预警机制，防范风险的发生，为公司创造经济效益。具体对策是：

第一，如果劳务、材料或设备出口国货币呈贬值趋势，则承包商在与业主签订合同时，应争取在价格调整公式中去除汇率调整因子，或者改变劳务、材料和设备出口国，或者在签订承包合同时应争取签订有关保值条款，写明采用某种方式分摊未来汇率风险所造成的经济损失，以规避汇率风险。

第二，在可能的情况下，争取采用多种货币报价，根据实际需要的外币种类和数量，要求业主支付多种外币，这样可减小汇兑风险。

第三，加强对与项目相关的国家的价格指数预测，正确选择指数来源、价格指数类别和数值，对价格涨幅较大的调价项，选择较大的权重系数，以使价格指数与权重系数的乘积最大。

第四，加强对与项目相关国家的汇率的预测，在严格、精确计算工程造价的基础上，预留一定的汇率浮动空间。同时，通过预测，以使价格指数因子与汇率因子的乘积大于1，产生价格调增的效果。

第五，认真研读招标文件，列明要求业主澄清的问题，按招标文件要求的方式提出澄清要求，以便对已经察觉的隐性风险采取恰当的应对措施。

第六，在上述各种方法受到限制时，可向保险公司投保外汇汇率风险保险，当发生汇率损失时从保险公司获得一定程度的补偿，使企业所承担的汇率风险损失相对减小。

4. 融资风险

尼泊尔的项目融资制度需要解决可融资性问题，这对于基础设施融资至关重要，但该国的法律政策目前并不适合银行项目融资制度。尽管法律支持基础设施融资，但政策的不一致阻碍了有效的项目融资。

外资企业可以在当地市场获得贷款。外国投资者可以在当地获得股权融资，但为此，投资者必须根据尼泊尔公司法在尼泊尔注册成立公司并在证券交易所上市。过去几年，银行业一直在努力解决可贷资金短缺问题，这导致贷款利率居高不下。五家尼泊尔商业银行组成的财团向尼泊尔红狮水泥公司提供1.4048亿美元贷款，这已是尼泊尔银行在尼泊尔进行的最大的项目融资之一。

尼泊尔的低资本形成、高利率和低货币供应量使得基础设施项目企业难以在当地获得融资。因此，这些企业不得不向外国银行和金融机构寻求资金。这是因为外国银行和金融机构可以提供更多资金，并愿以更优惠利率放贷。但这会带来额外风险，例如货币汇率波动和对国际金融市场的敞口。尽管存在这些风险，寻求外国来源的融资仍是尼泊尔基础设施项目企业获得所需资金的必要步骤。

5. **贷款审批风险**

政府允许外国投资者利用外国贷款，但在实践中成本和审批程序尚未简化。尼泊尔中央银行颁布的第2078号外国投资和贷款管理细则，允许外国直接投资公司在某些条件下为其母公司提供的贷款支付利息，但是税务机关常常不允许支付此类利息。尼泊尔中央银行对外国贷款施加的利率限制可能是外国投资者在尼泊尔进行贷款投资的一个顾虑。

6. **结算币种风险**。

在我国对尼泊尔投资最常见的水电站建设和运维项目中，结算币种对于贷方以不同于购电协议收益货币提供资金的项目至关重要。这种风险可以通过货币互换合同或将贷款和购电协议收入以相同货币计算来管理。然而在尼泊尔，大多数购电协议都以尼泊尔卢比计价，这对国际银行和投资者构成了重大挑战，因为涉及货币风险较大，他们不愿为此类项目提供资金。

此外，尼泊尔电力局一直不愿以美元签订购电协议，这进一步限制了基础设施项目的融资选择。因此，开发商和贷款人需要采用其他方法来管理货币风险，例如进行复杂的对冲安排，这可能会增加借贷成本并使项目在财务上不可行。缺乏明确一致的货币风险管理政策增加了尼泊尔基础设施投资者的不确定性和风险。

7. 资金汇回风险

尼泊尔允许外国投资者汇回所有利润和股息，以及出售投资筹集的资金，但需要多次批准和延长程序。尽管与外国直接投资流入相比，汇回资金相对较少，但冗长的审批流程可能会阻碍外国投资。

将外国服务提供商提供的服务费用汇回也十分耗时。例如，在尼泊尔水电项目提供的服务费用，只有持有电力开发部（DoED）许可证才能汇回。没有许可证很难向外国服务提供商付款。此外，即便持有许可，仍需向 DoED 提交预提税和增值税存款收据、最终报告、协议、董事会会议纪要等文件。在某些情况下，项目公司已收取所需的服务费，但 DoED 未提供建议（导致预提税和税务局存入的增值税损失）或在很长一段时间后才提供。根据 DoED 的建议，在提交类似文件预提税和增值税存款收据、最终报告、协议、董事会会议纪要等后，需要尼泊尔中央银行进一步批准才能最终汇回此类服务费。在出售股份、支付利息、预付款和特许权使用费后汇回也都存在类似的烦琐过程。

在操作中，尼泊尔政府相关许可机构和监管外汇的尼泊尔央行都必须批准资金汇回。汇回既困难又费时，而且缺乏保障。

（三）法律风险

法律风险主要指涉及土地法、税法、劳动法、环保法、合同法、招标投标法等法律法规的更改和变化所引起的项目成本增加或收入减少等风险。对于该类风险，一般的防范措施如：明确因违约、歧义、争端的仲裁在双方都认可的第三国进行。

1. **法律合规风险**

在尼泊尔承包工程主要受当地的公司注册与合同、劳动用工、税务、环境保护、反贿赂等法律法规的制约。

点评：

合规是对中资企业开展境外经营最基本，也是最根本的要求。我国企业应合法合规合理地开展业务，切勿“走捷径”“打擦边球”。不然不仅会被所在国纳入“黑名单”，遭受经济和法律的制裁，同时也给整体国家形象带来不良的影响。

2. **法律差异风险**

现在尼泊尔的法律体系主要受西方影响，形成了具有西方特色的现代法律体系。其法律来源主要有普通法、大陆法、印度哲学、西方法律哲学和案例法等。尼泊尔的法律渊源与中国不同，因此，两国的工程承包相关法律必然存在较大的差异，中国承包商不能轻易按照国内的法律办事，否则容易招惹麻烦。

点评：

中国企业在进入尼泊尔之前，需要对其法律环境进行全面的了解，最好聘请在大型中资或者华人律所工作的律师作为公司法律顾问。另外，应加强项目法律部门人员对尼泊尔法律制度的学习，建立相应的法律知识信息系统，制定法律差异预防措施。

3. **法律执法风险**

2022 年世界公平项目法治指数显示，尼泊尔在全球 128 个国家中排名第 69 位。从地区来看，尼泊尔在南亚 6 个国家中排名第一。尼泊尔是该地区表现最好的国家，其次是斯里兰卡和印度。该地区得分最低的国家是孟加拉国、巴基斯坦和阿富汗。

此外，尼泊尔缺乏与竞争相关的法律，这导致经常出现不公平竞争和垄断、价格操纵等做法。企业难以保护版权、商标、专利等任何形式的知识产权。与安全和人身健康相关的法律执行不力，使企业及其员工面临盗窃、欺诈和暴力等犯罪活动的风险较高。

4. 合同执行风险

尼泊尔在执行合同方面面临挑战。根据世界银行《2020 年营商环境报告》，尼泊尔合同执行平均耗时 910 天，在 190 个国家中排名第 94 位。投资者要平均等待将近三年的时间才能解决纠纷，这很难有效吸引外国投资。

尼泊尔基础设施项目的成功取决于合同的有效执行和争端解决。然而尼泊尔政府机构在将建筑合同授予第三方承包商后，往往无法履行其业主义务。这种对合同协议中规定的责任和义务的忽视是投资者的主要担忧。

一个常见的例子是，业主在延迟支付已完成工作的情况下，并未向承包商支付延迟导致的额外利息。虽然几乎所有合同都包含此类条款，但几乎所有业主都未履行这一义务。但如果承包商有轻微违规行为，业主会毫不犹豫扣除合同付款，存在明显的不公平现象。

5. 商业纠纷风险

商业纠纷普遍发生在设计、场地管理、赔偿、不遵守合同规定、索赔和违约金等方面。

尽管尼泊尔通过 1999 年的《仲裁法》建立了替代性争端解决的法律框架，但距离真正目标实施差距较大。尽管大多数基础设施合同都有关于在监理、承包商和雇主之间发生争议时进行仲裁的规定，但人们对尼泊尔仲裁有效性提出一些担忧，特别是在仲裁裁决的执行方面。在某些情况下，仲裁裁决在法庭上受到质疑，仲裁裁决在尼泊尔执行难度很大。

尼泊尔法院对基础设施项目的态度是不明确的，其做法常在不考虑深远影响的情况下下达暂缓令以停止项目运营。这种做法导致无限期项目延迟和成本显著增加。此外，处理与合同违约、商业纠纷和发展事务相关纠纷的普通法院缺乏必要的专业知识，也不熟悉与商业、银行、投资和新技术驱动业务相关的法律和政策。

6. 税收法律风险

尼泊尔税收政策被列为外国投资者的主要关注点。尼泊尔的税收制度复杂且通常难以驾驭。税费征收科目众多，给外国投资者带来了很多不确定性。他们不确定自己的纳税义务，更难以遵守各种法律法规。

税法中有关于退还多缴所得税和增值税的规定，税务机关未在规定期限内退还税款的需向纳税人补缴利息。然而，实际操作中，企业按规定获得退税存在诸多困难，延迟退税产生的利息也只是理论上存在，这严重损害了企业的现金流管理，暴露了尼泊尔税收政策的不公平和缺乏吸引力。此外，因为没有统一流程标准，税务官员对纳税人提交的信息经常进行重新评估，常常漫长而烦琐。此外，税务上诉结案程序多耗时长，给企业带来较大负担。

2002 年《所得税法》第 20 条规定的亏损结转被认为是通过国际竞争性招标机制吸引外国公司进入尼泊尔的主要条款之一。为防止项目完工后出现亏损，外国企业可以获得已缴税款退还（连同利息）。但是税务机关没有发布任何程序指南，这给基础设施项目企业获此款项造成困难。尼泊尔政府将基础设施项目列为首要支持行业。然而，为吸引更多资本支持该行业，尼泊尔现有税法亟须精简。例如《所得税法》第 57 条“控制权变更”对股东和实体征税，以防所有权在过去三年内发生 50%或以上的变化，这可视为双重征税机制。此外，虽然尼泊尔已与不同国家签订了避免双重征税协议以促进外国投资，但仍处于实施的早期阶段。

外国投资者一直面临的实际困难之一是增值税法免除了水电项目增值税登记和征收的要求。但水电项目在采购材料、服务等方面仍需要缴纳增值税，导致成本增加。

点评：

尼泊尔在征税方面存在一定的政治和经济风险，需要投资者在考虑进入该市场时审慎评估和规避。

7. **环境法律风险**

尼泊尔的环境问题比较突出，水质、空气质量等方面存在一定问题。企业在投资和贸易中必须遵守尼泊尔的环境保护法规，并进行环保投入，否则可能受到严厉批评甚至被迫退出当地市场。

（四）社会风险

社会风险主要指所在国的社会文化环境、基础设施建设、治安安全、医疗卫生等可能给企业和个人带来财产及人身方面损害的影响因素。这类风险一般的防范措施为：尊重当地风俗习惯，密切与当地居民的关系，做好安保防范措施以及相关风险识别和规划。

1. **基础设施风险**

道路网不佳、电力供应不足、现代通信和技术使用受限、供水和卫生设施不足、储存仓储设施不足等是在尼泊尔开展业务实体的障碍。落后的基础设施一直是尼泊尔经济发展道路上的绊脚石。

点评：

一些项目地点位于偏远地区，这使得将所需的材料和人力资源运送到这些地区十分困难，并且这个问题在雨季会变得更加复杂。

2. **物资采购风险**

尼泊尔工程项目中，物资采购风险较大。原材料缺乏、质量差是尼泊尔基础设施项目建设面临的主要挑战。该国原材料资源有限，大部分必须从邻国进口，昂贵又费时。材料短缺、材料迟交、现场材料损坏、更换麻烦等一直是影响尼泊尔基础设施项目发展的重大问题。这些问题通常会导致工程延误、成本超支和质量低。

此外，尼泊尔中央银行为保护尼泊尔外汇储备而实施的严格进口规定进一步加剧了必要材料和建筑设备短缺的状况。由于这些原因，尼泊尔的基础设施项目被推迟甚至取消，因为在协议中没有价格调整条款的情况下，使用高成本建筑材料会导致巨额亏损。

3. **自然灾害风险**

尼泊尔是自然危害最频发的国家之一。在全球自然灾害指数中，尼泊尔是自然灾害第四大频发国家。它的地震风险排名第 11 位，洪水风险排名第 13 位。

尼泊尔位于喜马拉雅山脉中部，由于印度板块与西藏板块的俯冲作用，地震活跃，各种地质和水文灾害较为频繁。为提高灾害应对能力，减少灾害风险，尼泊尔于 1982 年颁布《自然灾害救助法案》，并于 1993 年成立了尼泊尔国家地震技术协会，对地震风险进行评估，制订了多个国家级减灾计划及抗震建筑设计规范，并通过深入社区教育，提高了人民对地震灾害的认知，旨在通过低成本的手段减少地震灾害的影响。目前，尼泊尔已建立国家、区域、地区和地方 4 个等级的自然灾害应急救援体系，制定了一套灾害风险管理的体制机制。

［**案例** 6-5］

2015 年 4 月 25 日，尼泊尔中西部发生 8.1 级特大地震，地震虽未对上马相迪 A 项目现场造成直接破坏和人员伤亡，但由此引发了周边道路、电话信号、网络、电源、食堂物资供应等中断，当地员工大规模返乡进行抗震救灾等情况，给项目公司的管理、正常运作造成了严重影响。地震发生后1小时内，项目公司就根据中国电建集团抗震救灾相关精神与指示，在公司的统一部署与安排下，立即启动地震应急预案，进行任务分工，实施抗震救灾，并成立了一支以上马相迪A项目公司总经理任队长，由24名35岁以下中尼员工共同组成的“青年突击队”。同时，项目公司立即制订了确保电力供应、通信畅通、道路疏通、油气及生活物资、药品储备的救援计划，开展救灾行动。

根据联合国减少灾害风险2019年报告，自然灾害给尼泊尔造成的经济损失总额中，山体滑坡占32.5%，洪水灾害占21%，火灾占12.5%，雷击占11%。此外，尼泊尔是一个200条冰川中有20条会随时发生崩裂的国家。这种威胁很可能会影响到尼泊尔人民和生活在下沿海地区的数百万人。

对于以户外作业为主的工程行业而言，该项风险为高。

点评：

发生洪水时，慈善机构和政府通常会采取紧急响应和救助措施，例如提供临时住所和食物。政府和国际援助机构应重点加强基础设施建设，加强河堤、水库、天气预报系统和紧急情况下的预警系统。此外，应该为受灾的低收入家庭和被洪水破坏的景区提供补贴。

4. 雨季施工风险

尼泊尔雨季降雨的特点十分明显，主要表现为降雨的不确定性、突发性和降水的频繁性，以及由此造成的山体滑坡、泥石流等地质灾害频繁发生。尼泊尔年均降雨量南部地区约为2300mm，中部约

1500mm，全年90%的降雨集中于雨季，且雨期较长，一般年份雨期自6月开始到9月结束，约占全年有效施工期的1/3。为此，企业应当提前做好雨季工程施工的准备工作，充分重视雨季施工的现场防护，保证工程质量、施工顺利进行和安全生产。

点评：

雨季工程施工主要解决工区积水的排出问题，这对位于尼泊尔山谷区域内的水电站施工现场的积水导排系统和临时排水系统的前期规划提出了较高的要求。此外，厂区、仓储区及住宿区的选址也需要在前期规划过程中进行科学、合理的实地考察后确定，以尽量避免在汛期来临时遭受影响。

所有人员和设备的安置地点应选在地势较高、防潮、避雨并远离陡坡的开阔地带。对于现场地势较陡或地域较为狭窄的地带，应考虑设置临时支护或其他预防滑坡塌方支护措施。雨后应对模板和支撑结构进行严格检查，特别需要注意支撑的底部是否由于降雨积水浸泡而导致松动或沉降现象，以便尽早采取措施。

为保障尼泊尔水电站项目安全度汛，主要应做好防雨、防风、防雷、防电和防汛等工作。基础工程应开挖临时排水沟和坑槽等，在雨后积水区域应设置防护栏或警告标志，以防人员或设备遇险。在深度超过1米的坑槽或基坑处应设置临时支撑，防止雨季频繁降雨时积水对基础的冲刷导致塌陷。

雨季要对机械设备的电源线路进行严格检查和保养，以免雨水进入而导致的短路等情况发生。同时，度汛后的后续工作也十分重要，对雨淋过的建筑原材料，含水量较大的均应晾干后再使用；对暴雨冲刷损坏严重的结构物也应拆除重建；在雨季浇筑的混凝土工程，应在通过相关质量检查合格后方可继续施工。

为厂区和建筑物设计临时排水沟和导流沟，阻止产生现场积水。

雨季强降水以及汛期高水位对电站工程各部分结构的影响是多方面的。对一些可能受雨水影响较大的室外部分工程，在施工过程中应采取相应的有效措施保证雨季工程施工的正常进行。

5. 卫生安全风险

2021 年全球卫生安全保障指数结果显示，尼泊尔在全球 195 个国家和地区中排名 107，指数得分 34，较 2019 年得分下降 1.6。

尼泊尔医疗卫生系统不够完善，卫生环境堪忧，登革热等传染性疾病高发。2019 年尼泊尔暴发登革热疫情，1.7 万人被感染，3 人死亡。2020 年有 530 人感染了登革热病毒，2021 年确诊 540 例登革热病例。据尼泊尔流行病与疾病控制局的统计，自 2021 年 12 月中旬至 2022 年 8 月 29 日的 8 个多月里，尼泊尔共有 2539 人感染了登革热病毒。全国 77 个地区当中的 70 个地区都出现了登革热疫情蔓延的趋势，医院接诊的登革热患者数量持续增加。为了控制疫情，尼泊尔一些地区开始对城市排水系统进行整治，同时清理积水路面，清洁环境，喷洒药物，进行灭蚊行动。

2023 年 1 月 2 日，尼泊尔班克地区次级都市尼泊尔根杰确认暴发麻疹疫情，此前曾有聚集性发热和皮疹病例。确诊后，通过主动病例搜索确定了指示病例，其症状出现于 2022 年 11 月 24 日。2022 年 11 月 24 日至 2023 年 3 月 10 日期间，尼泊尔西部 7 个区和尼泊尔东部 3 个区（主要在德赖生态区）报告 690 例麻疹病例，包括 1 例相关死亡病例（病死率 0.14%）。大多数报告病例为 15 岁以下儿童。虽然麻疹是尼泊尔的流行病，每年都有报告病例，但与前几年相比，这一阶段疫情的规模和程度异常之高。

点评：

麻疹可以通过接种疫苗预防，疫苗能为大多数受种者提供终身免疫力。建议所有前往尼泊尔且无禁忌证的易感儿童和成人接种麻疹等传染病预防疫苗。

6. 治安风险

尼泊尔社会治安总体平稳，外籍人士所遇意外事件多为财物被盗，伤亡案件多为交通事故或极限运动、探险旅游遇险等。

7. 交通安全风险

尼泊尔各主要城市间均有长途汽车服务，但尼泊尔山路崎岖，缺乏必要的建设、维护，公路状况总体较差，道路拥堵，通行时间难以保证。雨季常发生泥石流、塌方等问题，加之尼泊尔车辆状况普遍较差、司乘人员管理不到位等因素，尼泊尔陆路交通意外事故时有发生，并呈逐年上升趋势。

尼泊尔航空意外事故发生率较高，近年来每年均有航空安全事故发生。近 20 年来，已经发生了 17 起空难，累计超过 300 人遇难。一般认为，尼泊尔自然环境恶劣，飞机老旧，地面基础设施不佳，是造成尼泊尔空难频率远高于其他国家的重要原因。尤其是坐落于山区的机场，群山环绕下气候变化无常，机场跑道长度极其有限，每次起飞和降落都意味着一场挑战。并且由于市场较小，缺乏投资和监管，很少有航空公司有意愿购买新机，不得不采用老旧机型，来执行最危险的山区航线飞行。

8. 民俗、宗教风险

尼泊尔曾是世界上唯一的印度教君主制国家。2008 年尼泊尔废除印度教为国教，从封建君主制国家转型为民主共和国，从世界上最后一个“印度教王国”过渡到世俗国家。成为世俗国家以后，尼泊尔不仅受到国内印度教徒的抗议和抵制，而且被国际上印度教民族主义者动员，成为传播印度教民族主义意识形态的主要国家之一。

尼泊尔的印度民族主义者认为，世俗主义是国外的思想，是外国阴谋的产物，旨在尼泊尔多元化宗教团体之间播下分裂的种子。印度民族主义者重新定义“印度教国家”的要求被视为保护尼泊尔文化统一和政治主权的重要手段。

尼泊尔作为印度教国家的标志主要体现在禁止屠宰牛、宗教转换禁令、梵化政策以及支持印度教节日 4 个方面。

2018 年 8 月，尼泊尔通过一项法律，将转变信仰定为犯罪。新修订的民法和刑法重申了对宗教皈依的限制，规定以任何方式鼓励或参与宗教皈依的人都将被定为刑事犯罪，将面临 5 年监禁和 5 万卢比（445 美元）的罚款。任何被认定犯有鼓励或促进宗教皈依的外国人将在一周内被驱逐出境。

除了有 86.2%的居民信奉印度教，尼泊尔国民中 7.8%信奉佛教，3.8%信奉伊斯兰教，信奉其他宗教人口占 2.2%。宗教色彩浓郁，前往尼泊尔投资要注意处理好宗教敏感问题，尊重当地宗教及习俗，加快属地化经营管理。

［**案例 6-6**］

2022 年 10 月 27 日，在尼泊尔中央省马霍塔里区班加哈市的一次宗教游行期间发生社区冲突，造成数十名平民和警察受伤。为防范暴力事件，尼泊尔政府在班加哈、达马普尔、洛哈帕蒂和帕拉里亚实施无限期宵禁和公众集会限制措施。

9. 劳动力市场风险

尼泊尔长期以来一直面临着人才流失的问题，近年来出国工作的人数显著增长。在尼泊尔大多数劳工受雇于非正规部门，其中很大一部分从事农业。很大一部分劳动力由临时工组成，他们的工资与长期工相当，但无法获得相同的福利，更重要的是无法获得相同水平的工作保障。由于缺乏足够的熟练劳动力，外国的技术人员纷纷涌入尼泊尔，在尼泊尔开展技术和管理工作。自2010年以来，受益于劳动力输出，尼泊尔经济增长强劲，但劳动力输出导致该国人力资本存量逐步减少。每年有成千上万的尼泊尔熟练和非熟练人员前往沙特阿拉伯、卡塔尔等国家工作。尼泊尔与这些国家的工资差距巨大，几乎所有尼泊尔工人都愿意出国务工。这导致尼泊尔产业，尤其是农业和建筑业，很难找到足够的工人。

2020年由于新冠疫情引发的封锁措施，同其他国家一样，尼泊尔出现全球和地区供应链阻塞、旅游业崩溃、消费者信心和制造业严重下降的问题。近370万尼泊尔工人在被认为最有可能因疫情而导致经济产出大幅（中度至高度）下降的相关行业谋生。此外，尼泊尔有160万到200万个工作岗位濒临消失，或者工作时间和报酬减少，导致产生大量贫困人口。

在尼泊尔，失业主要是青年人的问题，主要集中在受过中高级教育的人员中。自给自足的农业在种植和收获季节会创造部分就业机会，但并不是全职就业机会，这种不稳定就业状态产生“隐性失业”。由于相关部门没有提供足够的新工作，大多数劳工被迫通过临时性的非正规工作赚取收入，通常是缩短工作时间，以求生存。

与南亚其他国家相比，尼泊尔劳动力面临的主要问题之一是生产率低和相对工资高。

尼泊尔劳动力生产率低体现在：第一，工作时间差异造成效率低下的风险。尼泊尔是一个宗教色彩浓厚的国家，节假日非常多，员工休假也相应较多。很多时候需要进行沟通时，尼泊尔当地已经放假了，造成了跟不上国内事情进度的情况。第二，工作严谨性差异。尼泊尔的整体工作节奏慢于国内，且严谨性不够，导致有些工作只能完成80%，达不到中方标准。给中方人员在尼泊尔当地进行管理造成了困难。第三，专业劳动力缺乏。根据评价，尼泊尔的专业劳动力比重较低，企业雇用专业劳动力的难度较高，在雇用之后，劳动力的素质普遍偏低，从而造成工作效率低下、工作的严谨性不够等问题。

10. 管理风险

管理风险是指在企业因自身管理上的疏忽而导致的风险。在国外开展工程，容易在管理过程中出现水土不服、难以适应的问题。在境外常见的管理风险有以下几种。

一是文化差异风险。由于国别文化不同，跨国企业在管理上可能会遇到不同的思维方式、价值观念、工作习惯等问题，这些差异可能会影响到企业的运营和管理。

二是语言沟通风险。由于语言差异，跨国企业在沟通上可能会遇到障碍，特别是在解释工作要求、协调工作、处理投诉等方面，如果沟通不畅可能会引发误解和纷争。

三是人员管理风险。由于国外员工和管理人员的背景、经验、文化等方面的差异，跨国企业在管理人员时可能会遇到人事管理上的问题，如员工离职率高、员工表现不佳等。

四是信息安全风险。由于网络技术的发展，企业的信息系统面临着越来越多的威胁，包括黑客攻击、病毒感染、信息泄露等，这些威胁可能会对企业的运营和管理造成不利影响。

11. 技术风险

技术风险指对工程项目所在地的自然条件勘察不力和工程实施的技术难度较高等给承包商带来的风险。技术风险主要包括以下几种情况。

一是前期工程资料不准确。前期施工资料，如水文地理等资料是由业主提供的，而业主给的资料可能存在不详尽、不准确情况。中企在境外施工，对尼泊尔的经验不丰富，缺乏相应的了解，前期核实和准备不足容易导致返工风险。

二是对技术规范不熟悉。如中企对当地技术规范不了解，或进入陌生的领域承包工程，对该领域的技术规范不熟悉；或需要采用新的施工方法和工艺，没有适用的技术规范。

三、尼泊尔未来发展预测与投资机会分析

（一）政治前景

自 2008 年普拉昌达担任尼泊尔共和国首任总理以来，尼泊尔在 16 年里更换了约 14 届政府，政局长期处于动荡局面，新政府在确保政治稳定方面仍然面临巨大挑战。

2024 年 7 月 21 日，新总理奥利阐述政府的五大目标，包括完成现有项目、产品本地化生产以替代进口和鼓励企业使用本地材料、继续前任政府的优惠政策、必要时修改预算、消除饥饿等，奥利同时还表示将会严打腐败问题。尼泊尔长期饱受动荡之苦，民众期待新政府能够平稳过渡，使地方经济获得较为稳定的发展环境。

对于尼泊尔而言，无论哪届政府执掌政权，与印度及中国的双边关系始终是其外交议程中的核心议题。尼泊尔致力于在两大邻国间维持微妙的平衡，精心构建外交桥梁，以确保不偏向任何一方而损害国家整体利益。即便在奥利领导下的新政府中，中尼关系亦将秉持既往

的稳健步伐向前迈进，这源于尼泊尔政坛的广泛共识——包括尼泊尔大会党在内的各大政党均与中国维系着坚实且日益紧密的合作纽带。中国则坚持相互尊重主权、互不干涉内政的原则，为尼泊尔各政党的交往与合作提供了坚实的支撑。

然而，随着政治舞台的更迭，尼泊尔未来的政治稳定性面临着诸多不确定性。总理更迭、议会信任危机乃至政府倒台的风险犹存，这些因素都可能引发政局的动荡。联合政府内部权力的微妙平衡、职位的激烈争夺、政策取向与意识形态的分歧，以及国家治理效能与民众期待的错位，均构成了挑战政治稳定的内在因素。

此外，外部势力的影响亦不容忽视。印度作为尼泊尔的重要邻国，其对尼泊尔内政的微妙干预一直是影响尼泊尔政治生态的变量之一。而在全球地缘政治的棋盘上，中美之间的战略竞争也间接波及尼泊尔，美国试图通过外交手段迫使尼泊尔作出选边站队的举动，这无疑为尼泊尔的外交平衡术增添了新的复杂性。

因此，尼泊尔要实现长期政治稳定，关键在于国内各政治力量能够秉持协商民主的精神，增进互信与合作，共同培育出一种成熟稳定的政治文化。同时，坚持独立自主的外交政策，灵活应对外部挑战，特别是要在印度与中国之间保持微妙而坚定的平衡，以维护国家的根本利益与长远发展。

点评：

尼泊尔的政治风险依然存在。一方面，当政府局势方面的不稳定或者整体国际形势不稳定时，可能造成当地社会治安混乱。当地社会治安一旦混乱，居民以及投资者的生命财产安全就难以得到保障。另一方面，政府工作效率情况直接影响到投资者是否能在这个国家有效地进行投资，以及投资者的合法权益是否能够得到保障。同时，如果投资者不能很好地适应当地的法律法规，所投资的企业就会出现水土不服等情况，必将对投资者带来损失。

（二）经济预测

近年来，尼泊尔持续面临经济增长迟滞与政治不稳定的双重挑战，这些困境显著阻碍了国家的全面发展步伐。然而，最新的经济数据显示，尼泊尔在逆境中展现出了一定的经济韧性。

尼泊尔国家统计局近期发布的报告指出，在 2023—2024 财年（2023 年 7 月至 2024 年 6 月），尼泊尔的人均收入水平达到 1456 美元，这一数字较上一财年实现了 51 美元的稳健增长。同时，若以消费者价格指数为基准衡量，尼泊尔的人均国内总收入则为 1434 美元，显示出居民购买力在稳步提升。在经济增长方面，该财年实现 3.87%的 GDP 增长率，经济总量预计达到 5748 万亿卢比，这标志着尼泊尔经济在复杂多变的国内外环境中仍能保持正增长态势。

2024 年 5 月 28 日，尼泊尔政府正式揭晓了 2024—2025 财年的宏伟预算蓝图，总额高达 1.86 万亿卢比，这一举措标志着尼泊尔对未来经济发展的坚定承诺与深远规划。预算优先事项包括：深化经济改革与私营部门发展，通过简化审批流程、降低市场准入门槛、加强知识产权保护等措施，致力于营造更加开放、透明和有利于私营部门发展的营商环境；强化关键领域的工业基础设施建设，针对农业、能源、信息技术及旅游四大关键部门，将重点投入于工业基础设施的建设与升级；促进教育、卫生等社会部门的发展；实施一系列包容性政策与社会保障措施，如提高最低生活保障标准、扩大社会保险覆盖面、加强残疾人就业支持等。

在预算分配上，尼泊尔政府精准施策，将 1.14 万亿卢比专项用于经常性开支，确保国家机器的正常运转与社会服务的持续供给；同时，划拨 3520 亿卢比用于资本支出，旨在推动基础设施建设与产业升级，为经济增长注入强劲动力；此外，3670 亿卢比被设定为财政支出，用于支持政府各项政策实施与公共服务项目的开展。

为确保预算的顺利实施与资金的有效筹措，尼泊尔政府采取多元化融资策略。预计通过加强税收征管与优化税制结构，将从国内税收等渠道筹集到 1.26 万亿卢比，为预算提供坚实的财政基础。同时，尼泊尔政府还将利用内部贷款机制筹集 3000 亿卢比，进一步拓宽资金来源。此外，尼泊尔积极寻求国际合作，预计将获得 520 亿卢比的外国援助，并成功申请到 2000 亿卢比的外国贷款，彰显了其在全球经济舞台上的吸引力与影响力。

尼泊尔新财年预算的核心策略在于“生产驱动发展”，而非单纯的资源分配优化。尼泊尔政府明确表示，将致力于将以往取得的经济成就固化为制度优势，并引领尼泊尔在全球经济版图中灵活应对外部环境的变迁与市场需求的变化。为实现这一目标，尼泊尔政府特别强调了促进国内生产的重要性，例如通过取消洋葱、土豆、苹果等农产品的进口增值税，以降低生产成本，激励本土农业与食品加工业的发展。这一系列措施不仅有助于提升其国内产业竞争力，还能创造更多就业机会，进而实现税收增长与经济繁荣的良性循环。

（三）投资机会

尼泊尔和中国自 1955 年 8 月建立外交关系以来，双边关系长期稳定并始终处于最佳状态。这一关系建立在相互理解、互利共赢的原则基础上，经历了时间的考验，变得更加牢固。在中国国家主席习近平 2019 年访问尼泊尔期间，这一关系已提升成为以促进发展繁荣而保持长久友谊为特色的战略合作伙伴关系。中国是尼泊尔的近邻、可信赖的朋友和可靠的发展伙伴。中国也是尼泊尔最大的投资伙伴之一。

尼泊尔欢迎并期待中国在水电、能源、基础设施、农业、旅游、贸易、教育、卫生、矿山和矿产、信息和通信等国家优先领域进行大量投资。

1. **水电部门**

尼泊尔的能源部门被普遍认为是国家未来经济增长的关键，也是尼泊尔政府实现其发展目标的工具。除了制定发电、输电和配电的量化目标，还要优先考虑农村电气化，并促进电力的有效利用，尼泊尔政府还坚定承诺要进行部门改革，鼓励私营企业参与到这一部门中来。

尼泊尔水资源丰富，有多种水源，包括冰川、喜马拉雅山融雪、降雨和地下水。尼泊尔水电项目的理论发电能力约为 8 万兆瓦，估计其中 4.3 万兆瓦在经济上是可行的。水电是经济增长和经济转型的重要工具。虽然尼泊尔的电力发展历程始于 1911 年，但由于缺乏有效的投资政策协调（包括提供相关的财政激励措施）和建设能力，因此与潜在产能相比，其发电量一直较低。水电行业正在吸引国内外直接投资，以满足需求。

2. **运输部门**

运输部门在加速尼泊尔的社会经济发展、促进贸易、商业和服务业以及保障公众畅通无阻的出行方面发挥着重要作用。

尼泊尔的运输部门亟须发展，而它的地理位置赋予了它巨大的潜力，并为外国投资者提供了机会。由于尼泊尔的地形复杂，公路运输和外国航空是为数不多的几种运输方式中最受欢迎的。

尼泊尔的运输部门贡献了近 9%的国内生产总值，并且以每年 7%的速度增长。尼泊尔国家计划委员会确定了 21 个“国家骄傲项目”，它们将有助于国家的经济发展，其中 10 个项目属于交通基础设施部门。尼泊尔政府计划在特莱地区巴拉县的尼加德修建国际机场。对于中国投资者来说，该机场也是一个极具吸引力的投资项目。

3. **农业部门**

农业部门占国内生产总值的 24.12%，是经济繁荣的支柱。由于农业有助于实现高速和包容性的经济增长，因此，需要用科学的方法来提高产量和效率。

尼泊尔宪法保障人最基本的食物权。考虑到由于各种原因可能出现的粮食和营养危机，有必要对农业进行政策、结构和体制改革，从而实现主要主食、水果、蔬菜、鱼类和肉类产品生产的自力更生。因此，需要对农业进行大量投资，使尼泊尔成为粮食主权国家和独立经济体。这些权利已经载入尼泊尔宪法、体现农业部门总体发展路线图的农业发展战略（2015—2035 年）和可持续发展目标等指导文件。农业发展战略强调农业和畜牧产品的商业化、机械化和多样化，目的是使该部门具有竞争力。同样，要将该部门的资源调动起来，以实现根据可持续发展目标制定的减少饥饿、确保粮食安全和营养以及促进农业可持续化发展的目标。

良好的地理环境和充足的劳动力使尼泊尔在农业生产方面具有相对优势。由于农业部门是 GDP 的最大贡献者，因此尼泊尔政府致力于大力发展这一部门。政府目前正重点关注国内消费和出口的农产品的现代化、多样化、商业化及其营销战略。

4. **旅游部门**

尼泊尔山区的自然美景、重要的宗教目的地及其独有的文化和考古遗产都是尼泊尔旅游业极具潜力的财富。尼泊尔宪法里包含了相关的政策，通过将这些地方作为旅游目的地进行开发，使旅游业发展成为国民经济的关键驱动力。由于旅游业可以增加就业机会、减少贫困和提高人民生活水平，能够为实现经济繁荣目标作出重大贡献，因此旅游业可以被视为对外国投资具有吸引力的一个部门。

尼泊尔文化、旅游和民航部宣布2023年至2033年为尼泊尔的“观光十年”，并分享了最新的旅游复苏行动计划；大力发展旅游基础设施（酒店、餐厅、道路、机场等）；计划新建国际机场；拓展现有旅游产品以及引入新产品，吸引更多不同类型的游客，延长他们在尼泊尔的平均停留时间。

5. 信息通信技术部门

尼泊尔的信息通信技术部门是其发展最快的新兴部门之一，而且未来仍具有巨大的增长潜力。除媒体外，与信息和通信技术部门有关的所有服务都向外国直接投资开放。对于电信，外国投资者可以拥有80%的所有权。尼泊尔政府确定了五大优先出口的服务类别，信息技术和业务流程外包均位居其中。

信息技术具有实现高增长和可观利润的潜力，预计它将成为尼泊尔增长最显著的行业之一。

6. 数字经济部门

近年来，尼泊尔更加重视发展数字经济，希望以此为经济社会发展提供新动能。2019年，尼泊尔政府制定了国家数字经济战略——数字尼泊尔框架，其中包括增加宽带网络覆盖、完善公共数据基础设施、提高网络安全能力、提供更为普惠的网络服务等80项相关倡议和举措。目前，该国移动设备管理系统和国家电子支付系统已投入运营，光纤网络建设正在加快。同时，尼泊尔政府部门和地方机构推出多个手机应用程序，以更好满足民众对数字服务的需求。

2023—2024财年，尼泊尔政府已划拨30.2亿卢比的预算，鼓励初创企业开发国内所需的软硬件。为吸引外资，尼泊尔将外国企业投资信息和通信技术领域的最低资金额度降至2000万卢比，目前其他行业对外资的投资门槛为5000万卢比。政府将继续落实数字尼泊尔框架，通过发展数字经济来缩小数字鸿沟。

7. 矿产部门

尼泊尔位于海拔2500千米的喜马拉雅山脉带的中心，该地带具有适合各种矿产的有利地理条件。尼泊尔近83%的领土位于山区，是一个发展中国家，拥有丰富的自然资源，包括水、矿物、森林、多种农产品以及药用和芳香植物。尼泊尔有着大量的工业和建筑所需的矿物，包括最丰富的石灰石、煤炭、滑石粉、红粘土、花岗岩、大理石、煤炭、黄金以及宝石和半宝石（电气石、海蓝宝石、红宝石和蓝宝石）。此外，尼泊尔还有其他建筑矿物，包括建筑骨料、沙子、砾石、块石、装饰石、铺路石和屋顶石板。尼泊尔已查明的矿物多达63种。现在，80个拥有12种不同矿物的矿山和采石场在运营。其中，29个是石灰石采石场，6个是宝石矿。矿业和矿产产业对尼泊尔国内生产总值的贡献率约为2.4%。矿产地质部负责尼泊尔矿产资源的勘探、挖掘和评估。有兴趣探索这一领域的中国投资者会有很大的机会。

8. 卫生和教育部门

尼泊尔政府致力于向民众提供基本的医疗保健服务，实现全民健康覆盖，并正在推行一项国家层面的社会健康保险计划。政府还致力于改善卫生基础设施并使之现代化，同时提高和升级医生、护士、助产士以及卫生管理和行政人员的能力。政府计划以公私合作的形式提升政府医院的能力，因此投资者有机会参与新医院的运营。

Chapter 7
第七章

工程建设企业合规管理体系建立指南

一、合规管理的内部环境

合规管理是一种风险管理活动，是境外施工企业对业务活动是否遵守所在国（地区）法律、法规、规定、规则、行业自律等的一种鉴证行为。

合规管理的内部环境是其他所有风险管理要素的基础，为其他要素提供规则和结构。内部环境的要素包括：合规管理的目标和基本原则，企业文化和公司战略，管理层的理念和经营风格，公司组织架构及其岗位职责，员工的诚信、道德价值观和胜任能力。

（一）合规管理的目标

建立健全合规风险管理体系，实现合规风险的有效识别和管理，促使境外施工企业全面风险管理体系的建设，确保企业依法合规经营。

（二）合规管理的基本原则

一是客观性原则。合规人员应当依照相关法律、法规对违规事实进行客观评价。

二是独立性原则。合规部门在企业中应当有独立地位，合规管理应当独立于其他各项业务经营活动。

三是专业性原则。合规人员应当熟悉公司业务制度，了解公司内各业务环节的专业知识和业务流程，并准确理解和把握法律法规的规定和变动趋势。

四是公正性原则。合规人员在对业务部门进行检查时，应当坚持统一标准对违规行为及相关风险进行评估和报告。

五是协调性原则。合规人员应当正确处理与公司其他部门及监管部门的关系，努力形成公司的合规合力，避免内部损耗。

六是全面性原则。企业合规管理应覆盖所有境外业务领域、部门和员工，贯穿决策、执行、监督、反馈等各个环节，体现于决策机制、内部控制、业务流程等各个方面。

二、合规管理机构的设置及职责

（一）合规管理机构的设置

企业可根据业务性质、地域范围、监管要求等设置相应的合规管理机构。合规管理机构一般由合规委员会、合规负责人和合规管理部门组成。尚不具备条件设立专门合规管理机构的企业，可由相关部门（如法律事务部门、风险防控部门等）履行合规管理职责，同时明确合规负责人。

1. 合规委员会

企业可结合实际设立合规委员会，作为企业合规管理体系的最高负责机构。合规委员会一般应履行以下合规职责：

第一，确认合规管理战略，明确合规管理目标。

第二，建立和完善企业合规管理体系，审批合规管理制度、程序和重大合规风险管理方案。

第三，听取合规管理工作汇报，指导、监督、评价合规管理工作。

2. 合规负责人

企业可结合实际任命专职的首席合规官，也可由法律事务负责人或风险防控负责人等担任合规负责人。首席合规官或合规负责人是企业合规管理工作具体实施的负责人和日常监督者，不应分管与合规管理相冲突的部门。首席合规官或合规负责人一般应履行以下合规职责：

一是贯彻执行企业决策层对合规管理工作的各项要求，全面负责企业的合规管理工作。

二是协调合规管理与企业各项业务之间的关系，监督合规管理执行情况，及时解决合规管理中出现的重大问题。

三是领导合规管理部门，加强合规管理队伍建设，做好人员选聘培养，监督合规管理部门认真有效地开展工作。

3. **合规管理部门**

企业可结合实际设置专职的合规管理部门，或者由具有合规管理职能的相关部门承担合规管理职责。合规管理部门一般应履行以下合规职责：

第一，持续关注我国及业务所涉国家（地区）法律法规、监管要求和国际规则的最新发展，及时提供合规建议。

第二，制定企业的合规管理制度和年度合规管理计划，并推动其贯彻落实。

第三，审查评价企业规章制度和业务流程的合规性，组织、协调和监督各业务部门对规章制度和业务流程进行梳理和修订。

第四，组织或协助业务部门、人事部门开展合规培训，并向员工提供合规咨询。

第五，积极主动识别和评估与企业境外经营相关的合规风险，并监管与供应商、代理商、分包商、咨询顾问和承包商等第三方相关的合规风险。为新业务的开发提供必要的合规性审查和测试，识别和评估新业务的拓展、新客户关系的建立以及客户关系发生重大变化等所产生的合规风险，并制定应对措施。

第六，实施充分且具有代表性的合规风险评估和测试，查找规章制度和业务流程存在的缺陷，并进行相应的调查。对已发生的合规风险或合规测试发现的合规缺陷，应提出整改意见并监督有关部门进行整改。

第七，针对合规举报信息制定调查方案并开展调查。

第八，推动将合规责任纳入岗位职责和员工绩效管理流程。建立合规绩效指标，监控和衡量合规绩效，识别改进需求。

第九，建立合规报告和记录的台账，制定合规资料管理流程。

第十，建立并保持与境内外监管机构日常的工作联系，跟踪和评估监管意见和监管要求的落实情况。

（二）合规管理部门的设置方式

合规管理部门是负责施工企业合规工作的具体组织和执行部门，依照所规定的职责、权限、方法和程序独立开展工作，负责公司各部门和全体员工的合规管理工作，合规管理部门对公司高层负责。

合规管理部门人员应具备较高的思想素质和法制观念，坚持原则、忠于职守、廉洁奉公、公正无私，并具备相应的专业知识。合规管理部门必须制定相应的人员岗位责任制，明确任务，落实责任。合规管理部门工作人员同样应遵守公司各种规章制度和规定。合规管理部门依据国家及有关部门的法律法规、公司章程、公司内部管理制度和承包合同，在所赋予的权限内，按照所规定的程序和方法，对行为对象进行客观公正的检查监督并提出处理建议。

合规管理部门的设置有如下几种类型（见表 7–1）。每种类型都有各自的优缺点。企业应根据公司业务类型、组织结构、组织资源等因素选择合规管理部门的设置。

表 7-1　合规管理部门类型及特点

序号	类型	特　点
1	合规管理部	在企业内部建立一个专业的合规管理部门，任命首席合规官作为合规管理总负责人。 优点：企业合规管理部门的独立性强，合规团队专业能力强，合规工作也做得相对专业。 缺点：要求企业投入大量的资金、人力等资源；对合规管理人员职业技能要求高，既要懂合规专业知识，又要懂具体的业务知识；合规管理部门与其他部门之间的沟通协调能力也要求较高。
2	法务合规部	把法务部或者法律事务部的管理职能与合规部门管理职能统一到法务合规部门职能之中，由法务合规部对企业的法律事务工作和合规管理工作进行统一管理。 优点：部门设立相对容易，投入成本相对较低，公司在设立合规管理部门时可以利用公司现有的法务部门的资源，因为大多数公司在成立合规部之前都有法务部门。另外，合规管理工作与法务部工作配合容易，因为合规管理部门有效开展工作的前提须对外部法律法规、监管等规定有正确的理解，在一个领导之下，合规管理部门与法务部门之间的沟通也相对顺畅。 缺点：按照这样的方式设置合规管理部门，开展工作时与其他部门的沟通协调要求较高，需要合规管理部门与业务部门密切配合，对合规管理人员职业技能要求高，既要懂合规专业知识，又要懂具体的业务知识。
3	审计合规部	合规部与审计部结合形成审计合规部。 优点：便于企业对合规风险进行管理，企业可以通过较少的投入达到合规管理的目的。 缺点：独立性不强，适用于业务单一且面临合规风险较低的企业。以生产汽车为主的北京奔驰汽车就采用了该类型。

续 表

序号	类型	特　点
4	风控合规部	融合了公司治理、风险控制与合规管理。 优点：大大提升了合规管理部门整合公司资源的能力，有很强的独立性，方便了合规部门与风险管理部门的沟通，合规部门在合规风险评估时可以和风控部门结合起来共同开展工作，实现风险管理工作成果共享。 缺点：对合规部的领导力提出了很高的要求，同时也需要企业提供较多的资源支持，还需要与法务部门等其他部门加强沟通，平衡业务与合规风险管理的关系。
5	其他	具体根据公司业务类型、组织结构、组织资源而定。 如英国石油公司（BP）在集团层面设置“道德与合规部”进行合规管理，同时配以法律各领域专家提供日常的法律专业支持，来保证 BP 各部门的合规专业有效运行。 BP 公司除了在道德与合规部门工作的全职合规工作人员之外，在每个业务与职能部门及其每一个下属地区部门，都有一位部门领导兼任本部门的“道德与合规联络人”。其职责是确保各项合规制度在本部门的有效实施，并且就日常工作中的合规问题进行处理和解答。这种安排能够有效提高本部门领导的合规意识，高效率解决日常合规问题。

三、企业内部的合规管理体系

（一）董事会的合规责任

董事会作为决策层应以保证企业合规经营为目的，通过原则性顶层设计，解决合规管理工作中的权力配置问题。

董事会负责企业整体风险的预防和控制，审核、监督公司风险控制制度的有效执行，可以下设合规与风险管理委员会，负责对企业国内施工承包及境外施工经营的风险控制及合法合规进行审议、监督和检查，草拟企业风险管理战略，评估企业风险管理状况。

董事会对企业的合规管理承担最终责任，履行以下合规职责：

①审核批准合规政策，监督合规政策的实施，并对实施情况进行年度评估。

②审核批准公司年度合规报告，对年度合规报告中反映出的问题，采取措施解决。

③根据总经理提名决定合规负责人的聘任、解聘及薪酬事项。

④决定公司合规管理部门的设置及其职能。

⑤保证合规负责人独立与董事会、董事会相关委员会（如审计委员会或者其他专业委员会）沟通。

⑥公司章程规定的其他合规责任。

（二）监事会的合规责任

为了完成合规监督职能，监事会不仅要进行会计监督，而且要进行业务监督。不仅要有事后监督，而且要有事前和事中监督（即计划和决策时的监督）。监事会对经营管理的合规方面监督包括以下方面：

一是对企业董事、总经理和其他高级管理人员执行公司职务时违反法律、行政法规或者公司章程的行为进行监督并有权通知他们停止其非合规行为。

二是随时调查企业的合规执行状况，审查合规体系文件、合规记录和合规报告，并把审核意见向董事会报告。

三是当监事会认为有必要时，一般是在企业出现重大问题时，可以提议召开股东会。

（三）管理层的合规责任

企业的高级管理层应分配充足的资源建立、制定、实施、评价、维护和改进合规管理体系。

管理层人员应当熟悉工程建设相关法律、行政法规及国际性组织的监管要求，依法合规、勤勉、审慎地行使职权。管理层人员应当维护企业的统一性和完整性，在其职权范围内对企业经营活动进行独立、自主决策，不受他人干预，不得将其经营管理权让渡给股东或者其他机构和人员。

管理层人员应当根据企业经营环境的合规要求，督促和落实合规责任体系的建立和运行。

管理层人员应当构建企业自身的合规文化，保持企业内部机构和人员合规责任体系、合规报告路径的清晰、完整，不得违反规定的报告路径，防止内部责任体系、报告路径和内部员工之间出现割裂的情况。

（四）合规管理部门的合规责任

①协助领导构建企业合规管理体系，制定、修订企业的合规手册和其他合规风险管理规章制度。

②起草年度合规管理计划。

③主动识别、评估、监测和报告合规风险。

④负责各项具体合规工作方案的拟定，使合规工作顺利展开。

⑤起草合规报告。

⑥参与新业务的开发，识别、评估合规风险，提供合规支持。

⑦违规事件的调查处理，起草违规处理决定。

⑧梳理企业内控流程，提出相关改进建议。

⑨审查企业内部管理制度、业务规程，提供合规改进建议。

⑩组织合规培训并向企业员工提供合规咨询服务。

⑪跟踪法律法规、监管规定和行业自律规则的变动、发展，并根据其有关要求提出制定或者修改企业内部规章制度的建议。

⑫相关辅助性工作和领导指派的其他工作。

（五）合规管理的主要内容

企业应以倡导合规经营价值观为导向，明确合规管理工作内容，健全合规管理架构，制定合规管理制度，完善合规运行机制，加强合规风险识别、评估与处置，开展合规评审与改进，培育合规文化，营造重视合规经营的企业氛围。

1. 合规管理的主要活动

合规管理旨在构造企业监督系统，对企业的决策系统、执行系统进行全程、动态的合规监控，监控的对象覆盖企业经营管理的全部内容，主要包括：

①定期学习法律、法规，传达监管要求，打造企业合规文化，提高员工合规意识。

②审核业务合同，各部门的制度和工作流程。

③依据合规要求，检查和评估日常经营管理活动的合规性。

④梳理整合各项法律法规、规章制度，开展合规培训。

⑤为新的承包合同提供合规支持。

⑥开展法律咨询，协同处理企业法律纠纷及其投诉。

2. 合规文化

合规文化建设是合规风险管理的一部分，同时也是企业文化建设的一部分。如果企业上下所有员工都严格遵守高标准的道德行为准则，那么该合规风险的管理是最为有效的。

在企业内部要形成浓厚的合规文化，做到人人合规。所有员工都要有足够的职业谨慎、具有诚信正直的个人品行以及良好的风险意识和行为规范。企业内部要具有清晰的责任制和问责制，以及相应的激励约束机制，形成所有员工理所当然要为自身从事的职业和所在岗位的工作负责任的氛围，进而逐步形成工程建设企业的合规文化。企业加强合规文化建设应从以下四个方面努力：

第一，管理层的重视。

第二，全员合规理念的建立。一定要改变钻政策空子、打擦边球的观念，消除侥幸心理。

第三，合规部门与其他部门的配合、信息交流，实现资源共享，协同作战。

第四，合规考核机制的有效落实。

3. 合规政策

合规政策是企业体现合规理念，培育合规文化，制定实现合规目标的纲领性、指示性的文件，对企业开展合规工作提出了原则性要求。其内容包括：

（1）合规政策的制定。企业的高级管理层（合规委员会）负责制定书面的合规政策，并根据合规风险管理状况和法律、规则、准则，以及项目所在地的政策、宗教和文化环境的情况适时修订合规政策，经董事会审议批准后传达给全体员工，定期评价各项合规政策和执行状况；若发现重大的合规问题，管理层必须立即向董事会汇报。

（2）进一步明确合规管理部门的职能。为确保合规管理部门能在公司合规管理中充分发挥作用，对合规管理部门的责任至少应明确：①合规管理部门的功能和职责；②合规管理部门的权限；③合规负责人的合规管理职责；④保证合规负责人和合规管理部门独立性的各项措施，包括确保合规负责人和合规管理人员的合规管理职责与其承担的任何其他职责之间不产生利益冲突等；⑤合规管理部门与其他部门之间的协作关系；⑥设立分支机构合规管理部门或项目部合规管理部门的原则。

（3）合规政策的落实。

①高级管理层：负责贯彻执行合规政策，确保发现违规事件时及时采取适当的纠正措施，并追究违规责任人的相应责任。

②企业职能部门及各项目部：遵循企业合规政策，研究制定本部门或本项目决策和运作的各项制度流程并组织实施，定期对本部门或项目的合规风险进行评估，对其合规管理的有效性负责。

③合规管理部门：作为合规风险的日常管理部门，主要负责识别、评估和监控合规风险，并向管理层和董事会提出合规建议和报告。

4. 合规审核

通过审核，对于外部监督可能发现的问题及时自查自纠，以减少企业损失，避免可能受到的处罚。

合规审核的程序一般包括：制定合规审核机制、合规审核调查、合规审核评价，具体内容见表 7-2。

表 7-2　合规审核的程序及内容

程序	内　容
制定合规审核机制	制订合规审核计划，需要列出审核的目标、步骤和流程。
合规审核调查	合规人员开展内部合规审核时，可能出现内部人员不配合，刻意隐瞒实情的情况，需要合规部门人员进行审核调查，但审核调查手段不能干扰企业或项目的日常运作。
合规审核评价	合规审核工作需要进行阶段性的评估，可以由内部或外部人员进行，最终目的是改进合规部门的工作。

5. 合规审计

企业合规管理职能应与内部审计职能分离。企业审计部门应对企业合规管理的执行情况、合规管理体系的适当性和有效性等进行独立审计。审计部门应将合规审计结果告知合规管理部门，合规管理部门也可根据合规风险的识别和评估情况向审计部门提出开展审计工作的建议。

6. 合规检查

合规检查的主要对象是制度、程序和流程的执行情况，合规检查主要看企业各个层面，特别是施工项目部是否落实了合规要求，检查要点：

一是企业各个层面是否按照相关法律法规和企业章程的规定履行职责，合规记录是否真实、准确、完整，是否按规定存档。

二是合规问题的整改情况及违规责任人的处理情况。

三是风险管理制度是否涵盖了不同风险控制环节。

四是其他需要检查的内容。

7. 合规培训

企业应将合规培训纳入员工培训计划，培训内容随企业内外部环境变化进行动态调整。境外经营相关部门和境外分支机构的所有员工，均应接受合规培训，了解并掌握企业的合规管理制度和风险防控要求。决策层和高级管理层应带头接受合规培训，高风险领域、关键岗位员工应接受有针对性的专题合规培训。合规培训应做好记录留存。合规培训的内容包括但不限于：企业内部的员工守则和各项业务的合规制度、国际商业公约及项目所在国特定的合规要求、境内外合规案例警示教育。

8. **合规汇报、举报与投诉**

合规负责人和合规管理部门应享有畅通的合规汇报渠道。合规管理部门应当定期向决策层和高级管理层汇报合规管理情况。汇报内容一般包括但不限于合规风险评估情况，合规培训的组织情况和效果评估，发现的违规行为以及处理情况，违规行为可能给组织带来的合规风险，已识别的合规漏洞或缺陷，建议采取的纠正措施，合规管理工作的整体评价和分析等。

如发生性质严重或可能给企业带来重大合规风险的违规行为，合规负责人或合规管理部门应当及时向决策层和高级管理层汇报，提出风险警示，并采取纠正措施。

企业应根据自身特点和实际情况建立和完善合规信息举报体系。员工、客户和第三方均有权进行举报和投诉。企业应充分保护举报人。

合规管理部门或其他受理举报的监督部门应针对举报信息制定调查方案并开展调查。形成调查结论后，企业应按照相关管理制度对违规行为进行处理。

企业各层级人员对违规行为应有制止的义务，企业应有合规投诉处理的渠道和制度，合规投诉处理的流程为：接收、审议、改进、反馈。合规投诉处理的措施包括：

第一，建立合规投诉渠道。

第二，建立合规投诉的管理办法或处理流程等制度，其中建议含保密、奖励等内容。

第三，规定相关处理极限范围、处理流程与时限等。

9. 合规考核

合规考核应全面覆盖企业的各项管理工作。合规考核结果应作为企业绩效考核的重要依据，与评优评先、职务任免、职务晋升以及薪酬待遇等挂钩。

境外经营相关部门和境外分支机构可以制定单独的合规绩效考核机制，也可将合规考核标准融入总体的绩效管理体系中。考核内容包括但不限于按时参加合规培训，严格执行合规管理制度，积极支持和配合合规管理机构工作，及时汇报合规风险等。

（1）建立考核目标。企业应在相关部门和各层级建立合规目标作为考核依据。

企业策划如何实现合规目标时，应确定：做什么，需要什么资源，谁负责，何时完成，结果如何评价。

（2）建立员工合规操守考核制。建立包括合规操守、合规业绩考核在内的绩效管理体系。每年初根据境外企业项目建设和生产经营的实际情况，制定考核指标并与主要负责人签订责任书，采取“月度通报、季度考核、半年小结、年度清算”的考核机制，年底根据完成情况进行考核，合规业绩考核结果与企业工资总额、领导班子成员年薪和领导班子成员任职评价“三挂钩”。通过加强合规绩效考核，充分调动企业合规经营的积极性，促进资产的保值增值。将考核结果纳入年度绩效考核，与绩效工资挂钩，以增强员工合规意识，确保员工日常行为合规。

（3）建立违规问责制度。对于发现的违规事件，要严格认定和追究违规行为人的责任，并采取有效的纠正措施，及时优化经营管理流程和修订相关规章制度，切实消除违规事件产生的负面影响。

10. 合规评价

企业应定期对合规管理体系进行系统全面的评价，发现和纠正合规管理贯彻执行中存在的问题，促进合规体系的不断完善。合规管理体系评价可由企业合规管理相关部门组织开展或委托外部专业机构开展。

企业在开展效果评价时，应考虑企业面临的合规要求变化情况，不断调整合规管理目标，更新合规风险管理措施，以满足内外部合规管理要求。

（1）建立法律法规及其他要求适用表。

①合规性评价的基础工作是建立适用的法律、法规及其他要求清单。

②合规渊源，包括：立法机构和监管机构的法律、规则和准则，市场惯例，行业协会的行业规则，内部职员行为准则，诚实守信和道德行为准则。

③合规渊源的获取渠道。

（2）建立法律法规及其他要求合规性评价表。建立法律法规及其他要求合规性评价表的原则和方法。

（3）进行合规性评价。

①归口管理部门；

②评价频次；

③评价人员；

④评价依据；

⑤评价内容；

⑥评价记录；

⑦不合规处置。

（4）提出改进方法。

①企业合规性评价和改进建议表。

②撰写企业规章制度的修改建议书，应注意：如果企业的规章制度体系文件与现行的法律法规有冲突，则必须对规章制度体系进行修改；应通过与有关部门的沟通，了解企业规章制度这样规定的原因，并探讨有无可能提出既合乎技术原理又合乎法律法规的方法；在建议书中，必须写明既有文件的哪一部分与法律法规存在冲突，并给出修改意见。

四、合规管理中的风险控制方法

合规风险是指企业或其员工因违规行为遭受法律制裁、监管处罚、重大财产损失或声誉损失以及其他负面影响的可能性。

合规管理部门应深入调查，梳理各操作岗位的工作规程，研究各岗位原有的内控风险、管理体系风险及法律风险，针对各环节隐藏的或者有可能发生的合规风险进行系统排查，并梳理成全面的合规管理风险。参照国家的法律法规、有关政策和行业标准规范，结合企业实际运营的情况，整理各业务领域需要遵守的法律法规和其他标准，结合上述排查的合规管理风险，细化业务操作标准，量化要求。之后，强调风险提示，列出哪些岗位会出现风险操作、风险级别、业务流程环节中容易出现风险的操作点以及风险控制措施，以便于业务操作人员在工作中能够有意地避开风险操作点，增强风险意识，加强自身责任感。这是企业达成合规要求，实现合规经营的根本策略。

整个风险管理过程是一个闭环系统（见图 7-1），随着风险应对策略的实施及风险监控过程中内外部环境或工作内容的变化，风险会出现许多变化。这些变化的信息可及时反馈，新的风险识别就能及时对新情况进行风险评估和分析，从而调整并实施风险应对策略。这样循环往复，保持风险管理过程的动态性，就能达到风险管理的预期目的。

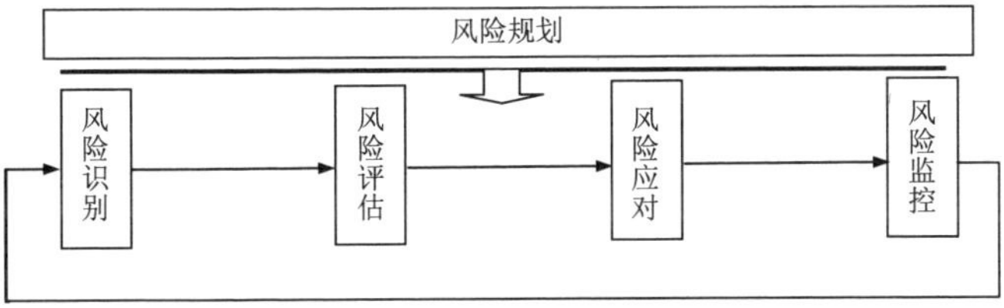

图 7-1 企业风险管理的全过程

（一）风险规划

风险规划是定义如何实施合规风险管理活动的过程，合规部门应该根据企业的业务类型、实施环境和人员特点，制订风险管理规划文档，即风险管理计划。该计划要与业务内容（如所承包的项目类型、项目战略优先级等）对企业和其他相关方的重要程度相匹配，其中特别需要注意的是业务（如工程项目承包）实施过程中关键相关方（如工程所在地政府、业主及企业自身领导层）对合规风险的容忍程度。

风险规划的内容应包括：

①确定合规风险管理的领导者和团队，明确其职责；

②确定合规风险管理活动所需资金及应急储备和管理储备的使用方案；

③确定在项目生命周期中实施合规风险管理过程的时间和频率；

④确定合规风险的分类方式和风险分解结构；

⑤记录各相关方的风险偏好度和风险临界值；

⑥根据具体的项目对风险的概率和影响进行定义；

⑦风险登记册、风险报告以及项目风险管理过程中的文档要求和内容格式等。

合规风险管理活动应纳入日常工作范畴，是合规管理工作的最重要组成部分。同时，企业应在合规风险规划阶段对各类相关人员做好合规培训工作。培训对象及内容见表 7-3。

表 7-3　合规培训对象及内容

序号	培训对象	培训内容
1	企业高层、高级合规官	建立企业合规管理体系
2	合规管理团队成员	合规管理团队的职责、应知应会等
3	从事境内经营的工程建设企业所有人员	境内合规要求、制度
4	从事境外经营的工程建设企业所有人员	境外合规要求、制度

可采取现场培训、书面培训、网络培训相结合的形式，由合规管理部门制订年度合规培训计划，由各业务部门提出培训需求，以工作的实际需要为出发点，与岗位紧密结合，根据年度培训计划、国家政策法规的变化及企业业务发展需要实施培训，有计划、有目的地组织

各种形式的合规培训，强化合规经营理念。

（二）风险识别

企业应当建立必要的制度和流程（风险规划），识别新的和变更的合规要求。企业可围绕关键岗位或者核心业务流程，通过合规咨询、审核、考核和违规查处等内部途径识别合规风险，也可通过外部法律顾问咨询、持续跟踪监管机构有关信息、参加行业组织研讨等方式获悉外部监管要求的变化，识别合规风险。

企业境外分支机构可通过聘请法律顾问、梳理行业合规案例等方式动态了解掌握业务所涉国家（地区）政治经济和法律环境的变化，及时采取应对措施，有效识别各类合规风险。

企业的合规风险识别工作应在整个经营过程中持续开展，并根据环境和业务特性的变化不断更新风险内容。

具体工程项目上的风险识别应以企业已识别的合规风险为基础，结合项目特性、所在地的环境（包含自然环境、社会环境、管理环境和作业环境）等因素，在合规管理部门的配合下，一同开展合规风险的识别。

可使用头脑风暴、核对单、访谈收集与风险相关的信息，通过根本原因、假设条件和制约因素、各种文件和 SWOT 等分析风险及其来源，召开专门会议讨论和完善风险的识别。具体识别风险的方法见表 7-4。

表 7-4　常见风险识别方法

名称	方式	说　明
调查法	访谈	约访专家、工程管理人员，或通过实地观察走访等识别潜在的风险。
	专家会议讨论	通过成立风险管理专家小组，召开会议，利用其专业知识和经验识别潜在的风险。
头脑风暴法	自由联想讨论	组织一群人自由联想、讨论，发表自己的观点或看法，互不强制干预对方。
核查法	核查表	将之前相似项目发生过的风险归纳总结列成清单，核查拟建项目是否存在该类风险。
分解法	工作分解法（WBS）	将复杂的整体工程进行系统分解（单项工程-单位工程-分部分项工程-工序），分析潜在的风险和损失。
	风险分解法（RBS）	将整个工程的风险从不同的方面或层次分类，再将大类风险分解为具体的子风险。
	WBS-RBS	将复杂的工程工作和风险分别分解成简单、易于理解的基本单元，再将其耦合形成 WBS-RBS 矩阵，找出可能的风险因素。
情景分析法	场景假设	设想同一环境不同情境下可能出现的风险和其带来的损失。
假设条件和制约因素分析	实施条件审查	每个项目及其项目管理计划的构思和开发都基于一系列的假设条件，并受一系列制约因素的限制。开展假设条件和制约因素分析，来探索假设条件和制约因素的有效性，确定其中哪些会引发风险。从假设条件的不准确、不稳定、不一致或不完整，可以识别出威胁，通过清除或改变会影响项目或过程执行的制约因素，可以创造出机会。

续　表

名称	方式	说　明
流程图法	流程图	将项目划分为连续的作业流程，再将各个作业流程划分为若干个具体板块，分析各板块中潜在的风险。
SWOT 分析	多维度进行分析	对项目的优势、劣势、机会和威胁进行逐个检查。
文件分析	历史资料分析	通过对企业或项目以往文件的结构化审查，可以识别出一些风险。可供审查的文件包括计划、假设条件、制约因素、以往项目档案、合同、协议和技术文件。

1. 合规风险识别的领域

企业识别、分析和评估合规风险可以从重点领域、重点环节、重点人员三方面考虑。

重点领域：市场交易、商业伙伴、安全环保、施工质量、劳动用工、财务税收、知识产权、反腐、诚信与反贿赂。

重点环节：重要决策事项事前合规审查。境外施工重大决策、重大合同、大额资金管控、境外子企业公司治理等。

重点人员：管理人员、高风险岗位、海外人员。

2. 合规风险识别的框架

全面识别合规风险的一个良好方法是通过风险分解（RBS）建立合规风险识别框架。

合规风险 RBS 建议，参见表 7-5。

表 7-5 不同类型风险需合规的内容或风险点

类　别	需合规的内容或风险点
国际条约、惯例和协议合规风险 相关的规定主要来自联合国（UN）、国际劳工组织（ILO）、世界知识产权组织（WIPO）、国际标准化组织（ISO）、社会责任国际（SAI）、国际商会（ICC）、世界银行（WB）、石油输出国组织（OPEC）等	·合同管理：FIDIC 条款、NEC 合同条款、JCT 合同条款、AIA 系列合同条件等； ·劳工权利：《国际劳工组织宪章》、《建筑业安全和卫生建议书》、《1990 年夜间工作公约》、SA 8000 等； ·知识产权：《保护工业产权巴黎公约》《专利合作条约》《世界版权公约》等； ·环境保护：《生物多样性公约》《控制危险废物越境公约》《联合国气候变化框架公约》《巴塞尔公约》等； ·财务报告：《COSO 全面风险管理框架》《COSO 内部控制整合框架》等； ·国际贸易：《国际贸易术语解释通则》《商业跟单信用证统一惯例》等； ·诚信与反贿赂：《世界银行诚信合规指南》《海外反腐败法》等； ·……
国家（地区）性合规风险	·美国的《海外反腐败法》《针对机构实体联邦量刑指南》《萨班斯-奥克斯利法案》； ·美国的“长臂管辖”司法判例； ·所在国出于国家安全和国家利益作出的行政决定；如美国把华为公司列入出口管制“实体名单”； ·所在国及地区出入境相关规定； ·驻所在国使领馆的规定和要求； ·……

续　表

类　别	需合规的内容或风险点
宗教、文化和习俗合规风险	·基督教； ·伊斯兰教； ·佛教； ·当地的其他教派和习俗； ·……
国内施工企业涉及的主要法律、法规合规风险	1. 法律 《中华人民共和国建筑法》《中华人民共和国安全法》《中华人民共和国消防法》《中华人民共和国合同法》《中华人民共和国招标投标法》《中华人民共和国土地管理法》《中华人民共和国城乡规划法》《中华人民共和国环境保护法》《中华人民共和国环境影响评价法》《中华人民共和国保险法》《中华人民共和国劳动法》等。 2. 行政法规 《工程建设质量管理条例》《工程建设安全生产管理条例》《工程建设勘察设计管理条例》《中华人民共和国土地管理法实施条例》等。 3. 部门规章 《工程监理企业资质管理规定》《注册监理工程师管理规定》《工程建设监理范围和规模标准规定》《建筑工程设计招标投标管理办法》《房屋建筑和市政基础设施工程施工招标投标管理办法》《评标委员会和评标方法暂行规定》《建筑工程施工发包与承包计价管理办法》《建筑工程施工许可管理办法》《实施工程建设强制性标准监督规定》《房屋建筑工程质量保修办法》《房屋建筑工程和市政基础设施工程竣工验收备案管理暂行办法》《工程量清单计价规范》《工程建设施工现场管理规定》《建筑安全生产监督管理规定》《工程建设重大事故报告和调查程序规定》《城市建设档案管理规定》《增值税暂行条例实施细则》等。

续 表

类　别	需合规的内容或风险点
国内外行业专业技术合规风险	指针对不同的行业、不同质量控制对象制定的专业技术规范文件。包括规范、规程、标准、规定等，如：工程建设项目质量检验评定标准，有关建筑材料、半成品和构配件质量方面的专门技术法规性文件，有关材料验收、包装和标志等方面的技术标准和规定，施工工艺质量等方面的技术法规性文件，有关新工艺、新技术、新材料、新设备的质量规定和鉴定意见等。
企业内部制度和流程合规风险	·公司章程； ·公司制度和业务流程； ·工艺流程和操作手册； ·……

全面风险识别 RBS 建议，详见表 7-6 至表 7-17。

表 7-6　境外工程建设企业全面风险识别框架（RBS 0 级）

序号	层　次	风险类型
1	国家层面	经济风险、政治风险、社会风险、自然风险、法律风险
2	项目层面	招投标风险、设计风险、施工风险、采购风险、业主方风险
3	企业层面	融资风险、资金风险、组织结构风险、人力资源管理风险

表 7-7　国家层面：经济风险清单（RBS 1~2 级）

序号	风险因素	风险源
1	经济发展	所在国经济 GDP 总量及发展趋势如何？经济产业结构是怎样的？经济发展规划和政策有哪些？
2	通货膨胀	所在国通货膨胀率是多少？是否得到有效控制？发展趋势如何？国家的货币政策如何？
3	政府财政和债务	政府财政收入、来源及占比是多少？政府财政收支情况如何？政府外债与内债情况如何？政府外汇收入、来源及储备情况如何？
4	市场竞争	政府投资和私人投资情况如何？市场竞争激烈情况如何？市场竞争者来自哪些国家？中国企业的市场份额、分布领域和竞争优势怎样？
5	汇率变化	所在国采用何种货币？是否是国际货币？与美元的兑换比率是否稳定？汇率的发展趋势怎样？
6	外汇管制	所在国是否是外汇管制国家？所在国的外汇储备怎样？外汇管制的对象是哪些？外汇管制的范围有哪些？
7	华人经济团体影响	所在国是否存在华人商会或经济团体？这些商会团体对所在国经济的影响力如何？与当地政府和社会组织团体的关系如何？
8	商业银行合作	所在国的主要商业银行有哪些？银行的资信、业务及收费、效率情况如何？外国人可否开立银行账号和可办理的业务情况有哪些？

表 7-8　国家层面：政治风险清单（RBS 1~2 级）

序号	风险因素	风险源
1	政治制度	所在国政治体制是哪种（民主共和制/君主立宪制）？所在国民主程度如何？是否存在以及多大程度的独裁？政治权力在各组织机构之间如何划分？

续 表

序号	风险因素	风险源
2	政党及政策	所在国的政党情况如何？是一党制、两党制还是多党制？主要政党有哪些？主要政党对国家政策和政治权利的影响怎样？执政党及其他政党对华态度怎样？
3	国家信誉	所在国的国际信誉如何？是否有国家信用评级？评级情况如何？
4	政府腐败	所在国政府廉洁情况如何？腐败行为严重程度如何？政府是否就腐败问题采取打击措施？政府打击力度和决心怎样？
5	政策连续性	国家政策是否稳定？近几届政府更迭过程是否稳定？新政府对原政府行为（各项政令及外交政策）继承是否完整及政策是否稳定？
6	政局稳定性	国家政局是否稳定？影响国家政局稳定的主要因素有哪些？
7	战争或内乱	所在国是否存在反政府武装或恐怖组织？其破坏活动近年来是否频繁？国家是否已采取军事行动？未来的安全形势会如何？
8	国家关系	所在国周边国家政局是否稳定？其与周边国家关系如何？国际上有无敌视国？中国在该国是否设有大使馆？其与中国合作情况如何？
9	舆论风险	我方在项目所在国设立的机构是否建立了舆情监控机制？
10	工程协会	所在国是否存在工程协会？工程协会的作用及其对市场的影响如何？
11	紧急事故应对	我方在所在国设立的机构是否建立了紧急情况的应对机制？包括哪些具体的应急保障措施？

续 表

序号	风险因素	风险源
12	项目安保	我方在所在国设立的机构是否建立了安全保障管理制度？当地是否有专业的安保公司？费用如何？当地政府可否提供安保力量？
13	市场歧视	建筑市场对外国承包商的态度如何？中资企业在当地受欢迎程度如何？

表 7-9 国家层面：社会风险清单（RBS 1~2 级）

序号	风险因素	风险源
1	民族冲突	所在国有多少民族？各民族之间的关系如何？主要民族占人口比例及其对国家政治、社会的影响？
2	宗教冲突	所在国有无宗教信仰？具体信仰哪些宗教？宗教之间的关系如何？宗教对国家政治、社会、文化等的影响程度如何？
3	风俗禁忌	所在国有哪些风俗习惯？禁忌有哪些？
4	法定假日	所在国有哪些法定节假日？法定假日多不多？节假日如何分布？
5	劳工素质	社会教育体系是否完善？教育是否普及？公民受教育程度如何？
6	交流障碍	所在国官方语言是什么？较为通行的外国语言有哪些？
7	医疗卫生	所在国医疗保障体制是否健全？医疗水平和伤病费用成本如何？
8	社会治安	社会治安状况如何？偷盗、抢劫等暴力犯罪率高不高？

表 7-10　国家层面：法律风险清单（RBS 1~2 级）

序号	风险因素	风险源
1	法制差异	所在国属于英美法系、大陆法系还是其他法系？
2	法制不健全	所在国的国家立法程序如何？法制是否健全？基本法律有哪些？法律法规调整是否频繁？
3	公民法律意识	当地法律文件是否易于获取？公民法律意识怎样？公民犯罪率如何？
4	执法风险	所在国执法部门法律执行力度如何？执法是否公正？
5	司法风险	司法环境如何？司法是否公正？司法效率如何？诉讼成本如何？
6	国际法约束	是否与中国签订双边或多边条约？是否共同加入某种国际组织？
7	公司法风险	所在国关于公司设立及治理的相关法律法规有哪些？主要规定是怎样的？
8	进口管理	所在国对进口程序和手续有哪些规定？海关检查是否严格？清关效率怎样？
9	外籍劳务限制	所在国关于外籍劳务的法律法规有哪些？是否对外籍劳务有明确的限制？外籍劳务需要办理哪些签证和手续？
10	外商投资法	所在国关于外商投资的法律法规有哪些？主要规定是怎样的？
11	投标法规	所在国关于投标的法律法规有哪些？主要的规定是怎样的？
12	合同法	所在国关于合同的法律法规有哪些？主要的规定是怎样的？
13	劳动法	所在国关于劳动关系、职业安全健康的法律法规有哪些？主要的规定是怎样的？对工人加班的时间和费用有何规定？

续 表

序号	风险因素	风险源
14	税法风险	所在国关于税收制度的法律法规有哪些？主要规定是怎样的？税率如何？对外国承包商有无优惠？税法是否定期修改？
15	环保法	所在国关于环境保护的法律法规有哪些？主要规定是怎样的？对于破坏环境行为的惩罚是怎样的？
16	企业资质管理	所在国关于建筑企业资质管理的法律法规有哪些？主要的规定是怎样的？资质分为几类几级？资质申请的程序和所需的材料有哪些？
17	工程纠纷管理	所在国关于诉讼、仲裁等争议解决方式的相关法律法规有哪些？主要的规定是怎样的？
18	所在国仲裁机构	所在国仲裁机构有哪些？这些机构的国际影响力、公正性、收费情况如何？
19	国际仲裁有效性	所在国是否为纽约公约成员？外国仲裁裁决在该国承认和执行情况如何？
20	法律资源获取	所在国的法律资源如何？有无国际知名律所？本国律师的水平和能力怎样？律师收费如何？该国有无知名的工程咨询专家和税务顾问专家？

表 7-11　国家层面：自然风险清单（RBS 1~2 级）

序号	风险因素	风险源
1	自然灾害	所在国自然灾害现象（地震、洪灾、旱灾、火山、台风等）是否严重？是否常年缺水？
2	气候恶劣	全年降雨量和气温如何？是否有明显的旱季和雨季？雨季和旱季分别是哪些月份？夏季的最高平均温度和冬季的最低平均温度是多少？

续 表

序号	风险因素	风险源
3	水文地质	所在国的地形地貌如何？水文地质条件是否复杂？
4	传染疾病	所在国是否为传染疾病高发区？主要的传染疾病有哪些？病情是否得到有效控制？公民的疾病防范意识如何？
5	生态保护	所在国是否注重对生态的保护？项目是否经过生态保护区？

表 7-12　项目层面：招投标风险清单（RBS 1~2 级）

序号	风险因素	风险源
1	投标程序	建筑市场投标的基本程序是什么？公正性如何？外国企业投标需要做哪些准备？
2	投标政策	所在国对本国企业和外国企业投标的政策是否不一样？具体政策是怎样的？
3	业主手续	业主的行政审批手续是否齐全？
4	工程量和工程范围	合同中关于工程项目内容描述是否清楚？是否存在可凭借推测和想象而导致工作范围扩大的成分？工程量是否有清单？
5	合同报价	合同计价方式约定是否明确？是固定总价合同还是可调总价合同？合同中有无关于价格调整方式的条款？合同价格包含的风险费是否足够？
6	融资要求	合同中是否要求承包商融资？融资额度是否超过企业规定标准？
7	保函担保	业主是否要求承包商提供保函担保？需要提供哪些保函？保函失效、失效条件及担保金额约定是否明确？
8	预付款约定	合同中是否约定工程预付款？预付款的比例是多少？预付款支付形式是什么？

续　表

序号	风险因素	风险源
9	进度款支付约定	合同中是否约定工程进度款的审批及支付时限？进度款的支付方式是什么？是否约定发包人未按时支付工程进度款的违约责任？
10	工程尾款支付约定	合同中是否约定工程尾款的审批和结算时限？工程尾款的支付方式是什么？是否约定发包人未按时支付工程尾款的违约责任？
11	质保金支付约定	合同中是否约定质量保修期和期满后工程质量保修款的清算和支付时限？
12	竣工结算约定	合同中是否约定工程竣工验收的条件？是否明确规定竣工结算审核单位和审核时限？是否约定中间结算和结算时限？
13	付款形式	合同工程款结算的币种有哪些？业主以何种方式付款？
14	工程变更	是否约定工程变更、洽商、签证价款的审批和支付时限？
15	违约赔偿	合同对双方违约的责任是否作出明确的规定和量化？是否约定赔偿的条件和形式？
16	条款不平等	业主是否特意将自身承担的风险定义模糊化？风险范围是否缩小？是否将一些不可抗风险全部强加给承包商？
17	条款不严谨	合同对一些重要性条款有没有清晰的定义？规定是否详细？前后是否存在矛盾？
18	合同条款误解	合同条款翻译是否正确？双方就条款的理解是否进行沟通并达成一致？
19	业主免责	合同条款关于业主责任的要求是否明确？有无具体的制约措施？

表 7-13　项目层面：设计风险清单（RBS 1~2 级）

序号	风险因素	风险源
1	设计标准	业主要求使用的设计标准规范是哪些？是中国标准、欧美标准还是所在国自身标准规范？设计分包商对国外标准规范的熟悉程度？
2	设计技术	设计院或分包商的资质如何？是否做过海外工程的设计？设计团队人员组成结构是否合理？设计人员的设计经验如何？
3	设计资料	业主提供的资料信息是否真实、完整，有无及时更新？承包商是否亲自到项目现场勘察过？勘察资料的深度和广度是否满足设计要求？
4	设计方案	承包商是否深入研究业主提出的技术指标和要求？设计方案是否合理？业主是否会因喜好任意要求承包商改变设计方案？业主对设计方案的审批效率如何？
5	设计变更	设计分包商是否正确理解业主的概念要求？业主对项目的要求是否一次性交代清楚？
6	衔接风险	设计部门的时间安排是否合理？与采购部门、施工部门工作的衔接是否顺畅？

表 7-14　项目层面：采购风险清单（RBS 1~2 级）

序号	风险因素	风险源
1	本地材料设备供应	所在国有无项目所需的材料设备？当地材料的质量能否达到项目要求？当地的材料生产能力和设备生产效率能否满足项目的需求？材料和设备的价格怎么样？
2	材料设备采购计划	各种材料和设备的采购来源是否合理安排（当地、中国还是第三国）？每次材料采购数量是否经济？采购计划是否合理和灵活？

续 表

序号	风险因素	风险源
3	供货商供货	供货商的信誉情况怎么样？供货数量和质量是否有保障？能否及时供货？供货规格是否与项目匹配？售后服务怎么样？
4	物流运输	物资运输形式和成本如何？运输速度和安全性如何？货物运输损耗大不大？清关手续是否复杂？货物是否在所在国进口管制名单内？
5	物价上涨	材料设备价格是否上涨？跨国采购时货币汇率是怎样的？
6	采购报价	业主是否指定供货商？供货商的数量是多少？承包商询价是否方便？供货商报价是否合理？供货商会不会坐地起价？

表 7-15 项目层面：施工风险清单（RBS 1~2 级）

序号	风险因素	风险源
1	施工技术	技术交底是否清楚？施工工艺是否落后？专项施工方案是否得到论证以及效果如何？有无采用新工艺和技术？
2	安全措施	现场安全措施是否到位？执行力如何？是否安排专职安全巡视员？
3	施工人员管理	施工人员素质如何？施工人员是否服从安排？施工人员是否会盗窃材料设备？施工人员是否会集体要求涨薪或罢工？施工人员是否接受加班安排？
4	分包商管理	分包商之间的施工界限是否清晰？分包商进场安排是否合理？与分包商之间的沟通是否顺畅？有无做好各分包商之间的协调？
5	材料设备管理	现场材料设备是否有专人看管？设备的保养怎样？材料的进场是否及时？设备之间的调度是否协调？

续 表

序号	风险因素	风险源
6	基础设施	施工现场供水供电是否充足？交通方不方便？
7	施工组织	施工方案是否可行？施工进度计划是否科学？施工现场平面布置是否合理？
8	施工影响控制	施工过程中有无注意保护周围的生态环境？有无干扰到周围居民的生活？有无对周围建筑和地下管线造成影响？
9	劳工流动	当地的劳工是否充足？劳工的流动性大不大？
10	技术文件翻译	公司是否拥有既会说当地语言又懂工程技术的人才？技术文件的翻译与原文贴近程度如何？
11	项目目标管理	项目目标分工是否明确？是否制定严格的项目目标管理体制？项目目标管理计划是否严格执行？

表 7-16　项目层面：业主方风险清单（RBS 1~2 级）

序号	风险因素	风险源
1	业主支付不及时	业主拖欠工程进度款和竣工结算款的情况如何？业主对承包商的请示回复情况如何？
2	业主干预	业主是否强行干预项目的管理？是否发出一些不合理的指令？
3	需求变更	业主会否因经济问题减少项目工作量或范围？业主是否要求承包商执行合同规定之外的工作？

表 7-17　企业层面：企业风险清单（RBS 1~2 级）

序号	风险因素	风险源
1	融资风险	企业的融资能力如何？融资渠道有哪些？融资是否得到国家支持？

续 表

序号	风险因素	风险源
2	资金短缺	企业的资金运转是否正常？是否有足够的资金维持垫资施工？
3	人力资源管理	企业雇佣当地员工和国内员工的规划是否合理？员工的培训计划和费用如何？薪酬制度是否透明公正？
4	企业内部组织管理	企业的管理团队是否团结？内部是否拉帮结派？与当地建筑企业是否存在腐败交易？管理人员结构安排是否合理？各自的责任与权力是否明确？
5	组织结构	企业项目组织机构采用何种形式？机构设置是否合理？

3. 风险识别的结果

风险识别的最终的成果是建立风险登记册，记录已经识别的风险、潜在的风险责任人和潜在的风险应对措施。

（三）风险评估

风险评估是指根据工程所处的环境，风险管理人员应用统计、概率分析等方法对已识别风险的发生概率和影响进行综合分析的过程。其主要目的是对风险进行优先级排序，筛选出重点关注的高优先级风险。

企业应通过考虑不合规的原因、来源、后果的严重程度及其后果发生的可能性进行合规风险评估。后果包括（不限于）：个人和环境伤害、经济损失、声誉损失和行政责任等。

企业可根据企业的规模、目标、市场环境及风险状况确定合规风险评估的标准和合规风险管理的优先级。

企业进行合规风险评估后应形成评估报告，供决策层、高级管理层和业务部门等使用。

风险具有动态性、紧迫性、临近性、潜伏性、可控性、连通性、可监测性、可管理性、不确定性、相对性、突发性等众多特性。传统的风险评价方法大都认为风险度为风险发生概率 P 与风险损失 I 的乘积，即 $R=P\times I$ 。这种分析方法仅从概率和损失两个维度来评价风险，不能全面反映风险的发生过程和规律，可能会导致错误的结果。有必要将风险分析从两维向三维甚至多维拓展，也就是除了考虑风险发生的概率和风险损失，还须考虑风险的可控性、紧迫性、临近性等风险特性指标，用风险特征向量表示如下：

$R=(R_1, R_2, R_3, R_4, R_5\cdots)$ =（概率、损失、可控、紧迫、临近……）

风险各评价维度的具体含义如下：

发生概率：风险在工程全过程中发生的可能性大小。

损失：风险发生后影响工程进度、质量、成本等目标而造成的损失，以及连带给企业的经济损失、声誉损失和行政责任等。

紧迫性：为有效应对风险而必须采取应对措施的时间段。时间短就说明紧迫性高。

邻近性：风险在多长时间后会影响一项或多项项目目标。时间短就说明邻近性高。

可管理性：风险责任人（或责任组织）管理风险发生或影响的容易程度。如果容易管理，可管理性就高。

可控性：风险责任人（或责任组织）能够控制风险后果的程度。如果后果很容易控制，可控性就高。

可监测性：对风险发生或即将发生进行监测的容易程度。如果风险发生很容易监测，可监测性就高。

连通性：风险与其他风险存在关联的程度大小。如果风险与多个其他风险存在关联，连通性就高。

战略影响力：风险对组织战略目标潜在的正面或负面影响。如果风险对战略目标有重大影响，战略影响力就大。

密切度：风险被一名或多名相关方认为要紧的程度。被认为很要紧的风险，密切度就高。

值得说明的是，并不是每一个风险特性都需要考虑，除概率和损失外，其他的特性根据项目的情况进行选择，并设定相应的权重。各项评分应由经验丰富的专家进行打分，评分的标准应在风险规划中设定，多位专家的多重评分会显著提高风险评估的准确性。表 7-18 是风险评估模型示例。

表 7-18 风险评估模型（示例）

风险 10 分制	维度	概率	损失	可监测性	紧迫性	…	综合 评分	优先级
	权重	30%	30%	5%	5%	…		
风险 A	—	9	8	8	8	…	8.3	1 级
风险 B	—	7	8	5	6	…	6.5	3 级
…	…							

（四）风险应对

企业应建立健全合规风险应对机制，对识别评估的各类合规风险采取恰当的控制和处置措施。发生重大合规风险时，企业合规管理机构和其他相关部门应协同配合，依法及时采取补救措施，最大程度降低损失。必要时，应及时报告有关监管机构。

合规风险的应对主要从五个大方面考虑，即风险上报、风险规避、风险减轻、风险接受和风险转移。详见图 7-2。

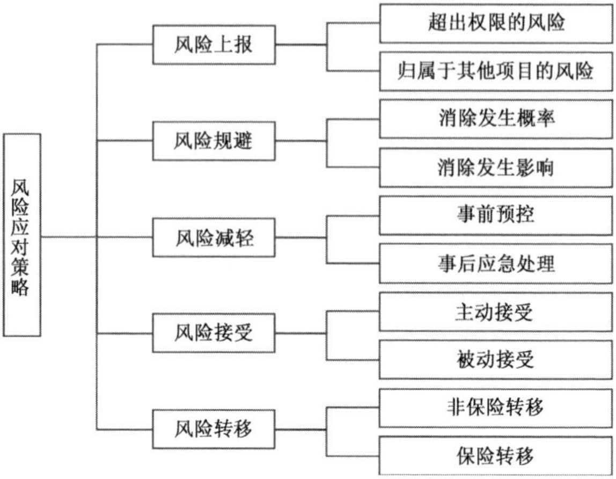

图 7-2　风险应对方案框架图

1. **风险上报**

如果某风险不在职责范围内，或提议的应对措施超出了责任人能力或权限，就应该采用上报策略。被上报的风险将在相应的相关部门加以管理。而风险责任人确定应就风险通知哪些人员，并向该人员或组织部门传达关于该风险的详细信息。

上报策略带来的好处是能在更高层次进行统筹管理，能调动更多的资源来响应风险。合规管理人员应该充分意识到上报并不是责任推诿，也更应清楚地意识到如果在超出职权能力范围内自行管控风险或是瞒报而导致风险没有得到及时有效处理，都将导致最终的失控。

2. **风险规避**

风险规避是指采取行动来消除威胁，避免受威胁的影响。规避策略其应对的核心是“阻断”，即把概率降低到零；或者风险发生了，主体也会受保护而不受影响。

某些合规风险发生概率和损失都很大，但又没有经济有效的措施来减小风险，合规管理人员就应该采取放弃项目或原计划，或者改变目标，避免损失。

采取风险规避策略常须同时满足以下三点：

一是对合规风险要有足够的认识和把握。

二是该风险发生的概率很高，带来的后果很严重。

三是采用其他应对策略的代价超过风险所带来的经济效益，只有采取风险规避才能将项目损失降到最低。

但运用该策略时也须认识以下三点：

一是风险是始终都存在的，规避这个风险可能会面对另外一个新的风险。

二是规避风险也就丧失了从该风险中获取利益的机会。

三是风险规避要把握最佳时机，当断则断。

正如上所述，在采取规避策略的时候，往往需要付出相对较大的代价，因此在制定策略的时候需要考虑经济性和可行性的权衡，如果无法完全规避，可以考虑强化其他策略。

3. 风险减轻

风险减轻是指采取措施来降低威胁发生的概率和（或）影响，最终使风险在可控范围内。当风险应对目标是只需可防可控时，或对于需要完全消除风险（高风险），但因风险特性或其他因素无法采取规避措施时，优先采用减轻策略。

采取减轻策略，在制定具体应对方案时，从决定风险严重性的因素入手，通过强化过程控制来降低概率和损失。

减轻策略一般包括事前控制和事后控制。事前控制是指通过制定防范性措施来降低风险事件发生概率的行为，分为有形的和无形的。

有形的措施如高空作业人员必须系安全带，脚手架挂安全网；进场人员须戴安全帽；易燃易爆材料远离办公场所等。无形的措施如对现场工作人员进行风险教育，制定严格的风险管理制度，采取多种货币结算方式等。事后控制是指通过制定应急处理计划来尽量减小风险事故所造成的损失或抑制事故进一步发展的行为。相应的措施如调整施工进度和材料设备采购计划；准备索赔证据，计算索赔金额，递交索赔报告；查看项目资金链运转状况，调整融资计划等。

4. 风险接受

风险接受，又称为风险自留。风险接受是指承认风险的存在，事前不主动采取措施，因此它不改变风险的概率和损失，是依靠自身的力量来承担风险事故损失的行为。此策略可用于低优先级威胁，也可用于无法以任何其他方式加以经济有效应对的威胁。对于采用接受策略（暂时不管它）的风险，有两种建议，一是为它建立应急储备，包括预留时间、资金或资源以应对出现的威胁；二是定期审查，确保其并未发生重大改变。

5. 风险转移

转移涉及将应对威胁的责任转移给第三方，让第三方管理风险并承担威胁产生的影响。采用转移策略，通常需要向承担威胁的一方支付风险转移费用。购买保险、使用履约保函、使用担保书或保证书是转移的最常见手段。

该行为并不能减小风险发生的概率和损失，而只是将风险损失转移给最有能力承担或控制的其他组织或个人。一般分为保险转移和非保险转移。

保险转移是指项目主体通过购买工程保险来将风险转移给保险公司。常见的保险转移措施有：建筑工程一切险、安装工程一切险、社会保险、车险、汇率险等。

非保险转移是指项目主体通过签订合同将风险转移给对方。该方法能够转移那些不可投保但被转移者长于该类风险管理的风险。但要注意被转移者的财务能力，一旦无法承受风险带来的损失而破产，那么最终的损失仍由转移者承担。此外为确保风险转移的顺利落实，在合同中须明确规定双方的权利与责任。常见的非保险转移措施有：工程分包、转包、担保、出售；技术转让；设备租赁；免责合同等。

（五）风险监控

监控风险是在整个项目期间，监督商定的风险应对策略的实施、跟踪已识别风险、识别和分析新风险，以及评估风险管理有效性的过程。

由于在项目实施过程中合规风险是不断变化的，企业应落实监控措施，管理合规义务和对应的合规风险，实现预期的行为。

采取有效的监控措施确保满足合规义务，能够预防或发现不合规事件并纠正。充分而严格地设计各类、各层次的监控措施，以促进企业的活动和运行环境实现合规义务。

比如，控制包括：

· 清晰、实用并易于遵循的文件化运行方针、程序、过程和操作指示；

· 系统和异常报告；

· 审批；

· 划分有冲突的角色和职责；

· 自动化过程；

· 年度合规计划；

· 员工绩效计划；

· 合规评估和审核；

· 管理层的承诺和促进合规行为的其他措施；

· 对预期的员工行为（标准、价值观和行为准则）进行主动、公开且经常的沟通。

风险监控方法如下：

· 风险审计：专人督察风险监控机制的执行情况，并定期对风险执行过程进行审核。

· 风险审查会：定期召开合规风险的审查会，来检查和记录风险应对策略的有效性。在风险审查中，还可以识别出新的合规风险，并及时制定应对措施。

· 技术指标分析：比较计划技术指标与实际技术指标之间的差异。

· 风险预警监督：度量项目在运作过程中某指标偏离预警线的强弱程度、发出预警信号并提前采取防范措施。

结 语

开展境外经营是中国企业实现企业发展战略，参与“一带一路”建设，推进中国与世界各国（各地区）互利共赢的重要方式。强化合规经营意识是企业海外经营行稳致远的前提。

不论国内还是国外，廉洁、合规都已成为世界范围内对企业的基本要求，国际机构以及国家（地区）、行业组织等各个层面的监管力度都将越来越大，企业依法合规经营已经成为当今企业治理的国际趋势。中国的工程建设企业也应当积极顺应国际趋势，认识到建立合规制度、强化合规监管的重要性，努力建设和实施符合国际标准的合规经营制度。

我国工程建设企业在“走出去”过程中，因不合规被处罚的案例比比皆是，而在海外失败项目中的经验教训，往往具有很高的相似度。“屁股出去了，脑袋还留在国内”，这十分形象而深刻地概括了合规问题的成因。我国工程建设企业在国内市场的技术、工期等方面创造了一系列的工程奇迹，但是我们必须清楚地认识到，这些“奇迹”的产生是依赖中国这个得大独厚的市场环境，占尽“天时、地利、人和”，一旦脱离了这个熟悉的市场环境，丧失了赖以创造“奇迹”的土壤，中国承包商很难复制“中国速度”。

我国工程建设企业在几十年“走出去”的过程中所形成的经验，往往是以高成本作为代价的。而用高成本换来的境外工程经验，又常常是低效率的。一方面，获得经验的往往是个人，而个人的经验很难转化为组织合规体系的一部分，常常出现“人走了，经验也被带走了”的怪现象。然后，企业又不得不重新开始“交学费”和积累教训，很少能够像成熟的国际承包商那样，及时把经验和教训总结、固定下来，形成失败项目的案例库。另一方面，我国“走出去”的工程企业之间难以建立有效的沟通交流机制，个别企业的经验教训难以成为整个行业的共同财富。如果不能突破这种重蹈覆辙的恶性循环，我们所付出的“学费”会更加惊人。

因此，我们编制了本书，对境外合规经营的经验予以总结。期望通过我们的努力，把大家的经验串联起来，能使境外经营人员及企业，对境外各国（各地区）的经营方式及合规要求有总体的了解；同时，希望通过本书，加强企业对合规意识、合规文化及合规具体要求方面的重视。

附录

附录 1 尼泊尔部分政府部门和相关机构一览表

序号	机构名称	联系方式
1	总理和内阁办公室	地址：SinghaDurbar，Kathmandu 电话：00977-1-5971000、5971001 电邮：info@ opmcm. gov. np 网址：www. opmcm. gov. np
2	财政部	地址：Singhdurbar，Kathmandu 电话：00977-1-4200537 传真：00977-1-4211720 电邮：moev@ mof. gov. np 网址：www. mof. gov. np
3	工业、商业和供应部	地址：Singhdurbar，Kathmandu 电话：00977-1-4211455 电邮：info@ moics. gov. np 网址：www. moics. gov. np
4	能源、水资源和灌溉部	地址：Singhdurbar，Kathmandu 电话：00977-1-4211516、4211426 传真：00977-1-4211510、4200026 电邮：info@ moewri. gov. np 网址：www. moewri. gov. np

续 表

序号	机构名称	联系方式
5	法律、司法和议会事务部	地址：Singhdurbar，Kathmandu 电话：00977-1-4200225 传真：00977-1-4211684 电邮：infolaw@ moljpa. gov. np 网址：www. moljpa. gov. np
6	土地管理、合作社和减贫部	地址：Singhdurbar，Kathmandu 电话：00977-1-4211666 电邮：info@ molcpa. gov. np 网址：www. molcpa. gov. np
7	农业和畜牧业发展部	地址：Singhdurbar，Kathmandu 电话：1618-070-777779 电邮：info@ moald. gov. np 网址：www. moald. gov. np
8	内政部	地址：Singhdurbar，Kathmandu 电话：00977-1-4211208、4211214 传真：00977-1-4211257、4211286 电邮：gunaso@ moha. gov. np 网址：www. moha. gov. np
9	外交部	地址：Singhdurbar，Kathmandu 电话：00977 - 1 - 4200182/183/184/185 传真：00977-1-4200061/056/160 电邮：info@ mofa. gov. np 网址：www. mofa. gov. np

续 表

序号	机构名称	联系方式
10	物理基础设施和交通部	地址：Singhdurbar，Kathmandu 电话：00977-1-4211732、4211931、4211655、4211603、4211880 传真：00977-1-4211720 电邮：info@ mopit. gov. np 网址：www. mopit. gov. np
11	妇女、儿童和老年人部	地址：Singhdurbar，Kathmandu 电话：1618-01-4200082 电邮：info@ mowcsc. gov. np 网址：www. mowcsc. gov. np
12	青年和体育部	地址：Singhdurbar，Kathmandu 电话：00977-1-4200542 电邮：info@ moys. gov. np 网址：www. moys. gov. np
13	国防部	地址：Singhdurbar，Kathmandu 电话：00977-1-4211289 电邮：info@ mod. gov. np 网址：www. mod. gov. np
14	森林和环境部	地址：Singhdurbar，Kathmandu 电话：00977-1-4211567 传真：00977-1-4211868 电邮：info@ mofe. gov. np 网址：www. mofe. gov. np

续 表

序号	机构名称	联系方式
15	教育、科学和技术部	地址：Singhdurbar，Kathmandu 电话：00977-1-4200340、4200390 传真：00977-1-4200375 电邮：info@ moe. gov. np 网址：www. moe. gov. np
16	劳动、就业和社会保障部	地址：Singhdurbar，Kathmandu 电话：00977-1-4211678、4211791、4211733 传真：00977-1-4211877 电邮：info@ moless. gov. np 网址：www. moless. gov. np
17	文化、旅游和民航部	地址：Singhdurbar，Kathmandu 电话：00977-1-4211669、4211846 传真：00977-1-4211992 电邮：info@ tourism. gov. np 网址：www. tourism. gov. np
18	联邦事务和总务部	地址：Singhdurbar，Kathmandu 电话：00977-1-4200318、4200432、4200291 电邮：info@ mofaga. gov. np 网址：www. mofaga. gov. np
19	城市发展部	地址：Singhdurbar，Kathmandu 电话：00977-1-4211673 传真：00977-1-4211873 电邮：info@ moud. gov. np 网址：www. moud. gov. np

续　表

序号	机构名称	联系方式
20	通信和信息技术部	地址：Singhdurbar，Kathmandu 电话：00977-1-4211556 传真：00977-1-4211729 电邮：info@ moict. gov. np 网址：www. moict. gov. np
21	卫生和人口部	地址：RamshahPath，Kathmandu 电话：00977-1-4262543、4262802、4262696、4267376 电邮：info@ mohp. gov. np 网址：www. mohp. gov. np
22	供水部	地址：Singhdurbar，Kathmandu 电话：00977-1-4211693 传真：00977-1- 4211433 电邮：info@ mowss. gov. np 网址：www. mowss. gov. np

附录2 尼泊尔主要中资企业和商协会联系方式

序号	商协会名称	联系方式
1	中国葛洲坝集团公司	电话：00977-1-4411892 传真：00977-1-4414483
2	中国电力建设股份有限公司	电话：00977-1-4437328 传真：00977-1-4284353
3	中国水利电力对外公司	电话：00977-1-4421943 传真：00977-1-4417372
4	中国海外工程有限责任公司	电话：00977-1-4426971 传真：00977-1-4438783
5	中国国际航空股份有限公司	电话：00977-1-4440650 传真：00977-1-4440650
6	中国南方航空股份有限公司	电话：00977-1-4427261 传真：00977-1-4440753
7	中国东方航空集团有限公司	电话：00977-1-4411666 传真：00977-1-4411111
8	四川航空公司	电话：00977-1-4445573 邮箱：3ukathmandu@ gmail. com
9	喜马拉雅航空公司	电话：00977-1-4004084 传真：00977-1-4004086
10	格林福德国际货物运输代理有限公司	电话：00977-1-4443578 传真：00977-1-4443578

续 表

序号	商协会名称	联系方式
11	中工国际工程股份有限公司	邮箱：lihongmeiph@ camce. com. cn
12	华为技术有限公司	电话：00977-1-5550679 传真：00977-1-5534379
13	中兴通讯股份有限公司	电话：00977-1-4107004 传真：00977-1-4107007
14	中鼎国际工程有限责任公司	电话：00977-1-4412164 传真：00977-1-4417458